文化名片中的辽河印记

——油田企业文化阵地案例集萃

辽河油田公司党委宣传部⊙编

石油工業出版社

图书在版编目（CIP）数据

文化名片中的辽河印记：油田企业文化阵地案例集萃 / 辽河油田公司党委宣传部编. —北京：石油工业出版社，2023.10

ISBN 978-7-5183-6542-5

Ⅰ. ①文… Ⅱ. ①辽… Ⅲ. ①石油企业–企业文化–案例–辽宁 Ⅳ. ①F426.22

中国国家版本馆 CIP 数据核字（2024）第 046174 号

文化名片中的辽河印记：油田企业文化阵地案例集萃

辽河油田公司党委宣传部　**编**

出版发行：石油工业出版社
（北京市朝阳区安华里二区 1 号楼 100011）
网　　址：http://www.petropub.com
编 辑 部：(010) 64523570　图书营销中心：(010) 64523633
经　　销：全国新华书店
印　　刷：北京晨旭印刷厂

2023 年 10 月第 1 版　2023 年 10 月第 1 次印刷
710 × 1000 毫米　开本：1/16　印张：21.75
字数：321 千字

定　价：79.00元
（如发现印装质量问题，我社图书营销中心负责调换）

编 委 会

主　编：邹　君

副主编：吴　华　李树华　武增涛　张晓刚

杨永生

编　者：（按姓氏笔画排序）

马丽勤　王大鹏　王兴岩　勾天山

刘　力　刘　海　闫浩明　阮文俊

李晓光　宋雨峰　张园园　赵宝贵

栾　焕　郭祥方　蒋代丽

前言

在辽河油田50多年来的勘探开发建设过程中，中国石油天然气股份有限公司辽河油田分公司（简称辽河油田公司）始终大力弘扬石油精神和大庆精神铁人精神，初步形成了以“创业奉献、吃苦不怕苦”的“南大荒”精神，“敢于胜利、遇险不畏险”的“黄五井”精神，“开拓创新、油稠人不愁”的“特种油”精神，“勇于超越、知难不避难”的“古潜山”精神和“加油增气、进步不止步”的“创一流”精神为核心的辽河精神，生动诠释了“我为祖国献石油”的爱国情怀。

为了传承好、展示好不忘初心使命、矢志为油奉献的企业发展史，辽河油田公司党委分批次命名了一批公司级石油精神教育基地、企业文化示范点和功勋井，持续提升企业文化建设水平。本书汇集展示了14个石油精神教育基地、24个企业文化示范点和9口功勋井的企业文化阵地建设案例，这些案例梳理总结了辽河精神起源、形成、发展、传承和弘扬的历史脉络，图文并茂地展示了辽河油田艰难发展的光辉历程、艰苦创业的奉献精神、胸怀祖国的高尚情怀和砥砺创新的时代特征。这些文化阵地已经成为见证辽河油田发展历程、展示员工队伍风采和开展爱国主义教育、弘扬石油精神的平台窗口，使干部员工和社会公众在参观学习中，更好地接受爱国主义教育的洗礼，感受石油文化的魅力、感知辽河精神的内涵。

当前，辽河油田公司在上下齐心做好“三篇文章”、推进“五项战略工程”的新征程中，始终牢记习近平总书记“能源的饭碗必须端在自己手里”的嘱托，继续总结推广企业文化建设先进经验，发挥企业文化阵地的示范引领作用，教育引导广大干部员工赓续精神血脉、汲取奋进力量，增强文化自觉、坚定文化自信，矢志加油增气、勇毅改革创新，勇当保障国家能源安全主力军，为企业高质量发展提供强大的精神动力和文化支撑。

目录

辽河油田石油精神教育基地

一、背景起因

辽河油田公司是中国石油所属的国有大型骨干企业，也是中国最大的稠油、高凝油生产基地。辽河油田公司的地质勘探始于20世纪50年代，国家地质部先后三次对下辽河地区进行油气地质踏勘，发现了可燃自喷气。1965年，南大荒上第一口探井——辽一井完钻，标志着下辽河平原进入寻找油气田的新阶段。随着辽2井至辽13井陆续见到良好油气显示，时任石油工业部副部长康世恩致电大庆油田予以关注。1967年，大庆六七三厂五百勇士拉开下辽河会战序幕；1970年3月22日，正式成立辽河油田；1980年，中国向国内外宣

布辽河油田建成；1986 年，原油产量突破 1000 万吨大关，一举跃升为全国第三大油田，1995 年原油产量攀升到 1552.3 万吨的历史最高峰；到 2022 年连续 37 年规模稳产超千万吨。

50 多年来，辽河油田始终坚持党的全面领导，大力弘扬石油精神和大庆精神铁人精神，初步形成了以“创业奉献、吃苦不怕苦”的“南大荒”精神，“敢于胜利、遇险不畏险”的“黄五井”精神，“开拓创新、油稠人不愁”的“特种油”精神，“勇于超越、知难不避难”的“古潜山”精神和“加油增气、进步不止步”的“创一流”精神为核心的辽河精神；培育出以“冰火七英雄”、全国劳动模范、“中华技能大奖”束滨霞、赵奇峰等为代表的一大批英模群体，生动诠释了“我为祖国献石油”的爱国情怀。累计生产原油 5 亿多吨、天然气 900 多亿立方米，实现财税贡献 2900 多亿元，在保障国家能源安全、促进地方经济发展中彰显了“辽河价值”。

为了传承好、记录好、展示好不忘初心使命、矢志为油奉献的企业发展史，2019 年，辽河油田遵循“见证历史、传承精神、凝聚力量、展示形象”的总体原则，打造了辽河油田石油精神教育基地。教育基地位于渤海湾畔、湿地之都的辽宁省盘锦市兴隆台区辽河油田总部，展陈面积 1730 平方米。作为辽西地区国有企业大型现代化展馆，教育基地已经成为学习贯彻习近平总书记重要指示批示精神的重要地标，成为见证辽河油田发展历程、展示盘锦城市风貌的靓丽名片，成为开展爱国主义教育、弘扬石油精神的平台窗口，是“辽宁省爱国主义教育示范基地”“盘锦市爱国主义教育示范基地”“全国企业文化示范基地”。

二、主要内容

（一）弘扬石油报国主题，高起点打造现代化展馆

辽河油田石油精神教育基地始终把坚持党的领导、加强党的建设作为国有企业的“根”和“魂”，突出历史与科技两条主线，以清晰的历史脉络、丰富的实物资料、现代的设计理念、科学的功能利用，集中展示了辽河油田 50 多年的开发建设史和科技创新史，成为集精神引领、文化传承、形象展示、知

识科普为一体的综合性多功能展馆。

1. 唱响爱国奉献主旋律

辽河油田 50 多年的发展进步史，是新中国石油工业发展的一个生动缩影，更是一部“听党话、跟党走”忠实履行“三大责任”的产业报国史。在展馆规划设计上，处处体现辽河石油人发扬“有条件要上，没有条件创造条件也要上”的拼搏精神，坚持“苦干实干”“三老四严”工作作风，为国多找油、多产油的不懈追求。在展厅规划设计上，首先赫然入目的是习近平总书记对石油企业的重要指示批示精神，在“我为祖国献石油”的歌声中，引领着百万石油员工奋勇前进。恢宏大气的群体雕像，是辽河石油人薪火相传以“爱国、创业、求实、奉献”为核心的大庆精神铁人精神的时代缩影，大庆创业星火在辽河熠熠闪亮。

2. 高科技展项有机融合

辽河油田石油精神教育基地实现了重点展项与展陈内容的有机融合、内嵌统一，创新设计了多媒体沙盘、触摸屏和导电油墨墙等高科技展项。发展厅利用幻影成像技术，展现了辽河石油人奋战 26 小时成功抢险黄五井的高光时刻，再现了周恩来总理对抢险英雄群体作出“要大力宣传”重要指示的感人情景；利用折叠投屏技术，生动演绎了万名石油精英从祖国四面八方会师辽河的燃情岁月。科技厅的原油生产工艺流程、导电油墨墙体验区，让参观者在亲身体验石油这一工业血液重要性的同时，也深入了解到石油与人们生活的息息相关。通过技术沙盘与动态视频互动，直观形象地解读了变质岩潜山高效勘探开发技术特征，填补了立体井网部署设计的国际空白。重点展项的科学规划使参观路线更加清晰，也令参观者沉浸式体验其中，更好地感知石油精神，体验辽河石油文化。

3. 配套设施一体化利用

辽河油田石油精神教育基地在油田办公楼原有基础设施上改建而成，为有效拓宽展陈面积和配套功能，在设计之初，便突出与办公楼一体化利用的思路，共享接待室、会议室、多功能视频报告厅和临时展览区等公共设施，充分满足各类学习教育活动的需要。教育基地全部通信信号覆盖、免费 Wi-Fi 上网，配有人工无线语音讲解系统等智慧服务；常规维修和日常维护采取下拨专项费用的形式，与办公楼空调、消防、视频监控等进行统一维护管理，保证教育基地日常运行顺畅有序。

（二）丰富整合文物资源，高水平展现辽河文化特质

辽河油田石油精神教育基地充分发挥独具石油特色的文物资源优势，结合工业文化遗产申报、重点文物保护等工作，将省市两级文物保护单位——辽一井作为辽河油田石油精神教育基地的重要组成部分，整合打造成重要的人文景观。

1. 文物资源保护有力

在展陈上，采取景观复原的形式，再现了当时辽一井的生产开发场景，进一步体现了辽河油田创业者战天斗地、艰苦拼搏的壮志豪情。作为辽河油田的第一口井——辽一井有着特殊的历史地位，见证了辽河油田从无到有的发展轨迹。多年来，先后投资 500 余万元，不断加强对辽一井的保护管理工作，现有油井井口、记事碑、纪念塔、主题浮雕墙等核心物项。主题浮雕墙名为“铸就辉煌”，全长 30 米，高 6.7 米，主体部分反映了“冰火七英雄”“战洪图”

等具有重大意义的历史事件，并融入钻井井架、抽油机、海上采油平台等主要生产元素，以及具有地域特色的芦苇、红碱草等景观元素，雕塑正中是代表知识分子、石油工人和采油女工的三位顶天立地的辽河石油人形象。纪念塔的塔身是熊熊燃烧的火炬，塔高 13 米，外围三片风叶把火炬镶嵌在中间，昭示着从辽一井开始点燃的创业火炬一直在熊熊燃烧，大庆精神铁人精神一直在代代传承，不断引领辽河油田的新征程。

2. 历史资料生动翔实

为进一步丰富展项，从“见证辽河”鉴宝大赛征集的 1000 余件照片、文献、图书资料、代表性实物中，优选出百余件进行展陈。目前，拥有 600 余张珍贵的史实图片、180 余件富有价值的实物、80 余处雕塑、沙盘和多媒体展项。其中，关于制发大庆六七三厂公章的报告、国务院批转石油工业部《关于加速下辽河盆地石油勘探的报告》等珍贵文献，召开下辽河石油会战誓师大会、召开三二二油田第一次代表大会、第一列车原油外运、辽河油田第一口双千吨井等历史照片，大庆六七三厂职工使用的饭盒、茶缸、帆布箱，20 世纪 60 年代地质人员使用的计算尺，70 年代的手摇计算机等有价值实物，都具有鲜明的

时代特征和辽河油田特色，做到了见人、见物、见精神，推出了一批主题突出、导向鲜明、内涵丰富的展陈精品。

（三）遵循科学布展要求，高站位推进展陈工作

爱国主义教育示范基地是激发爱国爱企热情、汇聚苦干实干力量、培育核心价值理念的重要场所。辽河油田石油精神教育基地注重在展览主题、展陈内容和展示实物等方面做细做实，持续丰富完善展陈内容，体现爱国情怀、石油精神和辽河特色，切实增强教育性、科普性、趣味性和互动性。

内容陈列清晰有序。辽河油田石油精神教育基地由前厅、中厅、发展厅和科技厅四个部分组成。前厅展陈面积 245 平方米，左边是理念墙，上面收录了国家、辽宁省、集团公司及辽河油田的重要工作理念。右边是“辽河油田赋”。整幅卷轴长 10.1 米，高 3 米，以传统歌赋的形式歌物咏志，展现了辽河石油人矢志不渝奉献能源，为祖国献石油的精神风貌。中厅展陈面积 205 平方米，通过 L 幕视频的形式，展示 50 多年来的光辉发展历程。

发展厅展陈面积 745 平方米，内容涵盖序厅，初探辽河、筑梦荒原，艰苦会战、创业史诗，开拓进取、勇攀高峰，勠力同心、共谋发展，党建引领、强根固魂，新战略、新征程七个单元。从南大荒上钻探辽一井，到大庆六七三厂千里挺进下辽河；从辽河油田誓师成立，到奋战兴隆台、合力战曙光、抢攻欢喜岭、鏖战牛青茨等大会战接续打响；从以“稠油非攻关不可”的必胜信念攻克稠油关，到三上沈北开发高凝油，培育了以“油稠人不愁”为核心的辽河精神；从持续深化改革重组、应对金融危机和低油价挑战，到将党的政治优势持续转化为企业高质量发展优势，书写 37 年持续稳产千万吨的“辽河奇迹”。通过编年体和专题式相结合，全面系统地展示了辽河油田从弱到强、持续发展的光辉历程。

科技厅展陈面积 535 平方米，分为序厅、石油科普、石油与生活、科技创新史、优势技术、科技蓝图六个单元。重点展示了辽河油田在国家和集团公司的科技发展战略指引下，以国家稠重油研发中心为依托，持续开展技术攻关，深化科研基础平台建设，推动工程施工、储气库建库技术配套升级；变质岩潜山勘探开发、中深层稠油及高凝油开发等多项技术国际领先，先后获得国家科

技进步奖 28 项，拥有有效专利 2910 件，为辽河油田高质量发展提供了强劲的科技动力，有力助推了中国石油工业发展。

1. 展陈说明严谨规范

组织人员分别到中央档案馆、集团公司档案馆、辽河油田档案馆、盘锦市图书馆、辽河油田史志办公室等详细查阅有关档案资料，多方进行史实勘证，及时补充体现时代精神和上级要求的展陈内容，先后 14 次修改布展大纲，最终形成了 6 万余字的文案大纲。并按照《关于若干历史问题的决议》和《关于建国以来党的若干历史问题的决议》等中央精神要求，对历史事件、历史人物和敏感问题等，严把政治关、史实关和文字关，确保了展陈说明的准确性、规范性和严谨性。

2. 主题展览特色鲜明

将办公楼二楼公共区域灵活拓展为展览区域，结合新中国成立 70 周年、“不忘初心、牢记使命”主题教育、党史学习教育等重大活动，举办转变思想观念教育、铁人诞辰 100 周年等主题图片展，并将相关图片展资料制作成视频、图文等，利用视频、微信、微博、掌上辽河 App 等媒体平台进行及时推

送，使辽河油田石油精神教育基地成为爱国主义、党史学习教育、石油精神教育和油情企情教育的重要阵地。

三、主要效果

辽河油田石油精神教育基地大力践行社会主义核心价值观体系，贯彻落实《新时代爱国主义教育实施纲要》精神，积极充实教育资源、挖掘教育内涵、丰富教育活动，使干部员工和社会公众在参观学习中，更好地接受爱国主义教育洗礼、体验红色文化魅力、感知辽河精神内涵。

（一）搭建主题教育平台

每年利用“五四”“七一”“十一”等重要节点，以及6月企业形象提升开放日、员工入职入党等时段，采取青年团队日、入厂教育、入党宣誓、支部党课、业务培训等，使辽河油田石油精神教育基地成为接受爱国爱企教育、石油传统教育和思想道德教育的新课堂、新平台。通过主题党日活动、党支部学习等形式，先后组织了辽河油田公司领导、辽河油田老领导、离退休老同志、机关部室（直属部门）负责人、技术专家、基层单位部分党委书记、员工代表等参观活动，参观人数千余人次。在中国共产党成立100周年前夕，开展了“石油工人心向党”快闪拍摄，拉开喜迎建党百年华诞的序幕。

（二）搭建红色教育共享平台

与盘锦市企事业单位、兴隆台区教委建立红色教育共享机制，提供社会实践活动场所。每年利用寒暑假，有计划地组织日常参观接待，为高中生、初中生、小学生提供精彩讲解和研学服务。并将每周三下午，作为参观教育的对外开放日，持续强化省市两级爱国主义教育示范基地的教育功能。

（三）搭建工业文化旅游平台

将开展爱国主义教育与工业文化旅游有机融合，并纳入盘锦市红色工业旅游规划线路，以弘扬“石油精神”为主线，突出油田创业、科技创新和绿色发展主题，以辽河油田石油精神教育基地为核心，规划设计3条辽河文化展示线路，通过点、线、面三位一体的辐射效应，让社会公众更好地接受爱国爱企教育、石油科普教育。

（四）搭建文化产品开发平台

注重开发具有辽河油品特色的文创产品，将独有的高凝油原材料和精湛的制作工艺完美结合，让石油文化资源得到充分利用。在中国石油首届企业文创产品评选颁奖暨交流推广会上，高凝油雕塑作品获得工艺美术类作品唯一一个一等奖，“高凝油油塑工艺”被国家知识产权局授予专利，成为旅游馈赠的佳品。精心创作的《辽河油田之歌》《辽河油田赋》等文化精品，向社会公众全面展示了负责任、敢担当、有作为的企业形象。

撰稿人：辽河油田公司党委宣传部

辽河油田辽一井

一、背景起因

1965年，南大荒上第一口探井——辽一井完钻，标志着下辽河平原进入了寻找油气田的新阶段。作为下辽河地区第一口探井，“辽一井”在辽河油田开发建设史上具有十分特殊的历史意义，是辽河精神中“创业奉献、吃苦不怕苦”的“南大荒”精神的发源地。它见证了辽河油田崛起于“南大荒”，传承创新大庆精神铁人精神，从无到有、从小到大的奋斗历程；见证了几代辽河石油人战天斗地、栉风沐雨，创造产量跃上1552.3万吨最高峰，全面建成中国最大稠油高凝油生产基地的“石油奇迹”；见证了辽河油田肩负保障能源安全崇高使命，唱响“我为祖国献石油”铿锵誓言，连续38年保持千万吨规模稳产，助力国家经济建设和地方经济发展的辽河担当。

为了传承好、展示好辽河油田第一口井文化阵地资源，自2003年辽一井被盘锦市政府评为市级文物保护单位开始，辽河油田不断加强辽一井的保护管理工作，先后投资500余万元，进行五次大规模的维修改造。2019年成功入选中国石油石油精神教育基地。辽一井教育基地位于盘锦市大洼县黄金带村，园区面积900平方米，现有油井井口、书模、火炬模型、浮雕墙等核心物项。

辽一井作为辽河油田展示“石油精神”的标志性纪念场所，充分发挥教育和宣传价值作用，接待中国石油相关部门、驻辽地区兄弟单位、省市行业单位以及高校实践团、大中院校学生等不同群体参观，在传播企业文化、弘扬辽河精神、展现企业形象等方面发挥了重要的教育作用。

二、主要做法

兴隆台采油厂党委严格落实《关于集团公司企业精神教育基地更名、撤销、合并及首批石油精神教育基地命名的通知》各项要求，紧紧围绕《辽河油田公司文化引领专项工作实施方案》有关精神，认真研究确定文化阵地建设的方向和目标，不断丰富文化阵地建设的形式和内容，系统梳理兴隆台采油厂丰富的有形文化阵地资源，形成独具特色的文化阵地体系，打造“一地三井一园两馆”文化阵地品牌，充分利用文化阵地开展文化传播、丰富文化实践、巩固文化成果，促进企业文化企业精神落地落实，提高企业的知名度和美誉度，以文化建设推动企业高质量发展。

（一）历史沿革

20 世纪 50 年代中期，地质工业部北方大队来到辽宁的南大荒——盘锦县（今盘锦市），开始区域地质普查。1955—1963 年，基本查清了辽河坳陷的边

界位置、岩层接触关系和基底深度，并对坳陷含油前景做出了初步评价。

1964 年 2 月，广袤的下辽河平原依然银装素裹，辽河油田第一批创业者——地质工业部第二普查大队 3207 钻井队顶着严寒，浩浩荡荡开进下辽河，开始在黄金带构造上寻找辽一井井位，踩出了荒原上第一行创业足迹。那时候黄金带人烟稀少、交通不便，生产生活条件异常艰苦。3207 钻井队队员克服重重困难，用了近 5 个月时间，硬是靠着人拉肩扛运来了一批批生产物资，矗立起荒原上的第一座钻塔。

1964 年 7 月 4 日 19 时 30 分，轰鸣的钻机唤醒了下辽河这片沉寂了亿万年的土地，辽一井第一次试钻圆满成功。在随后的 7 个多月里，面对艰苦的环境和复杂的地下情况，3207 钻井队不畏艰难，顽强拼搏，攻克了前进道路上遇到的一个个困难，钻头在不断向地层深处钻进。

1965 年 2 月 15 日，辽一井完钻，井深 2720.48 米。作为下辽河平原第一口参数井，辽一井建立了完整的中生界—新生界地层剖面，找到了多个良好油气显示层，使辽河平原从普查勘探迈向寻找油气田的新阶段。

2003 年 12 月，辽河油田对辽一井原址进行全面修缮，盘锦市政府将辽一井列为市级文物保护单位。

2006 年 5 月 25 日，辽一井获评辽宁省省级文物保护单位。

2006 年 6 月，中国石油天然气集团有限公司命名辽一井为企业精神教育基地。

2007 年 5 月，辽河油田对辽一井进行整体规划，修建了道路、护栏、记事碑和纪念塔。

2010 年 11 月，辽一井主题雕塑经过近 10 个月的创作设计和紧张施工，顺利落成，标志着辽一井纪念设施已经圆满完成全部建设任务。

2019 年 11 月 23 日，辽一井入选中国石油天然气集团有限公司石油精神教育基地。

2022 年 10 月，辽一井被辽宁省关工委评为第一批辽宁省关心下一代党史国史教育基地。

2022 年 12 月 29 日，辽一井获评辽宁省首批工业遗产。

2023 年 9 月 22 日，辽一井入选中国石油天然气集团有限公司第二批工业遗产。

（二）文化阵地建设轶事

盘锦市是辽河入海的地方，在历史上是“潮汐涨落，蒲苇扬花，雁去鹤归，草莱未垦”之地，是有名的南大荒。

在时光的隧道中，这片蛮荒之地充满着神秘意味。早在 1863 年大清王朝发出垂死呻吟之际，几位德国人就到盘锦县寻找一种黑色的油膏，领头的叫李希霍芬。1903 年，又有美国人来此找油。1909 年，日本人小藤文郎也到东北搞起油气资源调查。但这些外国人均失望而归……

新中国成立后，国家为甩掉“贫油国”的帽子，实现石油自给自足，组织地质工作者在大江南北全力以赴地找油。20 世纪 50 年代末至 60 年代初，一个个明媚的声音如春雷般响彻首都、响彻中南海——大庆发现了特大油田！辽河下游有丰富的油气资源！在这样一个国际政治风云变幻，国民经济举步维艰的特殊时期，无疑给刚起步的共和国经济注入了强劲的活力剂。

1964 年春天，辽河油田第一批创业者——地质工业部第二普查队 3207 钻井队百余名队员在队长刘保顺的带领下，怀着“我为祖国献石油”的崇高使命，雄赳赳、气昂昂地浩浩荡荡开进下辽河。钻井队队员们人拉肩扛，在盘锦大洼地区的东风农场黄金带屯进行第一口石油勘探井的安装。那时候黄金带人烟稀少、交通不便，生产生活条件异常

艰苦。

7 月 4 日 19 时 30 分开钻时，巨大的轰鸣如开天辟地的声响，震动了沉睡了亿万斯年的辽河大地。那高耸的钻塔如壮伟的宝塔，稳稳地嵌入黑土地深处。塔身如摩天剑直指苍穹。

“活了大半辈子，从没看过这阵势，咱这旮旯指定出宝了！”“地下有‘金马驹子’吧，咱这是风水宝地呀！”……因为当时美国毁灭中国军事和经济的战略计划蓄谋已久，中国石油勘探还处于高度保密状态。好奇的老乡们放下手中的活儿，从方圆数十里乐颠颠地赶来看时，都在七嘴八舌地猜想。他们能不兴奋吗？想想吧，这样破天荒似的举动一定是毛主席的决定，这些敢于战天斗地的人一定是毛主席派来的，那么毛主席的决策一定是为百姓谋幸福的。

1964 年 7 月 4 日 19 时 30 分，辽一井第一次试钻取得圆满成功。1965 年 2 月 12 日安全顺利地钻至设计井深 2700 米。1965 年 2 月 15 日，“辽一井”完钻，井深 2720.48 米。

由于工程事故，导致辽一井井壁坍塌，未能试油求产就成报废井了。但作为石油勘探的参数资料井，辽一井到验收时已获取了重要的第一手辽河平原地质数据资料，为认识到该地区的地下沉积相分布提供了依据。尤其是通过区域勘探成果结合辽一井的地层剖面，找到了多个良好油气显示层，为下一步勘探下辽河油气资源提供了目的层。

1965 年 7 月，地质工业部第一普查队在辽一井西面的大平房地区钻探成功辽 2 井，喜获工业油气流。此后，相继在下辽河地区打探井 13 口，在欧利坨子地区、热河台地区和大平房地区等地获得工业油流，表明下辽河平原蕴藏着丰富的石油资源。

从辽一井开始，钻机轰鸣，抽油机欢唱，打破了南大荒的沉静；辽河油田的创业开始起步，这片寂静的荒原就不再沉寂，无数石油人纷至沓来，他们踩着泥浆，开采出了滚滚的石油。千万条道路在下辽河平原上伸展开去，交错起来，织成网、连成片，滚滚石油由此分散到全国各地，汇成了一首激荡人心的交响乐。

辽一井像一把金钥匙打开了盘锦地下宝库，使下辽河平原从普查勘探进入寻找油气田的新阶段。

可以说，辽一井打开了下辽河平原石油宝藏的大门，奠定了辽河油田开发建设的第一块基石，见证了辽河油田走出了争当“油老三”、建设全国最大稠油、超稠油和高凝油生产基地的光辉历程。

开发建设 50 多年来，辽河油田已累计生产原油近 5 亿吨、天然气 900 多亿立方米，实现财税贡献 2900 多亿元，获得省部级以上科技成果 499 项，有力助推了地方经济社会发展，承担了政治责任、经济责任和社会责任。

辽一井已经成为一个时代的象征，象征着 20 世纪 60 年代石油工人们的竭诚努力和全身心付出，他们以自己的汗水和血水，在这片土地上树起了一座座建功立业的丰碑。

如今辽一井依然屹立于原址，坐东朝西，前面立着一块硕大的记事碑。记事碑记录了中国石油工业的兴起与腾跃，诉说了辽河油田半个多世纪的风雨历程，以及一个伟大民族的奋斗与振兴。

（三）文化阵地建设

辽一井的主题纪念塔矗立在旧址景观区中央，塔身以熊熊燃烧的火炬为主题，火炬高 13 米，外围三片风叶像腾飞的翅膀，把火炬镶嵌在中间，塔身通体为白色，洁白无瑕，火炬身镶有“辽河油田第一井”隽秀的黑体字，寓意着从辽一井开始点燃的创业火炬一直在熊熊燃烧。火炬也照亮着辽河油田未来的新征程，引领着辽河油田不断砥砺前行！

辽一井园区东侧有高 6.7 米，长 30 米的主题浮雕墙，名为“铸就辉煌”。浮雕以宏大场面展示辽河油田的发展史和创业史。浮雕正中是代表知识分子、石油工人和采油女工三位顶天立地的辽河石油人形象，展现了辽河石油人昂扬向上、锐意进取的风采。整座浮雕展现出辽河石油人战天斗地，继承弘扬“苦干实干、三老四严”石油精神，见证辽河油田 50 余年发展的辉煌历程，奋勇向上，开拓进取的石油精神，辽一井是辽河石油工业发展的历史丰碑和精神财富。

正是由于辽一井的出现，使被喻为“南大荒”的下辽河平原步入石油开

采新时代。从此，乌黑的工业血液与昔日的白色盐碱地结下不解之缘。时光荏苒，岁月如梭，如今，辽一井已经退出了辽河油田勘探开发的历史舞台，但它依然是一座不朽的精神丰碑，被镌刻在辽河油田发展史册的第一页。

三、主要成效

近年来，通过接待社会各界人士参观，辽一井石油精神教育基地的品牌形象更加鲜亮。兴隆台采油厂在履行好辽一井文化阵地建设管理的同时，也认真履行好塑造辽河油田良好形象的相应的社会责任。

（一）发挥红色文化阵地教育作用

辽一井作为中国石油石油精神教育基地，辽河油田展示“石油精神”的标志性纪念场所，充分发挥红色文化基地教育作用。每年在“七一”“十一”等重要节日，在辽一井开展入厂教育、入党宣誓、业务培训等，使辽一井成为爱国爱企教育、石油传统教育和思想道德教育的新课堂。通过主题党日活动、党组织学习等形式，辽一井教育基地先后接待中国石油相关部门、驻辽地区兄弟单位、省市行业单位以及高校实践团、大中院校学生等不同群体参观活动，参观人数覆盖五千余人次。

（二）发挥主题教育活动平台作用

注重挖掘辽一井的主题教育平台作用，积极打造“寻根辽一井”教育路线，将参观学习推广到新媒体，扩大到8小时之外，开展“重走兴油路 奋进新征程”等系列主题活动，让石油精神更有生命力和感召力。在学习贯彻习近平新时代中国特色社会主义思想主题教育逐步深入之时，在迎接铁人诞辰100周年之际，《永远的铁人》话剧演职人员参观辽一井，实现了铁人精神在辽一井的再传承再弘扬。辽一井将鼓舞着辽河石油人继续践行“我为祖国献石油”的崇高使命，以更奋进的工作姿态、更饱满的工作热情、更科学的工作方式，在各自岗位发挥更大作用，助力油田高质量发展。

撰稿人：才源　王兴岩　图片提供：宋立功　魏新宇

東滨霞采油站

一、背景起因

欢喜岭采油厂采油作业一区東滨霞采油站（简称東滨霞采油站）是以全国劳动模范東滨霞的名字命名的采油站，现有员工33人，管理着22口井、开井9口，平均日产原油8.4吨，日产气3000立方米。東滨霞采油站内设有荣誉室、文化室、练兵室、创新工作室、值班室及生产区。荣誉室作为历史的见证，以文字和图片的形式，记述了全国劳动模范東滨霞和東滨霞采油站发展历程。该站在劳动模范東滨霞的带领下，传承大庆精神铁人精神，科学实施“班站管理五法”，即油井管理分类法、设备维护精细法、安全环保责任法、技能学习互动法和小站文化凝聚法，连年超额完成各项油气生产指标，先后荣获了中华全国总工会“东北老工业基地振兴杯”劳动竞赛优胜班组奖、辽宁省“工人先锋号”、“三八”红旗集体、“十佳”女职工标兵岗位、中国石油天然气集团有限公司标杆班站、十大标杆集体等荣誉称号，在2009年，被中国石油天然气集团公司授予“企业精神教育基地”。多年来，東滨霞采油站不断迎来采油厂内外、各界人士的交流参观，塑造了良好的企业形象，弘扬了石油精神。

二、主要做法

（一）油井管理分类法

像爱护孩子一样爱护每口油井。全站树立分类管理和效益管理理念，实施一井一案精准分析、精细管理，依据油藏参数、产量数据和生产参数等，制定管理方案，使油井始终在“产量高、效益高，递减低、成本低”的“两高两低”状态下运行。

1. A 类井重点管，防倒井保稳产

8 ~ 16分的为A类井，该类井是产量的压舱石，或是问题多发的“刺头”，现场密封圈盒压盖涂红色（或者制作红色钢带绑于密封圈盒压盖上），作业区领导牵头承包，落实人为站长，其中重点井如储气库井采取党员承包制，由站长、副站长及三名党员成立党员承包组进行管理。

2. B 类井动脑管，讲效益勤挖潜

4 ~ 6 分的为 B 类井，该类油井是产量稳定器，现场密封圈盒压盖涂黄色（或者制作黄色钢带绑于密封圈盒压盖上），落实人为副站长，党员负责具体管理，发生异常及时向站长汇报。该类井侧重于“产量稳中求升”，通过“碰、调、洗、控、加药”等维护方式延长生产周期，挖掘油井潜力，冲击 A 类产量井。

3. C 类井呵护管，不倒井作贡献

1 ~ 3 分的为 C 类井，该类井虽然产量较低，但也不可或缺。C 类井密封圈盒压盖涂蓝色（或者制作蓝色钢带绑于密封圈盒压盖上），党员承包指导，普通员工负责具体管理，发生异常及时向副站长或站长汇报。该类井侧重于降低日常生产及维护成本，实现长期正效益生产，通过对标分析、精调参数，有效降低材料及能源消耗，提高检泵周期、系统效率、泵效等指标基数。

综合运用地质、测试、宏观控制图等资料，油井日常管理均遵循“4421”工作原则：

4 个掌握（井身结构掌握、断卡脱史掌握、流体性质掌握、出液特点掌握）；

4 个合理（清防蜡制度合理、油井冲次合理、温度控制合理、套压控制合理）；

2 个及时（维护措施安排及时、油井异常采取对策及时）；

1 个准确（生产参数核实准确，发生波动加密核实）。

油井分类精细化的管理方法，使油井的生产时率提高了 11 个百分点，自然递减率降低了 8 个百分点，检泵周期延长到了 526 天，油井平率达到 100%，累计挖潜增油 26400 吨。2020 年 3 月，双六储气库 3 口自喷采油井和 2 口气

井交由东滨霞采油站管理，面对基础设施差、极端天气、储气库高强度采气地层压力快速下降等种种不利因素，设立储气库油井高效管理党员先锋工程，一天一宿、两天一宿，不间断连续坚守，放喷、诱喷，有时日单井需人工清蜡3次，投产以来，所有油气井均始终保持平稳生产，日产油稳定在百吨以上。

（二）设备维护精细法

像爱护自己的眼睛一样爱护每台设备。建立定人、定岗、定责的设备管理制度，按照设备管理千分制考核细则，坚持做到“四精一严”，即精心呵护、精细保养、精准操作、精确匹配和严细检查考核。全站设备外与内、停与运、旧与新“三个一样”，始终处于最佳工作状态，全部达到“红旗设备”标准。

精心呵护，尽职尽责。采油是采油站的根本任务，而维护好设备的高效运行是采好油的最有效的保障，全站员工树立“像爱护眼睛一样爱护每台设备”的意识，精心管理油井、细心维护设备。唯有尽心、用心，方能摸清每台设备的脾气秉性。

精细保养，一丝不苟。严格实施“三查、四全、四清、五率、五不漏、六防、十字作业”，管理日常化，维护经常化，专人负责，定点、定时保养和维修，确保零锈蚀、零松动、零缺陷。钻研设备维修新方法，比如2020年，拆解管道泵，找出机械密封损坏关键环节，成立管道泵维修党员保障组，为全作业区提供管道泵维修服务，平均每年维修管道泵68台，节约支出3.4万元。

精准操作，百做无误。坚持标准化操作，抓住操作人员培训、考核环节，人人“四懂三会”，提高操作、维修、保养水平。认真执行巡回检查制度，用高度的责任感着重对隐蔽部位“望、闻、问、切”，及时发现异常，保证设备零故障、零隐患。

精确匹配，低耗高效。根据采注输生产动态，坚持对标分析经常化，不断优化设备配置、调整运行参数、稳步推进关停并转减，做到物尽其用。

严细检查考核，一律采取定机、定人、定责的“三定”制度，对照设备管理标准清单，采取现场听、凑近看、榔头敲和上架查的方法，经常组织站上员工开展设备管理检查，将设备的完好率、保养达标率、运转时率以及设备单耗率与承包人的奖金考核挂钩，提高员工自觉参与设备管理的积极性。

（三）安全环保责任法

像珍爱自己的生命一样重视安全环保。牢固树立“敬畏红线、坚守底线、尊重科学”的核心理念，从强化责任心入手，建立了以“一体化推进责任落实、四化管理、三大支撑”为主要内容的“143党建+安全环保”管理模式，全站员工自觉关注安全、环境的意识不断增强，多年来，全站始终保持“零违章、零隐患、零伤害、零污染”的记录，HSE工作绩效名列前茅，并在2020年荣获全国安全管理标准化示范班站。

1. 一体化推进责任落实

一体化管理，站长（党支部书记）、副站长、现场负责人和设备管理人等管理操作人员同时担当HSE责任人。落实配套规章制度22项，操作规程81项，以及28个门类的岗位检查标准，明确岗位职责、工作任务、管理风险、工作标准和风险管控措施。人手一张岗位履职承诺卡，干任何工作必须严格落实规章制度和操作规程，必须首先想到安全，确保环保达标。

2. 四化管理

四化管理即日常工作程式化、作业环境目视化、隐患治理追踪化、软件管理信息化，通过建立一套让员工可以“上标准岗、干标准活”的自觉执行的规范模板，做到规定动作指定到位，安全环保责任履行到位。

日常工作程式化：落实查思想、查管理、查技术、查纪律的“四查”要求。早会统筹安排、班前讲话针对性警示、属地巡检对标拨牌、作业现场工前分析、施工监督全过程盯场、交接班“三不放过”“四不下班”、夜间管理多渠道互动关注。严格执行操作过程“三步程序”管理，通过工作部署三问、三答，操作前“五分钟思考法”，安全监督员随机监查讲评，培养员工执行规定动作的安全环保意识和习惯。

作业环境目视化：运用形象直观的目视化管理，提升员工的视觉感知，通过“一展一提一警示”的管理原则，建立各岗位操作间的目视化标志和图板。通过“标准化”“视觉化”“透明化”的设置，让员工对操作环境和操作项目一目了然、自觉遵守、主动修正。

隐患治理追踪化：各类隐患问题都要按照“四个必须”进行追踪，即所查隐患必须立即整改，隐患管理必须落实责任人，隐患防护措施必须现场落实，问题分析必须追溯管理源头，方可强化本质安全和持续提升管理水平。

软件管理信息化：充分利用网络将班站安全环保管理台账信息化，建立包括作业指导书、风险分级防控清单、安全隐患治理台账、工作日志、施工告知清单和人员信息台账等 41 个项目的资料管理目录，达到一键查询，管理台账清晰明了。

3. 三大支撑

三大支撑，即坚持“党建 +”，构建“健康防护、能力提升和持续创新”三个有力支撑点，进一步强化员工安全环保责任心，不断提高“当家人”的责任感。

把员工的身心健康放在举足轻重地位。强化健康档案和健康评估结果运用，成立互助小组，对体检指标超标的进行一对一干预，督促调整饮食，参加工间操、健步走等健康活动，提高健康指数；同时，关注心理健康，与员工帮助计划（EAP）相结合，主动介入、辅导、疏导，消除负面情绪带来的身心健康和安全隐患。

坚持思想与技能同步提升。抓思想做到“四个讲清”，讲清安全和清洁生产形势，讲清事故案例教训，讲清持续完善更新的制度规程，讲清各层级、各工种、各岗位应该干什么、怎么干、干到什么标准、有什么风险、如何控制。同时通过现场演练和学习《采油工安全生产标准化操作》视频课件等直观化的培训，提升培训效果，真正让安全环保工作入脑、入心、入行。

推动持续创新，为安全清洁生产注入不竭动力，以束滨霞劳模创新工作室为阵地，研发抽油机电动机皮带行程调节装置、夜间巡检反光器、增注泵偷停报警仪、投棒放喷座椅、接线端子亚格力盖板和增注泵污水防落地装置等 15 项安全环保创新成果，运用 PDCA 循环等管理方法，推进了安全管理和清洁生产工作水平的持续上升。

（四）技能学习互动法

像锻造精钢一样锤炼员工技能。发挥全国高技能人才示范作用，以小练兵室、文化室、班前会为阵地，建立互动化、生动化、现场化的教学机制，通过课堂讲授、早会提问、专题辅导、多媒体课件、操作示范、导师带徒、实操演练、岗位轮换、互学互促和评比激励十种培训方式，形成了浓厚的“比、学、赶、帮、超”氛围。

以提高“岗位互动”能力为目标，实施“四个一”培训计划。每日一题、每周一练、每月一比、每季一评，通过传帮带、压担子、岗位互学，帮助员工掌握多个岗位知识，实现“一岗精、多岗通”，打破一人一岗、一人一线、各干一行的条线分割格局，达到岗位相互兼容、人员相互融合、工作相互协调，避免人员暂时不在岗导致职责落空或人员调动、退休、离岗导致结构性缺员。

以提高“团队互动”能力为目标，创新“模块化”培训。把日常工作内容切成不同协作模块，如防止污染扩散和倒运工艺流程等，这些模块在很多工作任务或应急方案中反复使用。培训中，首先着重对这些模块反复配合实操，切实做到形成肌肉记忆、达到本能反应，尤其是团队之间人人能担当、随时补空缺；然后再根据具体工作任务，进行模块化“组装”，确保各项工作均能协同联动、配合自如。全站员工勤学知识、苦练技能、互比互学、共同促进蔚然成风，“学习工作化、工作学习化”落实到实处，先后培养出 7 名技师和 41 名厂级以上技术能手，并经常承担辽河油田公司和采油厂技术技能培训项目。

（五）小站文化凝聚法

像建设自己的家一样建设班站，全站员工始终践行“扎根苇海、奉献石油”的“芦苇·根”文化理念，以站为家，实施小站文化凝聚法，用团队精神、文化理念、真情关爱、典型引领和共同发展来凝聚员工，履行奉献石油的神圣使命，形成了浓厚的“芦苇 · 根”文化氛围。

奉献石油，无怨无悔，就像站边的芦苇那样，深植、顽强、自立、忠诚，“芦苇 · 根”文化内涵就是奉献，是“哪里有石油，哪里就是我的家”的坚定传承，形成了具有石油特色的東滨霞班站四种精神，即爱站如家的主人精神、忠诚尽职的敬业精神、苦练求精的进取精神和执着无悔的奉献精神。这些团队精神，传承着老一辈石油人艰苦奋斗、吃苦耐劳的石油基因，彰显着一个优秀集体敬业奉献、尽责担当的优良作风，更透露出石油工人对组织的忠诚、对事业的热爱，是欢喜岭采油厂“担当、战赢、创新、苦干”精神和“人企共赢、欢喜幸福”价值追求的具体体现。

三、主要成效

团队精神、文化理念，引导员工、感化员工，促进了队伍的和谐成长，用真情关爱员工、凝聚员工，打造了员工温馨之家。所有人都把心思用在工作上，把身子扑在工作上，把才干亮在工作上，为班站实现新发展做出最大努力，营造了“我爱我家我参与、我建我家我奉献、我管我家我快乐”的浓厚氛围。

充分发挥典型资源优势，定期组织先进事迹座谈会、听劳模讲创业故事、学劳模办主题党日等特色活动，认真学习他们对党忠诚、顽强拼搏、无私奉献、攻坚克难的坚定信念和崇高风范，始终牢记光荣历史，用劳模精神鞭策自己、追求卓越。

東滨霞采油站先后获得了全国“工人先锋号”、辽宁省“三八”红旗集体、中国石油标杆班组等近百项荣誉。同时作为石油精神教育基地、技能人才培育基地，先后培养出全国劳动模范赵奇峰、全国创新方法等各类大赛摘金夺银的标兵能手董娟、拾金不昧充满正能量的优秀员工许兴瑞等 100 多位油田开发建设的中坚骨干力量，其中 23 人走上了站队长及以上岗位。

撰稿人：朱敬凝

扫码观看视频

欢喜岭采油厂企业文化教育中心

一、背景起因

欢喜岭采油厂（简称欢采）企业文化教育中心坐落在世界第一大苇田、亚洲最大的湿地之中，是该厂具有地域特色的苇海创业文化阵地建设的集中体现，也是全厂干部员工学习交流的文化中心。该中心始建于2006年，累计占地面积约2000平方米，包含厂级以上文化教育基地7座，以及欢喜幸福党建阵地、文化长廊系列展示区及班站文化示范点，多次接待中国石油天然气集团有限公司、省部级领导、各级企事业单位参观和厂内参观学习累计约5万人，获一致好评。欢喜岭采油厂先后荣获全国企业文化建设先进单位、国家环境友好企业、全国安全文化建设示范企业、全国企业文化顶层设计与基层践行优秀单位、辽宁省企业文化建设示范基地称号等多项荣誉称号。2019年11月，被授予中国石油天然气集团有限公司石油精神教育基地。

二、主要内容及做法

（一）建设具有地域特色的苇海创业文化

20 世纪 70 年代，一群来自天南地北的石油人聚集到苇海深处一个叫欢喜岭的渔村扎根，开始了轰轰烈烈的石油大会战。由大庆油田一次性调入管理干部和工人 706 人，在茫茫苇海深处建设石油之城、苇海之家。充分汲取芦苇“生长性、根植性、博大性和相容性”特点，体现了“哪里有石油，哪里就是我的家”的豪迈情怀，原汁原味的大庆精神扎根苇海，同根同源的石油基因就此延续，形成了以“扎根苇海、奉献石油”为核心理念，具有地域特色的苇海家文化。2019 年以来，随着老油田进入中后期，“人多油少成本高”的现实矛盾和矿业权退出保护区的政策要求，成为发展的“卡脖子”瓶颈，因此，“扎根苇海”已经不适应当前发展需要，大批石油人走出苇海，在西部荒原开辟新战场，几十年的文化积淀也在企业变革中寻求创新。“家”文化已经不适应当前改革发展需要，打破藩篱，逆势而上，更需要大力传承老一辈石油人创业精神。立足苇海，革故鼎新，走出欢采，再创辉煌，由此苇海家文化升级改版为苇海创业文化。号召广大干部员工弘扬石油精神和大庆精神铁人精神，践行辽河精神，遵循“加油增气、欢喜幸福”共同价值追求，发扬“担当、奉献、拼搏、实干”的欢采精神，实施“创新、市场、低成本、人才强企、管理提升”五大发展战略，打造“五个一流”企业愿景。苇海创业文化遵循和落实中国石油天然气集团有限公司新版《企业文化手册》和中国石油天然气集团有限公司、辽河油田《文化引领专项工作方案》要求，将新版《企业文化手册》作为行动纲要，在石油文化、辽河文化框架下具体化、团队化、区域化。苇海创业文化是集价值追求、团队精神、奋斗目标、发展战略、工作理念、载体阵地、典型群像为一体的文化体系，更具时代特征、石油特点、欢采特色，更符合企业实际，更契合高质量发展。

（二）打造“五个一”特色示范文化阵地

欢喜岭采油厂大力实施“文化强企”战略，始终坚持把企业文化基地建设作为企业发展的重大战略任务来思考和推进，通过顶层设计，统筹规划、齐抓共

管、系统推进，打造“五个一”特色企业文化示范基地。“五个一”具体内容是：

1. 建设一座企业文化教育中心

包含党员干部教育基地、安全文化教育基地、党风廉政建设教育基地、见义勇为宣教基地、人口文化传播基地、束滨霞采油站石油精神教育基地和齐5号站石油精神教育基地等7座文化基地，辐射包含文化长廊和欢喜幸福党建阵地等。

2. 制作一部企业文化专题片

制作《担当、奉献、拼搏、实干，为辽河油田高质量转型发展贡献欢采力量》等宣传片、《采油姑娘》等微电影、《欢采，我们热爱你》等MV原创歌曲，全面展示企业文化建设成果。

3. 印发一本企业文化手册

印发《担当 奉献 拼搏 实干》文化手册，以及《苇海明珠耀辽河》《苇海家文化手册》《苇海新风》等多部画册。

4. 打造一批基层文化示范点

大力开展基础管理提升行动，选树束滨霞采油站、齐5号站和欢二联合站等为代表的文化示范点，推出一批品牌班站、品牌站训、特色工作法和文化故事。

5. 选树一批企业英模榜样

涌现出全国劳动模范、中华技能大奖获得者、中国高技能人才楷模束滨霞，全国劳动模范、中华技能大奖赵奇峰、全国道德模范提名奖牛红生等一大批国家级、省部级先进典型群体，切实起到良好引领作用。

2017 年 6 月，辽宁省企业文化示范基地现场交流会在欢喜岭采油厂召开，欢喜岭采油厂企业文化教育中心的“五个一”文化阵地建设成为全省示范基地必备要素进行推广。

（三）主要内容

欢喜岭采油厂继承发展中国石油核心文化根脉，重视企业文化“内化和外化”传播作用，统筹规划，落实展览展示类意识形态阵地管理要求，本着“齐抓共管、系统推进”的原则，把文化基地建设作为传播文化的辐射源，建立以企业文化教育中心为核心的文化基地群体，各部门把握文化内涵和文化特色，上下联动、横向互动，齐抓共管、系统推进文化基地建设。

1. 党员干部教育基地

党员干部教育基地前身是原苇海家家文化教育基地，始建于 2005 年，占地面积 280 平方米，是全厂党员干部学习的阵地。该基地展厅包括党史、党章、党的纪律、党的作风、光荣传统、榜样力量，以及辽河油田公司党的建设、采油厂党的建设等 8 个方面 13 个主题，是广大党员干部重温党的历史、学习优良作风的重要阵地，是加强党性锻炼、锤炼政治品格的重要课堂。多次迎接中国石油天然气集团有限公司、省市和油田单位参观学习，是进一步坚定广大党员干部理想信念，加强党性修养，深化党员教育、加强党的建设有效载体。2006 年 6 月，中国石油天然气集团有限公司廉洁文化现场会在欢喜岭采油厂召开，党员干部教育基地作为主阵地受到与会领导的一致肯定。

2. 安全文化教育基地

安全文化教育基地清晰展示出欢喜岭采油厂的安全发展历程、安全文化建设体系及工作措施，深刻诠释出“安全就是我们的生命”的核心理念，重点突出“三维一体化”的安全文化主打元素，是全厂开展安全教育的重要场所。该基地始建于 2010 年 5 月，是集文化展示、教育培训和观摩学习等多种功能为一体的安全文化交流平台。定期组织干部员工参观学习，开展案例警示教育和安全里程碑典型交流等，使全厂干部员工安全素质和安全管理水平得到明显提升。

3. 党风廉政建设教育基地

始建于2010年，占地面积180平方米，围绕党风廉政建设责任制和惩防体系建设内容，设有纪法制度体系、责任落实体系、措施机制体系、清单推进体系、典型引领体系、反面警示体系和文化润廉体系7个主题，定期组织党员干部参观学习，通过运用图、文、声、像和网络立体交叉的形式，结合正面激励鼓舞和反面警示教育相互作用的效果，使教育基地成为党员干部和关键岗位人员学习党纪法规的园地。

4. 见义勇为宣教基地

筹建于2008年12月，2009年9月20日建成，2020年重建，陈展面积350平方米，包括“传统美德、薪火相传”“热切寄托、殷切期望”“英雄楷模、闪耀辽河”“强基固本、坚守担当”等内容，旨在传承中华民族传统美德，践行社会主义核心价值观，共同唱响弘扬见义勇为精神的“英雄赞歌”，共同营造“学英雄、扬正气、促和谐”的良好氛围，展示了欢喜岭采油厂、辽河油田以及辽宁省多年来精神文明建设和平安创建工作的丰硕果实，多年来，接待新华社等参观交流学习近万人，为引领见义勇为时代新风尚，建设平安和谐社会，发挥主阵地作用。

5. 束滨霞采油站石油精神教育基地

束滨霞采油站于 2002 年 6 月投产。现有员工 33 人，管理着 70 口井，平均日产原油 140 吨，日产气 3500 立方米。原站长束滨霞是全国劳动模范、全国高技能人才楷模、中华技能大奖获得者，在她的带领下，束滨霞采油站全站员工弘扬“苦干实干、三老四严”的石油精神和大庆精神铁人精神，发扬爱站如家的主人精神、忠诚尽职的敬业精神、苦练求精的进取精神和执着无悔的奉献精神，科学实施“班站管理五法”，即油井管理分类法、设备维护精细法、安全环保责任法、技能学习互动法和小站文化凝聚法，连年超额完成各项油气生产指标，为油田稳产创效做出积极贡献。束滨霞采油站被授予全国“工人先锋号”、中华全国总工会“东北老工业基地振兴杯”劳动竞赛优胜班组奖，中国石油天然气集团有限公司石油精神教育基地、标杆班组、十大标杆集体，辽宁省“工人先锋号”、辽宁省“三八”红旗集体等几十项荣誉，成为辽河油田公司乃至中国石油基层建设学习的典范。

6. 欢喜幸福党建阵地、文化长廊系列展示区

2021 年，该厂建设欢喜幸福党建阵地，组织党员突击队进行会战，对原广场扩建维修，清淤除草刷漆，维修恢复喷泉，利用废旧材料制作长廊，设计制作文化图版，广场面貌焕然一新，成为党员干部、员工群众学习交流、休闲娱乐的文化教育阵地。文化图版主要内容包括“四史”学习宣传教育、社会主义核心价值观、中国石油天然气集团有限公司企业文化理念、辽河油田创业故事和精神文明建设等内容，通过学习党史、新中国史、改革开放史、社会主义发展史，以及石油工业史、欢喜岭采油厂创业史等，在学思践悟中坚定理想信念，在奋发有为中践行初心使命，为努力实现欢喜

岭采油厂质量效益发展做贡献。

欢喜岭采油厂文化长廊位于矿区驻地，主要包括社会主义核心价值观专栏、两会专栏、形势任务教育专栏和企业文化理念专栏等内容，并将欢喜岭采油厂首届道德模范、十大标兵典型事迹进行展示，积极营造崇德尚善、见贤思齐浓厚的氛围。此外，还包括廉洁文化墙、文化宣传栏、“驱动空间·创新家”工作室、欢 8 井等展示区。同时，建设员工候车服务中心，利用宣传园地及时开展主题教育宣传、典型宣传和法治教育等。

7. 班站文化示范点

班站文化示范点通过提炼队训，总结特色工作法，培养选树“身边铁人”，建设文化室或文化角，挖掘和宣传文化故事，推动基层企业文化建设在基层落地。通过开展班站文化示范基地评选，涌现出采油作业一区东滨霞采油站、采油作业三区齐 5 号站、采油作业二区 07 站、欢二联合站等优秀班站文化示范点站，推动基层企业文化建设有效开展。

三、主要效果

（一）思想保障

欢喜岭采油厂党委高度重视企业文化中心阵地建设，结合欢喜岭采油厂重点工作，唱响宣传解释好“加油增气、欢喜幸福”价值追求，弘扬“担当、奉献、拼搏、实干”团队精神，引导干部员工强化创新理念、效益理念、市场理念、变革理念、发展理念、责任理念，着力解决思想层面的根本制约，着力解决精神动力不足的深层问题，促进干部员工积极思考、激发担当、进取有为。苇海创业文化是企业文化教育中心的主阵地，通过“苇海家文化”向“苇海创业文化”升级，推动文化精神转化为现实生产力，为欢喜岭采油厂“V”形发展、从综合业绩考核倒数第一到跻身前三作出重要贡献。

（二）环境保障

完善升级企业文化教育中心等原有文化基地，丰富集团、油田功勋井——齐 40 蒸汽驱 11 井组文化基地内涵。通过开通文化体验线路，加强地标建筑文化展示，创优文化网站，打造精品公众号，加强数字化传播，做实宣传册、培训班、故事会和演讲比赛等载体，开展欢喜幸福工程、员工候车服务工程等，营造了良好的文化建设氛围。

（三）标准保障

突出行业特点和地域特色，选树打造東滨霞采油站油田开发与自然和谐共生名片、采二07站改革管理多种要素名片、采三齐40蒸汽驱11井组稠油开发名片，以标杆为标准，以示范为规范，以点带面推广提升；同时认真总结深入学习各类先进典型，将英模优势转化为工作优势。

（四）载体保障

利用企业文化教育中心开展系列活动，引导广大干部员工结合单位实际、岗位实际和工作实际，开展企业文化“3+X”实践，即思想实践、作风实践、业绩实践和践行一句格言、讲好身边故事、学习身边铁人等活动，积极培育基层文化、专业文化和行为文化，确保企业精神外化于行，确保企业文化建设持久有效。

（五）队伍保障

突出弘扬石油精神，发扬辽河精神，践行欢采精神，突出文化阵地建设优势，突出以人为本，突出全媒体优势，持续培育東滨霞、赵奇峰和辽河榜样夏洪刚“三代欢采铁人”；利用微电影、融媒体宣传等形式阵地，选树各类典型300多个，对外宣传刊发稿件2万多篇，激发了队伍积极向上的精神力量。

撰稿人：刘海

扫码观看视频

特种油开发公司“热”文化展厅

一、背景起因

特种油开发公司（简称特油公司）成立于1997年，是辽河油田公司下辖的百万吨以上原油生产单位之一，生产矿区位于盘锦市西约20千米处。现有员工2538人，下设18个职能科室、3个直附属部门和7个生产经营单位，辖区管理油井1816口，注汽锅炉80台，联合站1座，是目前国内最大的超稠油生产基地。

常温下超稠油具有黏度大、流动难等特性，开采全程必须以热解稠，因此充分运用“热”，发挥“热”的最大价值就成为了特油公司人的必然选择与

不懈追求。在特油公司从无到有、从弱到强，与稠相斗、与热相伴的改革发展历程中，凝练形成了以“聚集热量，释放热能，以热解稠，有一份热，发一份光”为主题，以情感文化、管理文化、廉洁文化、安全文化、健康文化和创新文化六个单元为主要架构的特油公司“热”文化体系，成为引领推动一流示范企业建设的强大文化软实力。先后获得中央企业先进集体、全国厂务公开管理示范单位、“十三五”中国企业文化建设优秀单位、中国石油天然气集团有限公司先进基层党组织、辽宁省“五一劳动”奖状、省思想政治工作先进单位、国家健康企业建设优秀案例等省部级以上荣誉30余项。

二、主要内容

（一）注重以热凝心，着力打造情感文化，为建设一流示范企业集聚发展源泉

面对新形势下员工队伍所呈现出的思想观念多元、利益诉求多样等特征，特油公司牢固树立“我是特油人，特油是我家”理念，坚持用热能融化稠油，用热爱凝聚情感，倾力构建企业与职工命运共同体，打造共同美好家园。

1. 强化“家”的引导

通过中心组学习、“三会一课”、主题党日等活动，引导干部员工深刻学习领悟习近平总书记重要讲话和重要指示批示精神，大力弘扬石油精神和大庆精神铁人精神，广大党员干部员工听党话、跟党走的意识更加牢固，“能源的饭碗必须端在自己手里”的决心更加坚决。

扎实开展形势任务教育，在深入推进员工思想动态调查研究的基础上，领导干部聚焦高质量发展主题，带头讲形势、讲差距、讲任务，引导全员摒弃盲目乐观、消极悲观、袖手旁观等错误观念，以实际行动践行

"加油增气"。

2. 倡导"家"的民主

加大厂务公开力度，规范公开内容、公开时间、公开方式等事项，强化全员日常监督，真正让公开成为自觉，让透明成为常态。期间，特油公司代表辽宁省在全国厂务公开民主管理工作视频调研检查会上作了汇报交流。规范职工代表大会、民主恳谈会等制度，集体审议公司重大决策部署，及时征集回复员工关心关切问题，第一时间帮助解决班站自主维修等急难愁盼问题，这一系列举措的实施切实让员工真切感受到企业里人人都是"主人翁"和"局内人"，从而积极主动为企业改革发展献计献策。

3. 注重"家"的关怀

大力推进慰问帮扶工作，常态化开展"夏送清凉冬送温暖"、重大节日慰问等活动，组织走访看望长期坚守抗洪将士家属，近三年惠及员工 9083 人次，发放慰问品、慰问金和援助款 780.1 万元。适时举办送"福"进班站、书法美术摄影展和中秋趣味游戏等员工喜闻乐见的活动，增强干部队伍凝聚力。持续扩充"员工帮助计划"人才储备力量，年均开展心理健康系列大讲堂活动 19 次，无偿提供心理健康咨询服务，精准实施危机干预 6 人次，切实提升全员心理健康素质。通过开展这些活动，"企业为我谋幸福，我为企业做贡献"的共识渐渐凝聚。

（二）注重以热聚力，着力打造管理文化，为建设一流示范企业夯实根本保障

管理是企业永恒的课题。特油公司牢固树立"用心才能做好，细节决定成败"理念，坚持用热量积聚智慧，用热忱追求卓越，深入推进"管理提升行动"，努力提升企业治理能力水平。

1. 加强体系建设，助力管理精细严格化

深化实施三级考核、三项评优和四个机制的"CT3.3.4"管理模式，把管理指标和操作对象细分量化为责任点，通过日常检查、专项检查和集中检查相结合的方式，及时跟踪、指导和帮助责任人解决隐患问题，并严格执行责任追究、绩效考核、打分排队和典型选树四个激励机制，按季评选通报"优秀作业

区”“优秀班站”“优秀员工”，形成了岗位职责更加落实、干部绩效更加突出、典型示范更加到位、竞争意识更加强烈的工作氛围。

2. 提升信息建设，助力管理科学现代化

全面推进数字化油田建设，抓实物联网（A11）建设全覆盖和数字化应用全方位，推进实施以生产指挥中心为主，集远程数据采集、监控分析和生产调度于一体的管理模式，基层基础管理水平和运行效率大幅度提升，生产管理正向精益化现代化稳步迈进。

3. 深化制度建设，助力管理合规平稳化

严格按照“一级制度、两级流程”模式，全面排查梳理油气水电等管理制度371项，同步建立“执行流程”23个，及时组织流程执行部门进行跟单测试，有效堵塞流程不完善、不规范和不可操作等风险漏洞。加强内控与法律风险管理，突出市场、合同、结算和两金压控等重点领域监管，在全面提升运行效率的基础上，实现内部市场占有率、合同结算及时率远高于指标要求，“依法合规是不可逾越的底线”的思想观念更加深入人心。

（三）注重以热铸魂，着力打造廉洁文化，为建设一流示范企业恪守纪律底线

面对党风廉政建设和反腐败工作纪律要求越来越严、执纪标准越来越严和干部监督越来越严的新常态，特油公司牢固树立“构筑廉洁防线，打造廉洁团队”理念，坚持用热力筑牢防线，用热诚守护底线，推动全面从严治党向基层延伸。

1. 紧紧抓住一个“警”字

坚持“以案促改、以案促治”，积极搭建多元化警示教育平台，借助党委中心组学习、生产办公会、即时通工作群等载体，播放《利剑啸歌》《悔恨的泪》等警示教育片，分享《疯狂的代价》《美好的喜事》等违纪违法典型案例，推送《虚报套取“套住”自己》等漫画视频，引导广大党员干部深刻反思、吸取教训，不敢腐、不能腐、不想腐的思想堤坝更加筑牢。

2. 牢牢把握一个“教”字

加强党规党纪教育，组织党员领导干部多次学习党章、纪律处分条例等十四项规章制度，通过学中思、思中悟、悟中行，进一步提升党员干部遵规守纪的思想自觉和行动自觉。深化巩固“作风建设年”活动，通过讨论、反思、排查“三部曲”，教育引导党员干部自查自纠服务基层不及时、先锋模范作用发挥不充分等问题。紧盯节假日、升学季、职务升迁等重要节点，扎实开展“六个一”教育和任前谈话，手签不操办“升学宴”等遵章守纪承诺书，使党员干部时刻做到廉洁自律。

3. 时时围绕一个“严”字

健全廉洁风险防控体系，组织开展岗位廉洁风险点排查，梳理风险点源427个，制定防控措施531条。纵深开展“四风”问题整治，常态化开展以党内巡察为主的内部监督，围绕“三个聚焦”、紧盯“两个关键”，及时整治管理制度落实不规范、个别党组织政治生活质量不高等典型问题。严格执纪问责，合理运用监督执纪“四种形态”，探索实行党内政治监督谈话制度，认真核实相关问题线索，严格对责任人落实党纪处分、组织处理。通过严布防、严监管、严问责，风清气正的政治生态加速形成。

（四）注重以热保家，着力打造安全文化，为建设一流示范企业筑牢防护屏障

针对超稠油开发易燃易爆、有毒有害、高温高压等行业特点，特油公司牢固树立“付出一万的努力，防止万一的发生”理念，坚持用热切诠释努力，用热心夯实根基，全力守护员工生命安全。

1. 完善安全责任网络

严格落实“党政同责、一岗双责、齐抓共管、失职追责”“三管三必须”的安全责任体系总体要求，细致梳理各业务岗位工作流程，健全安全生产责任清单 2470 份、QHSE 履职承诺卡 1689 份，修订各类 QHSE 管理制度 33 项、三类操作规程 138 个，逐级签订安全环保责任书 63 份，构建了横向到边、纵向到底的安全责任体系。制定班子成员安全生产任务清单，以及重大风险包保责任清单，梳理归纳 12 条重点任务，以及 SAGD 地表漏气、火灾爆炸等重大风险 8 项，以“清单化”推动责任任务更加具体化、有形化。

2. 强化隐患查改体系

坚持以安全“四大”、全员安全生产教育整治等活动为契机，大力推行“三位一体”监督体系和“四查”模式，严格落实安全生产“五问”工作制，着重培养监督后备力量，强化“低老坏”问题和重复性隐患整治力度以及承包商施工现场全过程监管，年均查改隐患问题 1200 余项。面对历史罕见洪灾，及时推广运用抗洪复产“六步法”，全力构建“网格化”管理体系，组建 11 个专项检查小组，监督现场次数超 7830 处，实现安全高效复产。

3. 营造安全文化氛围

高度重视作业现场安全可视化环境布置，绘制 66 个班站“红橙黄蓝”风险分布图，悬挂张贴安全警示标志，制作张贴图示化安全操作指引，以最直观的视觉信号时刻提醒员工注意安全，避免事故事件发生。广泛开展“党建 +”安全、安全知识竞赛、安全经验分享等活动，借助特油人微信、“特油之声”广播等媒体资源，推送安全生产常识，分享典型事故案例，促使干部员工及时纠正“安全与我无关”的错误认识，杜绝“事故不会发生在自己身上”的侥幸心理。

（五）注重以热护航，着力打造健康文化，为建设一流示范企业锻造坚强基石

作为辽河油田公司首家健康企业创建试点单位，特油公司牢固树立“共建健康企业，共享美好家园”理念，坚持用热情描绘人洁机净，用热望呵护员工健康，最大限度提升员工健康素养和健康水平。

1. 打造绿色优美生产生活环境

积极响应辽河油田公司“绿色低碳613工程”，一体推进“光伏发电、节能降碳”两大工程，大力实施全程密闭集输、污水零排放、伴生气分离回注等关键配套技术，推广应用超稠油冷输、热能综合利用等工程项目，配备吸声板、设备消音器、护耳罩等降噪措施，成功实现“气”的综合治理、“水”的达标排放和“声”的有效控制。修建翻新员工澡堂、健身室、健康食堂、健康小屋等福利设施，打造集衣食住行健康医疗于一体的“3分钟微生活服务圈”。

2. 升级完善健康干预服务

创新推行个性化健康体检，建立“一人一档”电子健康档案，对1193名中高风险人员制定“一人一策”干预方案，人均开展健康干预11.5次、有效率达63%。孕育形成“健康管家、健康使者、健康导师”等文化群落，定期深入两级机关、基层一线进行“面对面”问诊，免费为员工提供24小时动态心电图背包、血脂血糖检测等服务，全方位、全周期的健康服务模式全面构建。

3. 倡导健康文明生活方式

定期邀请中国职业安全健康协会、红十字会、宝石花医院等权威专家进行健康讲座，组织糖尿病预防、心血管防治等技能培训、座谈交流，阶段开展活动22场次、受众1500余人。积极开展工间操、全民健步行、三人篮球赛等特色活动，大力倡导减脂、减盐、减糖“三减”行动，“每个人都是自己健康第一责任人”理念牢牢树立。

（六）注重以热致远，着力打造创新文化，为建设一流示范企业增添强劲动能

针对特油公司人多地盘小、地质储量有限、稳产难度大等不利因素，特油公司牢固树立“创新无极限，发展无止境”理念，大力弘扬践行“开拓创

新，油稠人不愁”的特种油精神，实现了连续22年百万吨规模持续稳产的跨越式发展。

1. 完善创新“序列库”

坚持以打造一流超稠油开采技术品牌为目标，创新发展蒸汽吞吐、蒸汽辅助重力泄油、蒸汽驱三大核心开发技术，持续开展高产井培育、多介质辅助蒸汽辅助重力泄油、机械蒸汽压缩水处理等重大技术探索试验，多年来，先后培育出10口百吨井，一举将蒸汽辅助重力泄油采收率提高至65%，达到国际领先水平，同时助力加拿大麦凯河油砂项目产量由8000桶提高至14000桶，实现蒸汽辅助重力泄油技术对加拿大油砂项目反向输出，打响了辽河稠油开发的技术品牌。

2. 搭建创新“大舞台”

始终把人才作为创新第一资源，把制约效益生产的关键问题、提质增效的难点问题作为科技工作者的重点攻关对象，大力推进揭榜挂帅和“赛马”机制，让想干事、能干事、干成事的科技人才团队挂帅出征，近年来《超稠油生产“三废”治理技术研究与应用》等12个科技项目获评辽河油田公司科技进步奖以上荣誉，《一种油田隔热油管内壁自动除垢、除锈装置及方法》等4个项目荣获国家级发明专利。广泛开展创新大讲堂、合理化建议征集等职工岗位创新活动，高标准组建职工创新工作室，真正给予每一位敬业专注、创新创效的员工出彩、展示的机会，近两年职工提出并实施合理化建议72条，产生经济效益172万元，“人人参与创新，人人皆可创效”已成为共识。

3. 激发创新“动力源”

构建多维度、全覆盖的岗位创新评价激励体系，突出对科技创新贡献突出的人员奖励力度，形成“群众性劳动经济工作随手拍”“科技进步奖”等多层次奖励机制，同时将岗位创新成果作为职工晋级的重要依据，有效激发了广大职工立足岗位、创新创造的积极性。大力选树宣传在科技攻关、成果转化等方面的典型人物和具体案例，涌现出以“中央企业技术能手”杨振东、“大满贯”吴海胜等为代表的一大批先进集体和个人，带动形成学先进、赶先进、超先进的浓厚氛围。

三、主要效果

在以“热”文化引领推动一流示范企业建设实践中，广大干部员工与企业的距离更近，端稳能源饭碗信念更坚定，生产积极性更高，“上下一条心、聚力一张图、共走一盘棋”的干事创业氛围越发浓厚，在特油公司无新增勘探面积的情况下，以辽河油田 3.1% 的地质储量，每年贡献 12% 以上的原油产量，标定采收率经 9 次调整达到 53.4%，累计生产原油 3127.5 万吨，单位完全成本最低降至 34.4 美元 / 桶，书写了超稠油开发史上的一个奇迹。特别是面对 70 年不遇的洪涝灾情，特油人始终保持担当作为、拼搏奋进的精神状态，不打折扣、不降标准地落实各项决策部署，先后组织了迎战挡潮堤、奋战“U”形路、会战国堤口、转战曙 13 支“四场大型保卫战”，洪水消退后全速完成采油、热注、集输“三大系统”恢复，在“大战大考”中交出了一份优异“答卷”。“命运与共、众志成城，不畏艰险、排除万难，敢于胜利、永不言弃”的特油抗洪复产精神成为全体干部员工夺油上产的不竭动力。

撰稿人：栾焕　姚凯乐　金鑫

扫码观看视频

兴隆台采油厂黄 5 井

一、背景起因

黄 5 井在辽河油田的发展历程中具有重要的历史意义，是辽河精神中“敢于胜利、遇险不畏险”的“黄五井”精神的发源地。该井于 1969 年 8 月 14 日完钻，井深 2554.59 米。共发现油气层 69 层，总厚度 202.6 米，展现了下辽河盆地喜人的油气资源前景，为黄金带构造探边与开发提供了可靠依据。大大加快了下辽河“边勘探、边开发”方案的具体落实。

1969 年 11 月 22 日，黄 5 井在试油求产过程中突然发生强烈井喷。这是六七三厂成立以来的第一次井喷，在辽宁省、原沈阳军区和当地群众的大力支持下，经过 26 小时的奋勇拼搏，成功制服了当时国内外罕见的井喷，保护了国家财产和油气资源，避免了人民群众的生命财产损失。1970 年 2 月 7 日，时任国务院总理周恩来对黄 5 井抢险英雄集体作出要“大力宣传”的重要指示，原石油工业部军管会下发了《关于学习“黄 5 井”抢险英雄事迹的决定》。

为了传承好、展示好黄 5 井文化阵地资源，兴隆台采油厂不断加强黄 5 井的保护管理工作，对其进行改造建设。2019 年 11 月开始，修建了道路、护栏、纪念石碑。纪念石碑上镌刻文字，主要记录了抢险英雄群体制服特大井喷的英雄壮举，并以诗歌歌颂油田职工队伍“一不怕苦、二不怕死”的奉献精神。2022 年黄 5 井入选辽河油田首批功勋井，并在井场内伫立“决战黄五井”故事展板，对井场整体进行修缮平整。2023 年，黄 5 井同时入选辽宁省和中国石油工业遗产名单。黄 5 井作为展示辽河精神的标志性纪念场所，充分发挥教育和宣传价值作用，接待中国石油相关部门、驻辽地区兄弟单位、省市行业单位以及高校实践团、大中院校学生等不同群体参观，在传播企业文化、弘扬辽河精神、展现企业形象等方面发挥了重要的教育作用。

二、主要做法

兴隆台采油厂紧紧围绕《辽河油田公司文化引领专项工作实施方案》有关精神，严格落实《关于辽河油田公司企业文化阵地沿用更名、撤销及首批功勋井、石油精神教育基地和第三批企业文化建设示范点命名的通知》各项要求，认真研究确定文化阵地建设的方向和目标，不断丰富文化阵地建设的形式和内容，系统梳理兴隆台采油厂丰富的有型文化阵地资源，形成独具特色的文化阵地体系，打造“一地三井一园两馆”文化阵地品牌，充分利用文化阵地开展文化传播、丰富文化实践、巩固文化成果，促进企业文化企业精神落地落实，提高企业的知名度和美誉度，以文化建设推动企业高质量发展。

（一）历史沿革

黄5井隶属于中国石油辽河油田公司兴隆台采油厂采油作业一区，位于盘锦市大洼区东风镇黄金带村。1969年11月22日17时43分，黄5井在试油过程中突发强烈井喷，井内钻井液、电缆、铅锤、磁性定位器58—65枪身，全部喷出。油气层压力30兆帕，喷出气柱高达50多米，15千米外可听到井喷响声，喷出的天然气随风流动，形成一条5千米长的气带。

井喷发生后，全体解放军指战员、工人、贫下中农，不怕牺牲、英勇奋战25小时27分钟，压入井内清水4.2立方米，比重1.34，钻井液49.8立方米，终于压井成功，制服了特大井喷。

黄5井抢险的事迹，层层上报到党中央、国务院，周恩来总理专门作出指示：一要大力宣传，二要防止骄傲自满。

1970年3月3日，大庆六七三厂革委会决定，给予郑春发等4名同志记个人二等功，薛文德等9名同志记个人三等功；试油二队一班等两个班组记集体三等功。

黄5井抢险成功后，于1969年12月25日投产，后历经6次调层作业，于1992年2月自然报废。1999年12月实施侧钻更名黄5C井，目前为停产井，共为国家贡献原油 7380 吨，天然气 8647.07 万立方米。

（二）文化阵地轶事

在辽河油田开发建设 50 多年的历史上，有一个动人心魄的历史瞬间让每一个辽河石油人刻骨铭记。1969 年 11 月 22 日，黄 5 井在试油过程中突发强烈井喷。那是一场关乎生死的大考验，那是一段让中国石油人无法忘记的回忆，那一刻辽河石油人舍生忘死守住了“聚宝盆”，那一天辽河石油人背水一战后，亲历了这里有大油田的欣喜。

20 世纪 60 年代，地质工业部组织人员到辽宁“南大荒”下辽河地区开展夺油会战。1968 年 1 月 12 日，黄一井射孔自喷，日产油 22.7 吨，从而发现了黄金带油田。1969 年，黄 5 井部署到位，32148 钻井队经过两个月时间完钻。11 月 22 日，他们将井交付试油二队进行试油。

这天是小雪节气，黄 5 井射孔成功后，留守在现场盯井观察的队长薛文德、班长郑春发等几名同志，发现有钻井液从井口往外溢。“井内气压已超过了钻井液压力，这可是井喷的先兆！”说时迟、那时快，外溢的钻井液似火山爆发一样四散在井场周围，一瞬间，强大的天然气流犹如脱缰的“气龙”势不可挡，咆哮着，怒吼着，冲开井口阀门，从碗口粗的套管中冲天喷射而出，瞬间超越了 40 多米高的井架，1 吨多重的井口装置被强扭弯了 45°，井架上 100 多千克重的钢板被掀起数米高，随即摔落地面。整个井场气浪冲天，响声震耳欲聋，油雾弥漫，浓烈的油气味呛得人直咳嗽，熏得人止不住地淌眼泪。喷出的天然气随风流动，形成一条 5 千米长的气带，四处扩散至 10 千米。高压油气流犹如炸药包，稍有一点火源都会引起剧烈爆炸，人民群众的生命财产安全，以及油田设备物资面临着严峻威胁，形势十分危急。

险情多持续一分钟，就多一分危险。在抢险现场，最宝贵的就是时间。大家都明白，这样的场景意味着什么，如果不马上战胜井喷，损失的不仅仅是物资，几万人的生命安全也将受到威胁。“兄弟们，今天就是拼了命，也要制服它。”班长郑春发扯着嗓子高呼，但声音被无情地淹没在气流的怒吼中。尽管听不清这位“铁人王进喜”昔日战友的喊声，但井场上所有人都明白，必须做出抉择！郑春发第一个冲上去抢关总阀门，在场的同志紧随其后跟着冲了上去。然而，气流在井口形成的一道厚厚的气墙，让人难以靠近。由于天然气流将井下射孔电缆冲成了卷，总阀门扳不动，他们便去打开放喷阀门，以减轻高压气流对总阀门的冲击力。那一刻，大家都已将个人生命安危置之度外，个个成了名副其实的“黑人”，浑身上下挂满了原油，只有张口说话时露出的牙齿是白的。

险情发生后，在离井口百米远的雪地上，紧急设立临时抢险指挥部。指挥部根据实际情况作出方案：一是立即圈围封锁现场，制定有效措施制服井喷；二是请求当地部队支援；三是立即不漏一户地通知附近 10 千米内的百姓住户在险情解除前不要生火做饭。险情拉响了警报，人们从四面赶来，寒风中，一辆辆大卡车拉来了增援抢险的亲人解放军！大庆油田用飞机运来专家，地区领导纷纷赶到现场。

为了解井口装置的损坏情况，队长薛文德带领工人冒险冲了上去，用手凭感觉一点一点地摸查，终于找到了原因。原来是总阀门上的 4 个压帽螺栓被气流拧断，失去了控制，导致已经关了一半的闸板又被顶了回来。紧急赶到井喷抢险现场的机修工高连轩，冒着生命危险几次冲向井口，凭着多年积累的过硬经验，硬是用手摸清了螺栓尺寸。天还没亮，高连轩带着连夜加工好的螺栓赶回井场，4 个压帽螺栓终于抢装成功。薛文德又带领二队继续战斗，总阀门终于被强行关闭。现场轰鸣声渐息，油气雾渐散，井喷终于被制服，前后仅用了 26 个小时。

抢险队员们疲惫不堪、满身油污，但制服井喷的兴奋和激动，让他们不禁欢呼起来“井喷解除了！井喷解除了！”石油工人用实际行动诠释了“有条件要上，没有条件创造条件也要上”的艰苦创业精神，保住了国家财产和油气资源，保住了井场及周围人民的生命财产，这个英雄群体注定被载入史册。

黄 5 井抢险的事迹，层层上报到党中央、国务院，周恩来总理专门做出指示：一要大力宣传，二要防止骄傲自满。两支英雄事迹报告团分别到全国石油系统及盘锦、营口、鞍山等地向广大军民大力宣讲英雄群体的抢险事迹，现场的听众无不为石油工人的精神和意志所感动。

创业艰难百战多，英雄高奏凯歌旋。井喷进一步展现了下辽河盆地喜人

的油气资源前景，为石油工业部决策开展下辽河地区会战提供了依据。大庆六七三厂先后在 8 个构造上钻探井 23 口，探明含油面积 37 平方千米，相继发现了黄金带油田、于楼油田、热河台油田、兴隆台油田等四个油田，吹响了全面开发辽河油田的嘹亮号角。

1970 年 3 月 22 日，辽河会战筹备小组在兴四井井场召开会战动员誓师大会，拉开了辽河石油大会战的序幕。会战职工喝“鸭子汤”，走“搓板路”，住“干打垒”，在荒原碱滩上凌风斗霜，在草甸苇荡里爬冰卧雪，在严寒酷暑中大干快上，开发了兴隆台油田、曙光油田、高升油田、欢喜岭油田等一个又一个油田，把国家急需的“黑色血液”源源不断地注入共和国的“经济动脉”。

（三）文化阵地建设

2022 年 4 月 28 日，黄 5 井入选辽河油田公司首批功勋井。从 2019 年 11 月开始，兴隆台采油厂先后投资 20 余万元，对黄 5 井的原址进行整体修缮，修建护栏、记事碑、故事展板等，并对周边环境进行整治。目前在井场内有黄 5C 井井口、抽油机，井口北侧伫立纪念石碑，石碑北侧为故事展板。

“战井喷”纪念石碑中间为浮雕、两侧为石雕。浮雕主体部分为黄 5 井井喷抢险的真实场景。石碑刻有黄5井井喷事迹简介以及歌颂抢险英雄群体的小诗:“抢险英雄的事迹让人怦然心动，抢险英雄的精神让人肃然起敬。你是辽河油田的一座历史丰碑，你是石油人心中的一盏明灯。激荡在“一不怕苦、二不怕死”的铮铮誓言里，回响在《我为祖国献石油》的豪迈歌声中，念念不忘初心，铿锵砥砺前行。”石雕底座题字“辽河石油人用奋斗铸就了辽河油田的辉煌”“辽河石油人用奋斗实现了对幸福生活的向往”。石碑背面为毛泽东题字“奋斗”。

三、主要成效

黄5井作为辽河油田首批功勋井，辽河油田展示“石油精神”的标志性纪念场所，兴隆台采油厂“一地三井一园两馆”精品文化阵地之一，充分发挥文化阵地教育作用。每年在“七一”“十一”等重要节日，在黄5井开展入厂教育、入党宣誓、业务培训等，使黄5井成为爱国爱企教育、石油传统教育的红色阵地。通过主题党日活动、党组织学习等形式，黄5井先后接待中国石油相关部门、驻辽地区兄弟单位、省市行业单位以及高校实践团、大中院校学生等不同群体参观活动，参观人数覆盖上千人次。

厂党委高度重视文化阵地的引领和导向作用。号召全厂广大干部员工继承和发扬“黄五井”精神，建设好红色文化阵地，传承好红色文化基因。在黄5井组织开展主题党日、重温入党誓词、义务劳动等活动，以抢险英雄的真实感人事迹提振员工稳油上产的精气神，使党员干部在冲锋攻坚克难任务、解决生产急难险重问题上，想在前、冲在前、干在前，当先锋、作表率，努力为辽河油田高质量发展而不懈奋斗！

撰稿人：才源　王兴岩　图片提供：宋立功

兴隆台采油厂兴古 7 井

一、背景起因

2006 年 1 月，兴古 7 井投产，拉开了辽河油田开发古潜山油藏的序幕。作为第一口揭露太古界地层的探井，兴古 7 在辽河油田的发展历程中具有重要的历史意义，是辽河精神中“勇于超越、知难不避难”的“古潜山”精神的发源地。辽河石油人牢固树立“勘探无禁区、开发无止境”理念，大胆打破常规，将目光投向兴隆台古潜山深处，提出了“生油岩埋藏有多深，含油底界就会有多深”的新论断，在地下 4300 多米的兴隆台古潜山，找到了亿吨级优质油藏，获得了年产百万吨的优质稀油。该井的投产成功，为辽河油田乃至中国石油潜山勘探评价奠定了坚实基础，为兴隆台采油厂重上百万吨、辽河油田公司千万吨稳产提供了有力支撑。

为了传承好、展示好兴古 7 井文化阵地资源，兴隆台采油厂不断加强兴古 7 井的保护管理工作。2022 年入选辽河油田首批功勋井后，在该井井口南侧伫立“辽河油田功勋井”铁艺雕塑，修建了道路、护栏，对井场整体进行修缮平整。兴隆台采油厂党委充分发挥兴古 7 井文化阵地作用，不断创新形势、拓宽领域、丰富内容，多措并举推进阵地建设，积极组织志愿服务、主题党日、功勋井讲述等活动，引导全员始终践行辽河精神，保持石油人的红色底蕴和战斗情怀，秉持“石油工人心向党”的政治操守，坚定“我为祖国献石油”的责任担当，凝聚起干事创业的磅礴力量。

二、主要做法

兴隆台采油厂紧紧围绕《辽河油田公司文化引领专项工作实施方案》有关

精神，严格落实《关于辽河油田公司企业文化阵地沿用更名、撤销及首批功勋井、石油精神教育基地和第三批企业文化建设示范点命名的通知》各项要求，认真研究确定文化阵地建设的方向和目标，不断丰富文化阵地建设的形式和内容，系统梳理兴隆台采油厂丰富的有型文化阵地资源，形成独具特色的文化阵地体系，打造“一地三井一园两馆”文化阵地品牌，充分利用文化阵地开展文化传播、丰富文化实践、巩固文化成果，促进企业文化企业精神落地落实，提高企业的知名度和美誉度，以文化建设推动企业高质量发展。

（一）历史沿革

兴古 7 井隶属于中国石油辽河油田公司兴隆台采油厂采油作业三区，位于辽宁省盘锦市兴隆台区渤海街道。该井于 2005 年 10 月 28 日完钻，同年 12 月 26 日，试油获工业油气流，2006 年 1 月 12 日投产，是兴隆台潜山第一口揭露太古界埋深超千米，且试油试采均获成功的预探井。它的成功揭开了内幕潜山勘探的序幕。

兴古 7 井及其周边评价井的成功钻探，将太古界出油下限向下推至 3963 米，不仅是综合地质研究、科学组织实施和大胆科学决策的结果，充分体现了辽河石油人勇于打破局限、挑战禁区的开拓勇气，大胆假设、严谨验证的科学态度，不断钻研、超越自我的进取意识，坚韧不拔、坚定果敢的顽强意志，激发了超越前人、超越自我的进取斗志，是勇于超越、知难不避难“古潜山”精神的具体体现。该井的投产成功，拓宽了太古界潜山内部找油的空间和领域，打破了潜山油藏主要富集于表层风化壳内的传统地质认识，对于丰富石油地质理论具有重要意义。

（二）文化阵地轶事

在兴古潜山开采上，由22名党员、51名普通员工组成的辽河油田兴隆台采油厂女子采油队，撑起了辽河油田最大稀油区块产量的“半边天”，建成了辽河油田产量最高、效益最好、吨油成本最低的采油党支部。继承“铁姑娘”传统，她们持续砥砺铁一般的品格；创新“三融”“三实”，她们全力锻造铁一般的队伍；深化“责任+”模式，她们严格强化铁一般的担当。经过近10年的摸索，她们归纳总结出“三勤五精”现场管理法，为强化兴古潜山区块油井管理提供了操作“指南”，实现了兴古潜山八年递减率在20%以内，打破了国外潜山油藏25% ~ 30%递减速度的“魔咒”。

1. 重回“百万吨”规模最坚实的基石

在辽河油田开发建设50多年的历史上，古潜山大开发的夺油历史让每一个辽河人刻骨铭记。

这块神奇的土地上投产的新井大部分为自喷生产，2008年投入开发当年就累计生产原油16万吨。就是这16万吨，改写了一个高效开发40年老厂的历史——兴隆台采油厂产量规模在历经10年低谷期后重新站在百万吨规模的台阶上。

兴古7块坐落在沟海铁路线以南，物资公司以西，螃蟹沟以北，辽河路以东地区，区域范围大约有20平方千米。50多年前，这里还是莽莽荒原，如今已变成人口密集的城区。这个地方曾经是老女子采油队的属地。兴11站是采油作业三区管理的水平井最多的采油站，站长韩忠恒是听着“女子采油队”的故事成长起来的，她已成为作业区最成熟的“女师傅”之一。

古潜山上产时期工作强度非常大，没日没夜地接新井、一天几次的自喷井清蜡、开关井口高压阀门、调整抽油机平衡块、抡大锤打地锚等重体力工

作，就连男同志都感觉很吃力，更是让大多数女员工望而生畏。

“创业不让须眉、传承追求卓越。”韩忠恒始终把“女子采油队”的英模当作自己对标的先进。为了不影响工作进度，没日没夜地忙在井场，“只许人等井、不许井等人”是她始终挂在口头上的话。彼时，她带领的兴11站共管理着十几口高产自喷井，由于液量高，压力高，每两天就要检查一遍油嘴，防止有刺漏的现象影响压力。对待这项工作她不敢有丝毫马虎，油嘴小了会影响产量，油嘴大了会影响压力，只有严格按照地质论证后的油嘴生产，才能使油井处于最佳工作状态。用游标卡尺量得多了，练就了火眼金睛，她一搭眼就能判断出油嘴是否符合大小。

产量上来了，韩忠恒累瘦了，活跃在井场上的那一抹“石油红”，让大家仿佛又看到了当年那些“铁姑娘”顽强奋斗的身影。

2.“女掌门”心里的亏欠

2012年，女子采油队恢复组建。面对世界石油行业公认的兴古潜山油藏开采管理难题，当年43岁的严世英接过队旗后，很多人都在质疑，她能行吗？而她，却用实际行动回答了所有质疑的声音。

2014年初，新井兴古7–26–28井正准备投产，在现场忙碌的严世英突然接到一个电话后，表情变得很沉重，但她什么都没说，而是继续组织油井投产后才离开。后来大家才知道，她丈夫得了脑梗，当时急需动手术。严世英白天穿梭于各个井场，晚上到医院陪护，就这样坚持了半个多月，熬得眼睛经常布满血丝，人也非常憔悴。

2014 年，非烃类注气技术在潜山“落户”，她带领员工准确录取第一手生产资料，总结方法并精心维护，12 口油井 3 个月就恢复平均日产量 35 吨，兴古 7-H1 井和兴古 7-H5 井日增油达 50 吨。

有时候，朋友劝她：“老严，你家里条件挺好的，你都这么大岁数了，何必这么拼命。”她坚定地回答：“只要我干一天就像一天，不能干一天算一天！”

面对女儿考研初试希望陪同的一再恳求，严世英决定破例一次，请了 3 天年休假，准备到沈阳陪考。驾车刚驶出兴隆台，就接到队部电话，一口 30 吨的重点井突然停喷。她二话没说，掉头就赶了回来，在井场忙碌了 48 小时，直到产量恢复如初，才安心地离开井场。

2015 年，那时她母亲已经患脑血栓 15 年了，为了尽孝，她把母亲接到家中。可是没过多久，她发现这是个错误的决定。因为“不着家”的她连按时做一顿热乎饭菜都做不到，无奈只好又将母亲送回老家，拜托哥哥照料。送行时，看着母亲渐行渐远的身影，她泣不成声……

3. 困难再大也挡不住攻坚潜山的上产脚步

还记得 2007 年，经过几代辽河石油人接力攻关，终于破解了潜山地层的“八阵图”，上亿吨储量维系着辽河油田效益稳产的关键，一场产能建设“攻坚战”的序幕正在徐徐拉开。

“潜山上产的任务光荣而艰巨，必须得像老女子采油队那样拼了命地干。”新人女子采油队队长李维祎暗暗下定了决心。

在李维祎的回忆里，那段日子不是接井就是在接井的路上。夺油上产没有条件可讲，只能人等井，决不能让井等人。一人摇三十圈绞车，接力赛一样地盘钢丝；分组承包自喷井清蜡，每天光上下爬杆就要几十次；连流程拧螺栓，两三个人一起发力，恨不得把脚插到地里……几个月下来，李维祎就被晒得黝黑，掉了十几斤秤。

即使这么拼命地干，还是有人质疑，“这么重要的会战，光靠‘花木兰’哪成？关键的地方不还得靠我们老爷们儿上手吗？”原来是女同志手劲小，打不好钢丝接头，一到更换自喷井清蜡刮片的时候，就得找男同事来帮忙。

听到“风言风语”，李维祎虽然气不过，但反过来一想，“要想让人家瞧得起，还得靠‘真功夫’说话。”扭头她就截了一捆钢丝，拎到“技术大拿”董师傅那虚心求教。

钢丝接头要牢固无损伤，缠拧必须紧密整齐，不能反复折弯……“那些天手累得连筷子都使不利索，吃饭只能用勺。”现在一说起练习打接头的事，李维祎还不由自主地捏了捏手指。

没过多久，一个漂亮的钢丝接头就摆在了大家面前。“有股狠劲，这才像女子采油队的人。”同事们纷纷夸赞起这个不服输的姑娘。

苦干实干的传统不能丢，但更要学会应用科学的办法。苦练技术的同时，李维祎始终坚持钻研地质知识和工艺技术，立志将自己多年所学应用到潜山开发之中。

潜山新井大多使用水平钻井技术，复杂的工艺导致接井周期过长，潜山独特的裂缝油藏又极易受钻井液污染。为缩短油井投产准备时间保护油层，李维祎遍翻国内外论文，仔细分析接井环节，提出了让作业队利用钻井设备，提前下好替喷钻井液管柱的合理化建议。此举将新井平均投产时间由半个月缩短至 5 天，产能建设得以全面“提速”，兴古潜山油藏日产迈上千吨台阶的日期大大提前。

（三）文化阵地建设

2022 年 4 月 28 日，兴古 7 井入选辽河油田公司首批功勋井。兴隆台采油厂先后投资 10 余万元，在井场伫立“辽河油田功勋井”铁艺雕塑，并对井场整体进行修缮平整。兴隆台采油厂各级党组织充分发挥兴古 7 井文化阵地作用，积极组织志愿服务、主题党日、功勋井讲述等活动，每年组织入厂教育、参观学习等各类活动 10 余次，接待人数 200 余人。

“辽河油田功勋井”铁艺雕塑采用镀锌板烤漆造型，整体宽 5 米，高 2 米，厚 30 厘米。由井架、抽油机和石油工人侧影形象组成，镶嵌三幅潜山开发的相关工作照片，左下角详细介绍了兴古 7 井的开发历程和历史意义，右侧刻有

兴油精神的核心内涵“奉献拼搏、兴油报国”字样。彰显了兴油人传承弘扬辽河精神，勇挑重担，接续奋斗，创造了可惊可叹的“兴油速度”，切实肩负起加油增气排头兵、创新创效主力军、绿色低碳先行者的使命任务，朝着打造国内一流采油厂愿景目标奋勇前进，助力辽河油田千万吨规模稳产。

三、主要成效

（一）以红色基因文化为引领，激励广大干部员工干事创业热忱

兴古 7 井作为兴隆台采油厂“一地三井一园两馆”精品文化阵地之一，是兴隆台采油厂 21 世纪内开发的唯一一口功勋井，既是“古潜山”精神的重要体现，亦是女子采油队“铁姑娘精神”传承发扬中的“关键一环”。厂党委力求把红色资源利用好、把红色传统发扬好、把红色基因传承好，讲好夺油上产故事、先进典型的故事，让干部员工从古潜山精神、铁姑娘精神中汲取精神养分，增强开拓前行的信心与力量。

（二）充分运用文化阵地，展现党员夺油上产新作为

为更好发挥文化阵地红色资源作用，兴隆台采油厂采油作业三区党总支在兴古 7 井场开展“学雷锋、忆功勋”志愿活动，发挥党员、干部模范带头作用，在回忆古潜山大开发时期感人事迹同时，亲自动手，为该井除漆除锈、平井场砌井台、电气焊改流程、粉刷抽油机，以这种特殊的“对话、服务”方式，让党员“零距离”与功勋井“亲密接触”，实现了为“功勋井”建设出一份力的愿望。

撰稿人：陈嘉伟　王兴岩　图片提供：宋立功　陈嘉伟

兴隆台采油厂马 20 井

一、背景起因

马 20 井在辽河油田的发展历程中具有重要的历史意义。这口井位于盘锦市大洼区田家镇马圈子村，1973 年 9 月 4 日完钻，井深 2400 米，试油求产日产油 2093 吨，天然气 41.7 万立方米，成为共和国历史上第一口日产“双千”吨井。它是辽河油田的历史见证，创造了当时远东地区单井原油产量最高的纪录，成就了辽河油田一段不可复制的佳话。它的诞生激活了周围油区，兴 42

块、兴 212 块、兴 58 块等高产区块相继问世，含油面积不断连片扩大，兴隆台油田逐步建成规模，一大批具有工业开采价值的含油构造陆续被发现。它是辽河油田发展史上的一抹精彩之笔，不仅刷新了中国石油勘探开发史纪录，更为辽河油田高速度高水平开发大油田提供了宝贵经验。

为了传承好、展示好马 20 井文化阵地资源，兴隆台采油厂不断加强马 20 井的保护管理工作，对其进行改造建设。2019 年 11 月，在该井井场伫立“骏马奔腾”主题雕塑。2022 年入选辽河油田公司首批功勋井，在井场内伫立“‘双千’吨井诞生记”故事展板，对井场整体进行修缮平整。兴隆台采油厂党委充分发挥马 20 井文化阵地作用，不断创新形势、拓宽领域、丰富内容，多措并举推进阵地建设，积极组织志愿服务、主题党日、功勋井讲述等活动，引导全员始终践行辽河精神，保持石油人的红色底蕴和战斗情怀，秉持“石油工人心向党”的政治操守，坚定“我为祖国献石油”的责任担当，凝聚起干事创业的磅礴力量。

二、主要做法

兴隆台采油厂紧紧围绕《辽河油田公司文化引领专项工作实施方案》有关精神，严格落实《关于辽河油田公司企业文化阵地沿用更名、撤销及首批功勋井、石油精神教育基地和第三批企业文化建设示范点命名的通知》各项要求，认真研究确定文化阵地建设的方向和目标，不断丰富文化阵地建设的形式和内容，系统梳理兴隆台采油厂丰富的有型文化阵地资源，形成独具特色的文化阵地体系，打造“一地三井一园两馆”文化阵地品牌，充分利用文化阵地开展文化传播、丰富文化实践、巩固文化成果，促进企业文化企业精神落地落实，提高企业的知名度和美誉度，以文化建设推动企业高质量发展。

（一）历史沿革

马 20 井隶属于中国石油辽河油田公司兴隆台采油厂采油作业四区，位于盘锦市大洼区田家镇马圈子村。1973 年 9 月 4 日完钻，井深 2400 米。1973 年 9 月 23 日试油求产，日产油 2093 吨，天然气 41.7 万立方米，成为共和国历史上第一口日产“双千”吨的油井。捷报传来，燃料化学工业部、辽宁省石油化

工局、省军区等多家单位纷纷发来贺电，勘探局党委隆重召开庆祝大会，3000多名员工到场参加。10月9日，《三二二战报》（即《辽河石油报》前身）刊登名为《力缚千吨油龙，揭开大地百层》报道，马20井的喜讯迅速传遍辽河两岸。

马20井生产近27年，1996年因套管错断停产，累计贡献原油64.11万吨，天然气1.87亿立方米。2000年地质科研人员对其实施侧钻，转成现在的马20C井，仍以日产油7.3吨、天然气950立方米持续发挥着余热。

（二）文化阵地轶事

马20井是中国第一口双千吨井，历经几十年的风吹雨打仍然以它独特的方式默默守望着这片热土，如今它已成为屹立在一代代辽河石油人心中印证这荣耀与辉煌的不朽丰碑。

1973年对辽河油田来说注定是充满收获的，这一年辽河石油会战进入第三年，这一年“三二二油田”正式更名为辽河石油勘探局，这一年7月18日，在兴隆台区块西区会战主战场上，辽河油田迎来了第一口千吨井，兴411井以日产油1178吨，天然气21.16万立方米的成绩极大地振奋了人心。

辽河石油勘探局召开“五级三结合”会议，明确提出“西区要继续猛攻沙四段，拿下 42 井区，大战马圈子，冬季甩开打探井，为明年开辟新战场”的工作部署。把“优势兵力”集中在西部凹陷，准备“大干一场”，30 部钻塔让辽河石油勘探生机勃勃，马圈子亦在主战场之列。

经普查大队地震勘探和数据研究分析后，发现马 7 断块沙一下油层厚度为 83.6 米，油层分布集中，马 20 井井位迅速被确定，随即 32154 钻井队进入马 20 井井场，奏响了辽河油田西部勘探开发的“新乐章”。

1973 年 7 月 26 日，马 20 井正式开钻。钻井队丝毫不敢懈怠，地层高压，存在井喷危险。为此，32154 钻井队党支部一次次召开“诸葛会”，反复推敲修改方案措施，认真研究既能加快钻速，又能保护油层的好办法，逐步达到了“处理好钻井液，解放钻速，防止井喷”的预期目的。8 月中旬，钻机的进尺加快，当钻头钻至地层深度大约 2180 米时，地质人员打捞砂样分析，一包砂屑几乎都是油砂，荧光灯照后显示全是高级别的富含油。9 月 9 日，钻头顺利穿过大井段高压油气层，井深达到 2400 米，钻井任务顺利完成。

完井后，井下作业三队立即投入紧张的射孔试油工作。首次尝试大井段射孔，又赶上九月秋雨连绵不断，进井道路泥泞不堪，给射孔造成重重困难。射孔的炮二队、炮三队顶风冒雨硬是靠人拉肩扛，踏着过膝的淤泥，将 30 多支、每支重达 60 余斤的射孔枪，一步一滑地抬进井场、搬到井口。9 月 14 日，经过 40 个小时的持续努力，电测、射孔任务顺利完成。这次射孔创造了大井段射孔连发 35 炮，一次成功率达 90% 以上的纪录。

油建二大队负责马 20 井的地面工程——施工 1100 米 8 英寸管线的焊接任务。已经鏖战了三天三夜的 35 名共产党员、共青团员组成突击队，队员们紧握焊枪与时间赛跑，在 12 小时内完成了所有流程焊接。

马 20 井的每项工程衔接有序，环环相扣，老一辈的辽河石油人趴在水里，滚在泥里，他们豪迈地提出“大雨当流汗，小雨抢着干，无雨拼命干”的战斗口号，投产前几天，石油工人枕戈待旦处于“一级战备”，夜晚睡觉穿着衣服，夜以继日地迎接油井投产。

9 月 23 日清晨，霹雷夹着闪电，瓢泼大雨似打开了“水龙头”一般洒在井场。当班同志早早在现场做好投产的准备工作，随着马 20 井采油树上的两个生产闸门被缓慢地打开，两个套管闸门也同时打开，滚滚原油冲破千米地层，从地下喷涌而出。油流撞上采油树，紧接着采油树和分离器都开始摇晃起来。4 个出油通道同时喷出油流，一条 8 英寸粗的管线直通集油站，管线滚烫滚烫的，油流越喷越急，将采油树摇晃得更加厉害，原油产量直线上升。

“采油树会不会被井筒里强大的压力挣裂了，套管会不会断裂掉?！”有人开始担心！看到这一紧急情况，现场指挥人员凭借丰富的生产经验，当机立断:“快用钢丝绳把采油树捆住，把钢管砸进地里，牢牢固定住。”人们一拥而上，先用钢丝绳将采油树连捆带绑后，再用大铁锤狠狠地把钢丝绳头钉进地里。终于，油龙在管道里安静了下来，现场的人们长舒了一口气，随后便欢呼雀跃起来……

马 20 井开井后，用 15 毫米油嘴试油，经过 24 小时连续求产，当天日产原油突破 2000 吨，超越了兴 411 井日产油纪录，创造了中国石油前无古人的光辉业绩，成为当时中国第一口“双千”吨高产油井。捷报传来，燃料化学工业部、辽宁省石油化工局、辽宁省军区等多家单位纷纷发来贺电，辽河勘探局党委隆重召开庆祝大会，3000 多名员工到场参加，为单井产量庆功，在辽河油田历史上尚属首次。10 月 9 日,《三二二战报》(即《辽河石油报》前身)刊登名为《力缚千吨油龙，揭开大地百层》报道，马 20 井的喜讯迅速传遍辽河两岸。

2000 年，马 20C 井的诞生，是马 20 井生命的延续，使它不仅成为第一口双千吨井，更成为一口长寿井。

马 20C 井隶属于兴隆台采油厂采油作业四区兴 18 站管理。“这 20 年来，马 20C 井就像一位温柔女士，很好管理，没有任何‘脾气’，产量稳定。”兴 18 站站长王振国这样评价道。

2003 年，王振国被任命为兴 18 站站长，到站的第一天，他就自己骑着自行车来到了马 20C 井场，看着抽油机不断地运转，仿佛眼前再现当年马 20 井开井的场面。“当时的井场很简陋，连围栏都没有，下雨下雪后井场都泥泞不堪。”王振国回忆道。后来，井场逐渐填满了山皮土、修理了围栏，每年都进行防腐刷漆，经过不断的修整，才有了今天的面貌。与马 20C 井并肩走过的一幕一幕，像电影一样在王振国脑海里回放。他对这口井的情感，随着岁月的积累与沉淀，也变得越加浓烈和深厚。每当站上来了新员工，他要做的第一件事就是带着新人来到马 20C 井场，自豪地介绍它辉煌的历史，让站上所有的员工都深深感受来自功勋井的精神力量，鼓舞大家不断团结奋进。

（三）文化阵地建设

光阴飞逝，精神永恒，马 20 井犹如一粒种子，让石油精神在一代代辽河石油人心中不断传承。为了纪念它的成绩，兴隆台采油厂先后投资 20 余万元，对马 20 井井场进行整体修缮，修建护栏、主题雕塑、“‘双千’吨井诞生记”故事展板等，并对周边环境进行整治。2022 年，马 20 井入选辽河油田公司首批“功勋井”。目前在井场内有马 20C 井井口、抽油机，井口东北侧伫立“骏马奔腾”主题雕塑，雕塑南侧为故事展板。

“骏马奔腾”主题雕塑于 2019 年 11 月落成。雕塑主体由花岗岩雕刻的三匹奔腾骏马组成。雕塑底座镶嵌大理石，正面刻有“辽河油田‘双千’吨井——马 20 井”字样，以及马 20 井的简单介绍，背面刻有“老一辈石油人用奋斗铸就了辽河油田的辉煌”“新一代石油人用奋斗实现了对幸福生活的向往”。这一组气势恢宏的雕塑时时将我们拉回那个年代，仿佛还能依稀能听见当年石油人战天斗地的吼声、能感受到油流喷涌而出的热浪、能看见欢呼雀跃的胜利现场。这组雕塑象征着马圈子油田，更象征着马 20 井“老骥伏枥”，让后人永远铭记那段可歌可泣的激情岁月，更见证了辽河石油人

开发建设马圈子油田的豪情斗志，凝结了辽河创业者战天斗地、艰苦拼搏的壮志豪情。

三、主要成效

马20井作为辽河油田首批功勋井，兴隆台采油厂“一地三井一园两馆”精品文化阵地之一，在大力弘扬石油精神和大庆精神铁人精神，展示油田好形象、传播油田好声音、讲述油田好故事等方面发挥文化阵地教育作用。文化阵地建成后，优选两名年轻的党员作为讲解员，为参观团队讲解它的辉煌，将其“老骥伏枥”的故事声情并茂地展示在大家面前。每年接待内外部参观十余次，上百人次的石油人来到这里参观学习。

马20井文化阵地以小窗口反映大成果，展现了兴隆台采油厂开发建设50多年来，不断探索和实践，持续推动文化理念融入管理、融入岗位，让优秀文化变成员工的行为指南。兴隆台采油厂党委将企业文化深度融入生产管理全过程各环节，逐步将企业文化理念渗透到每位员工思想中，引导广大干部员工赓续精神血脉，增强文化自觉，坚定文化自信，提高文化素养，持续提升油田影响力和美誉度，为推动企业高质量发展提供精神动力和文化支撑。

撰稿人：宋洋　孔庆宇　王兴岩　图片提供：王兴岩　刘昕

曙光采油厂杜 7 井

一、背景起因

曙光采油厂是辽河油田产量规模最大的原油生产单位，是全国最大的稠油、超稠油生产基地，截至 2023 年，曙光采油厂（简称曙采）已保持年 200 万吨连续高产稳产，为辽河油田建设千万吨大油田做出了巨大贡献。杜 7 井隶属于曙光采油厂采油作业二区，1975 年 4 月求产获高产油气流，标志着曙光油田的发现，揭开了 200 万吨大油田开发建设的序幕。杜 7 井是曙光油田发现的标志井，它见证了曙光油田从发现、到建设、到二次开发的全部历程。按照中国石油天然气集团有限公司党组、辽河油田公司党委文化引领专项工作的部署要求，杜 7 井企业文化示范点建设，既是回望历史、总结曙光油田开发建设历程、传承优秀石油传统的需要，也是展望未来、传承石油精神、践行保障国家能源安全使命的需要。

二、主要做法

曙光采油厂厂党委按照《辽河油田公司文化引领专项工作实施方案》的精

神要求和实施步骤，严格落实《关于集团公司企业精神教育基地更名、撤销、合并及首批石油精神教育基地命名的通知》各项要求，认真研究确定文化阵地建设的方向和目标，不断丰富文化阵地建设的形式和内容，逐步形成独具特色的文化阵地体系，以增强企业的凝聚力和竞争力。

（一）历史沿革

1973 年，辽河石油人带着满腔的期许，踏上了开发曙光油田的光荣征程，开始在辽河凹陷西斜坡进行预探，认为辽河西斜坡可能存在地层圈闭、岩性圈闭和构造圈闭油藏。此时的曙光油田犹如一颗参天大树的种子，在地下开始孕育发芽。

1974 年，曙光油田开发建设，犹如清晨的太阳，发出晨曦之光。辽河凹陷西斜坡勘探获得进展，重新划分了二级构造带，完成探井钻探并见到油气显示。钻探结果表明，沙三段发育巨厚的暗色泥岩，初步发现鼻状构造加断层圈闭和岩性圈闭两种类型圈闭，判断沙三段可能大面积含油。由此，曙光油田的面纱渐渐揭开。

1975 年 4 月，杜 7 井求产获得高产油气流，标志着曙光油田的发现。从杜 7 井喷涌出“黑金”的那一刻，曙光油田会战正式打响，在 200 平方千米的范围内，进行全面的勘探和开发，曙光油田开始焕发出灿烂夺目的光彩。

2012 年，杜 7 井结束了 37 年的采油“生涯”，累计生产原油 4.45 万吨。也正是从这一年开始，杜 7 井转换为注水井，持续为曙光油田开发建设、为辽河油田全万吨稳产贡献自己的力量。

（二）案例

杜 7 井代表了敢挑重担、敢打硬仗、敢扛红旗、敢站排头和敢创卓越的曙采品格，曙光油田人在石油精神的激励下，在“为石油奉献、为曙光增辉”的感召下，坚忍不拔、艰苦奋斗、坚持上产，在曙光这片热土上，书写了一个又一个感人至深的创业故事。

沉重的起飞——1986 年辽河油田原油产量将突破 1000 万吨，这是辽河油田发展史上的一个重要里程碑。但对承担其中 220 万吨任务的曙光采油厂来说，是极端艰苦的一年。这一年之前，曙光采油厂已经连续 15 个月产量举步不前，虽然 1985 年 6 月 30 日，曙光油田原油日产量曾经突破 6000 吨，可惜昙花一现，到 1986 年四月份降到了 5458 吨。面对辽河油田上产千万吨的历史重任，9 月，厂长朱章华与全厂干部员工一道决战决胜，横下心来搞稠油，发喷一批井增加 100 吨；选准一批井下电潜泵，活塞泵增加 100 吨；向管理要产量增加 100 吨，明确指标，立下军令状，上产大幕拉开。在这决胜 1000 万吨的战斗中，涌现出了“铁姑娘”张春华等一批先进典型。重任在肩，曙采人从不退缩。1986 年 11 月，曙光采油厂日产踏上了史无前例的 6600 吨，曙光采油厂在困境中起飞，挺起了辽河油田突破 1000 万吨的历史性关口。

采油战线上的“铁姑娘”张春华，女，中共党员，中专学历。1962 年 11 月出生。1982 年 12 月参加工作，在采油战线她先后担任过采油工、站长、副队长等职务，现已退休。她是采油战线上的“铁姑娘”，连续 5 年被评为局标兵、劳动模范，1986—1989 年被评为辽宁省劳动模范、优秀共产党员，1984 年授予全国新长征突击手称号，1989 年被评为能源部特等劳动模范，1990 年荣获全国“五一”劳动奖章。

主动请缨，改变“落后”面貌。1982 年 12 月，张春华参加工作，被分配到曙光采油厂采油二大队一队，当上了一名采油工。从上班的那天起，她刻苦钻研技术，虚心向老师傅学习油井管理知识，工作上不怕苦、不怕累，不久便担任采油站站长，并先后把两座采油站变成先进采油站。

当时，12 号站远离生活基地，管理排名靠后，站内设备锈迹斑斑，队上当时换了几任站长工作上都无起色。1985 年，在标杆站 8 号站任站长的张春华主动请缨，要求到 12 号站工作。

到 12 号站后，她首先从自身做起，男同志能干的活她都抢在前做表率。像抽油机更换毛辫子这种高空作业的脏活、累活一般都是由男同志去完成，但她就自己用绳子把毛辫子系在腰上，爬上几米高的抽油机去更换。

在她的带领下，经过全站员工的共同努力，第一个季度就把 12 号站变为大队的标杆站，第二个季度就变成厂级样板站。

勇斗洪水，章显“男儿”本色——1985 年夏季，一场洪水袭击曙光油田，处于曙二区东辽河河套内的 30 余口油井面临被淹危险。

大队召开紧急会议，全站人员撤离，女同志在小队学习，所有男同志由队干部带领到各井站拆卸设备，架高电机。

就在大家忙于组织架高电机之时，突然有人发现，在齐腰深的洪水中多了一个身影。正和其他抢险的男队员一样，弯腰拆螺栓、抬电机，她就是站长张春华。

坚守岗位，留下“忘我足迹”。1986 年，采油一队的日产上了千吨，此时担任副长队的张春华每天奔波于各个井站，量油、查看压力、温度、控制泵的排量，这些在大家看起来的“小活”，她都亲自完成，特别是遇到恶劣天气，她更是每天在井站上。

全队有几十口水力活塞泵油井，每天都有几口井投泵的工作，有时白天晚上“连轴转”。每次投泵，她都亲自到现场，经常工作十几个小时以上，直至油井正常生产。

全队七座计转站，她先后担任过五座站站长，全队上百口油水井都留下了她的足迹。正是她忘我的工作，多次受到组织嘉奖和领导表扬。

（三）文化阵地建设

曙光采油厂采油作业二区在砥砺前行、开拓奋进的发展历程中，始终坚守“我为祖国献石油”的历史使命和责任担当，孕育出“埋头苦干精益求精”的企业文化，引导干部员工自觉将文化理念转化为工作追求、行为规范。

走进曙光采油厂采油作业二区 1 号站，曙光采油厂品格，以及传承“五种精神”等内容的文化墙和文化标语就会映入眼帘，这点点滴滴都浸透着曙光采油厂的精神内涵，也蕴含着作业二区推动企业文化建设标准化、规范化、全面化的用心。构建体系、打造阵地、抓好融合，曙光采油厂采油作业二区以企业文化凝聚人心、强化合力，以多种形式推动多项企业文化“种子”落地生根，圆满完成各项生产经营目标任务。并继续培养员工继承曙采品格，传承“五种精神”。

1. 敢挑重担

传承弘扬“南大荒”精神，引领广大员工吃苦不怕苦，敢挑重担，保持勤勉实干、爱岗敬业，上标准岗、干标准活。注重发挥党员干部带头作用，一个

带二个、二个带一群，最后成就一个有优良作风的班组、站队，建设一支有战斗力的队伍。

2. 敢打硬仗

传承弘扬“黄五井”精神，在艰难困苦面前，遇险不畏险，敢于冲上去、较较真、碰碰硬，精神坚定、态度坚决、作风过硬，运用经验、智慧、魄力，创新机制、优化管理，攻坚克难，提高工作水平，促进高质量发展。

3. 敢扛红旗

传承弘扬“特种油”精神，勤学不厌学，保持头脑灵活、开拓创新。尤其是青年骨干、科研人才，更要有敢为人先、敢想敢干的精气神。在成长成才的道路上，按部就班、进取不足，只能“龟速前行”，当有了一股子突破常规、跃跃欲试的精神，加上说干就干的执行力后，就踏上了“快车道”。

4. 敢站排头

传承弘扬“古潜山”精神，随着辽河油田开发进入中后期，要在思想上做好准备，精神上鼓足勇气，组织起来，行动起来，旗帜鲜明地弘扬进取精神、担当精神、创业精神，直面困难，解决困难，直到战胜。

5. 敢创卓越

传承弘扬“创一流”精神，采油厂整体和各单位、各部门是“小河有水大河满”的关系，基层单位、机关部门的工作做得好，排名靠前，曙光采油厂的整体工作必然是一流的。建设一流示范性采油厂，需要广大干部员工立足本职岗位，进步不止步、敢创卓越，发扬“创一流”精神，一步一步把本职工作干好、做优。

三、主要成效

（一）石油精神引领，培育爱国爱企员工队伍

曙光采油厂重视传承石油精神、弘扬石油传统，强化“站排头、争第一”意识，以丰富的“第一”文化内涵和无可替代的文化地域优势，为员工营造了爱国爱企、无私奉献的文化氛围，培养造就了一支注重实干、勇于担当的员工队伍，凝练出艰苦创业、战天斗地的精神，为推动曙光采油厂文化体系建设提供了重要支撑。

2022 年 7 月，由于多轮强降雨、上游泄洪和支流汇入、潮水顶托叠加影响，曙光油区发生了洪涝灾情，多个主力生产区块大面积关井停产，曙光采油厂在抗洪前线中，上下一心、尽锐出战，全力打赢防汛保产、抗洪复产保卫战，共同筑起保安全、保生产的“红色堤坝”。

（二）助推高质量发展，曙光采油厂文化美誉度持续提升

曙光采油厂积极践行“我为祖国献石油”的企业使命，大力弘扬石油精神和大庆精神铁人精神，赓续辽河油田精神血脉，不断推动曙采文化与油气上产工作有机融合，确保企业文化引领工作取得实效。

撰稿人：尹永超　王海英　王琪皓

曙光采油厂杜 66 块火驱先导试验 7 井组

一、背景起因

曙光采油厂杜 66 块火驱先导试验 7 井组，开发目的层系为杜家台油层。为寻求油田新的开发接替技术及稳产方式，提高采收率，借鉴国内外火驱先进经验，在针对性开展了油藏火驱开发适应性研究基础上，实施了火驱先导试验。2005 年 6 月，在杜 66 块的曙 1–47–039 井组杜Ⅰ 6–9 进行单层火驱采油现场试验并取得了成功。在此基础上，实施了杜 66 块火驱先导试验 7 井组。

火驱先导试验的成功为曙光油田薄互层稠油油藏中后期开发提供了可行的技术路径。曙光油田薄互层稠油油藏动用地质储量为 9023 万吨，地质储量占全油田的 24%，但产量只占 11%。实施前区块可采储量采出程度已达

87.1%，进入吞吐开发后期，具有“低产、低速、低油汽比”的特点，寻求经济有效的稳产技术对曙光油田 200 万吨持续稳产意义重大。

火驱采油是将空气注入油层，让空气中的氧气起到助燃作用，利用燃烧所产生的热量和动力驱动原油流动的一种采油方法。曙光油田杜 66 块属典型的薄互层稠油油藏，含油面积为 8.4 平方千米，地质储量为 5629 万吨。1986 年投入热采开发，经过近 40 年的蒸汽吞吐，采出程度已达 24%，已接近常规蒸汽吞吐开发极限，呈现出“两高三低”的开发特点。高周期：平均周期 12.3 天；高采出：可采储量采出程度 87.1%；低压：压力系数仅为 0.15；低产：52% 油井日产油小于 1 吨；低效：68% 油井油汽比小于 0.19。

二、主要内容及效果

（一）历史沿革

2005 年，在杜 66 块开展了火驱先导试验，取得初步效果后，持续扩大试验规模，并于 2013 年编制了《杜 66 断块区杜家台油层常规火驱开发方案》，顺利通过中国石油天然气股份有限公司审查，方案共规划上层系 141 个井组，覆盖地质储量 2626 万吨。

杜 66 块火驱经过 10 年的开发，先后经历了三个阶段。

先导试验阶段：自 2005 年开始，在 7 个井组先后进行了单井单层、多井单层和多井多层的火驱先导试验。

扩大试验阶段：2010 年 10 月，外扩试验 10 井组，试验井组达到 17 个。

规模实施阶段：2012 年规模实施 24 个井组，2013 年以来新转 55 个井组，2014 年以来新转井组 23 个，目前已达到 119 个井组，年产油规模 24 万吨。

（二）配套设施

火驱注空气站承担为杜 66 火驱注空气任务。2014 年 3 月注空气站 1 期开工建设，同年 9 月 20 日正式投产使用，设计日注气能力为 60 万标准立方米，是辽河油田首座自主设计、自主建设、自主运营的大型注空气站。注空气 1 站的投运，不但结束了辽河油田火驱开发单纯依赖合作方供气的局面，降低了火驱的运行成本，也为辽河油田火驱大规模实施提供了重要保障。2017 年 5 月注空气站 2 期投入使用，日注气能力达到 140 万标准立方米。

注空气站占地面积 2.2 万平方米，建筑面积 4 千平方米，主要分为生产区、控制区和辅助区三个区域。管理着空气压缩机、空冷器和中控系统等大型设备近 50 台（套）。

生产区是全站生产运行的核心，主要包括压缩机区、储气罐区、空冷器区和压缩机区，配备螺杆式空气压缩机 18 台，往复式空气压缩机 8 台。压缩机区既是全站管理的核心部分也是安全工作的重点，没有任何现成经验可以借鉴。通过实践摸索，总结出了压缩机“对标管理法”，即在每台压缩机旁设立了对标管理指导卡，规范了压缩机工作温度、压力和润滑油加装等标准，设备启停操作要点和危害因素提示，以及对员工安全操作进行提示和告知，确保了压缩机设备的安全、高效运行。

控制区是全站自动化、数字化控制的中枢，主要包括仪表中控室、电器控制室、电容器室及高低压配电间。仪表中控室包括仪表参数监控系统和压缩机自动化控制系统。控制区实现了实时监测、历史查询、数据共享、远程操控、异常报警和视频监控六大功能。

辅助区是全站员工学习生活场所，主要由值班室、会议室和厨房等设施组成。

（三）技术成果

经过不断的总结摸索实践，杜 66 块火驱开发初步形成了火驱点火技术、动态调控技术、管柱配套技术、动态监测技术、注入工艺技术和尾气处理技术等六项关键配套技术，有力支撑了火驱现场实施。

火驱点火技术。目前已形成了注蒸汽预热点火、化学点火和电点火等三项技术。

动态调控技术。采取了气窜封堵、吞吐引流、注采参数调整等平面火线调控技术；调剖、分注等纵向剖面调整技术，有效改善了平面见效差异大、纵向动用程度不均的矛盾。

管柱配套技术。创新研制了与火驱配套的注入井口、同心管分层注气管柱和防腐套管等工艺，解决了因长期的化学腐蚀、高温氧化作用，导致注气管

柱腐蚀严重的实际矛盾。

动态监测技术。已初步形成了满足火驱油藏研究和动态评价的特色监测工艺，并建立了较为完善的注→采、点→面、纵向→平面的监测系统。

注入工艺技术。完善了空气除湿工艺，研制成功了空气精密过滤装置，解决了注气管线腐蚀及冬季积液冻堵的问题，建立了完备的地面注入系统。

尾气处理技术。利用羟基氧化铁干式集中脱硫处理工艺，脱硫后 H_2S 含量低于 10mg/L，达到排放标准。

（四）案例

1. 党旗辉映青春，匠心筑梦火驱——注空气站党支部

采油作业三区火驱注空气站党支部成立于 2014 年，现有员工 23 人，其中党员 7 人，平均年龄 34.8 岁。党支部成立以来，先后迎接 50 多位省、部级领导调研检查，赢得了领导的高度赞扬。先后荣获全国“五四红旗团支部”“中央企业五四红旗团支部”等十余项荣誉称号。

（1）“党建 + 融合”，创新青春党建模式。

火驱注空气站青年党员数量占比高达 80%，火驱注空气站党支部积极调动青年党员的积极性，全面推行“青春党建”，让青年党员在岗位发光发热。

通过实施 1+1 学习法，即规定动作加自选动作，让青年党员在学习过程中既按照上级要求和年初计划开展学习，又结合当前政治时事热点开展自学，符合青年党员特点。结合节点开展活动，引入“青春党建”理念和元素，进一步发挥激励、教育、服务和凝聚等综合功能。元宵节举办“灯谜大家猜廉洁记心间”活动，清明节组织“追思革命先烈，重温入党誓词”座谈会，母亲节开展“妈妈，我想对您说”年轻党员亲子教育活动，“七一”邀请曙光采油厂优秀共产党员为党员上党课，一系列活动的开展，提高了青年党员的党性意识和宗旨意识，提升了思想觉悟。

同时，组织开展“我是党员我带头”活动，通过岗位履职我带头、属地安全我带头、设备巡查我带头、创效攻关我带头，进一步体现党员责任感，唤醒党员荣誉感，增强党员使命感，从而把党员青年“聚”起来。

（2）“党建 + 攻关”，锻造过硬队伍作风。

火驱注空气站党支部坚持把“共产党员责任区”“共产党员示范岗”作为与生产经营工作的结合点、发挥党支部堡垒作用的突破口和衡量党员先进性的试金石。针对注空气规模的不断扩大，生产经营矛盾日益突出，党支部每年都把生产管理的难点、经营工作的重点、降本增效的挖潜点作为“共产党员责任区”“共产党员示范岗”立项实施项目管理，先后对“螺杆机节电”“氧化铝循环利用”“空冷器防尘工艺改造”“往复机进气压力调整”等关键生产环节进行专题立项、责任到人，实现了“党字号”工程项项有突破、个个创效益。以“节电管理”党员责任区为例，通过对标管控、攻关降耗、岗位创效，设备运行效率明显提升，累计节约用电量 124.98 万千瓦时，节约电费 76 万元，该项目荣获曙光采油厂“十大优秀共产党员责任区”荣誉称号。

几年来，注空气站先后自行研制了“空冷器防尘装置”“平底锥形过滤器”“干燥器自动传输氧化铝装置”等小发明、小改造、小窍门 22 项。总结实施了避免机油液位误差的“4+1”润滑油管理法、强化设备管理的“五率”管理法，共提合理化建议 135 条（项），有 12 条合理化建议获辽河油田公司、曙光采油厂一等奖、二等奖。电单耗也由投产初期的 0.28 元 / 立方米降至 0.249 元 / 立方米，油单耗由投产初期的 18.9 升 / 立方米降至 16.5 升 / 立方米，已累计节约成本1020万元，创效益157万元。

（3）“党建+团建”，激发青年工作动力。

火驱注空气站党支部坚持把“党建带团建，根本在建，关键在带”这一理念作为工作的支撑点，做到在方向上引导、思路上启发、工作上支持，大胆给青年员工压担子，进一步激发青年员工工作动力，焕发基层团组织活力。

“建”就是党、团组织不断加强自身建设，以组织的先进性凝聚每一名党团员，不断增强组织的内在动力，不断增强组织的凝聚力、战斗力。通过开展“学习石油精神，树立心中信仰”主题教育，推动了团员青年学先进、赶先进、当先进的积极性、主动性；通过“匠心筑梦青春，青年担当展作为”岗位实践，激励和提高了团员青年使命感、责任感；通过青春在党旗下飞扬“党建带团建，党旗更鲜艳”主题活动，让党员携手青年团员学习“五四”运动的历史过程、重温“五四”精神的深刻内涵及其历史意义，让学团史、知团情、跟党走内化为行动自觉。

“带”就是做好党建带团建。通过开展党员团员一对一结对子，培养青年骨干，充分发挥党员的先锋模范带头作用，不断提高团员青年的创新潜力和解决问题的能力，使他们在岗位上尽快成长、成才。团员黄顺录在结对子党员的帮带下，目前已走上班长管理岗位。通过完善“推优”入党机制，使“推优”工作的各个环节与发展青年党员工作相衔接，把那些贴合党员条件的优秀团员输送到党员队伍中去。目前已有三名团员青年向党组织递交了入党申请书。

2. 热情似火的指挥者，火驱调度的枢纽——孟涛

孟涛，男，49岁，中共党员，大学专科学历，现任曙光采油厂采油作业三区调度长，先后荣获辽河油田公司劳动模范、优秀共产党员和厂十大岗位标兵等荣誉称号。

他是神经中枢的指挥官，是坚守一线的协调员。调度室是采油系统的神经中枢，作为调度长，他电话从不离身，每天奔波在井站间，负责作业区生产组织及现场的协调、处理生产突发事件。

初春的风刮得凛冽，新井投产的现场人们干得热火朝天。井架下，在漫天飞扬的尘土中，孟涛手持电话匆匆穿梭其间。为加快新井投产步伐，他靠前组织协调，与机关各组、基层干部员工密切配合。在建高架罐、建流程、打垫层等新井前期工作中，他全程跟踪监督；在作业过程中，替钻井液、射孔、焖井测压，每个环节他都不放过，下泵现场，更是少不了他的身影，有问题总能第一时间协调解决，确保每道工序、每个细节严格操作，保证新井投产高效、顺利。

在新井曙 1–52–14 井现场，面对疫情防控期间施工队伍短缺，地面设施不完备等不利因素，他千方百计协调联络，巧用软管连接进站流程，利用周边停产井完善地面掺液流程，保障新井顺利投产。

采油作业三区作为开采 30 余年的稠油老区，管线腐蚀渗漏时有发生。一个电话打来，孟涛就立刻组织力量，情况紧急，他会立刻赶去井场，和站上人员一起完成任务……只要站上有什么大事小情，他总是第一个奔在前，一个月时间里，最多就能休息两三天，有时候甚至连一天休息时间都没有。

哪有从天而降的英雄，只有挺身而出的凡人。回想 2019 年的夏天，“利奇马”袭来，台风暴雨中，孟涛既做现场协调员又做抗洪战士，白天夜里，在井站间、在风雨里奔走，通过微信、电话等方式沟通联系，及时掌控全区汛情，哪里有险情，哪里就有他的身影。

2019 年 8 月 16 日凌晨，一阵阵急促的电话铃声，将已经连续多日没有好好休息的孟涛唤醒，从电话得知，受上游间歇泄洪影响，32 号站附近围坝出现严重问题。险情不等人！时间不等人！他立刻起身赶往现场，经过整整一夜抢修，堤坝保住了，他却累得瘫坐在地上。

他是火驱开发的亲历者，是探索路上的老学员。火驱开发没有现成的路可走，生产管理也没有成熟的规律可循，孟涛和他的同事们只得摸索向前。早在 1990 年就来到曙光采油厂采油作业三区工作的他，亲历了火驱开发的不同阶段，从先导试验、扩大试验再到规模实施，他始终置身其中。

对待这些火驱井，他犹如呵护孩子一般，随时随地为他们保驾护航。冬季天寒地冻，他提早组织对易发生冻堵的尾气、注空气系统进行排查，对有过气窜井史的火驱井，分门别类，实时监控、单独照看，掌握每口井的动态，力争能第一时间发现问题、解决问题。在跑井站之余，他时常泡在地质会议室里

查阅资料数据，参与分析讨论，随时掌握单井和井组动态变化，结合现场实际跟踪评价重点措施效果。措施论证会、旬度运行会上，时常能听到他关于完善油井措施，优化生产组织的意见建议。他撰写的论文《关于曙 1–56 号站火驱油井尾气调控的探讨》发表在《中国石油石化》期刊上。

他是服务基层的热心人，是备受信赖的老大哥。从采油工一步步走来，他深知采油一线的困难，哪个站需要帮助，他总是义不容辞。“涛哥，我们站气管线流程走向我有点弄不清了，能帮我看看吗？”“好的，没问题。”“老孟，我们站一名员工最近情绪有点不对头，你跟他熟，能找他唠唠不？”“好的，没问题。”

真心换信任，孟涛正是用他的一言一行感染着身边的每个人。这就是孟涛，在 30 载匆匆岁月中，日复一日地坚守、默默无闻地付出，用实干坚守初心，以担当践行使命，诠释“我为祖国献石油”的真正含义。

撰稿人：焦志洪　祁卓君　徐爽　杨川

扫码观看视频

特种油开发公司杜 84 块 SAGD 先导试验馆平 4 组

一、背景起因

在石油行业内流传着这样一句话:“世界最稠的油在中国，中国最稠的油在辽河”。辽河油田是国内最大的稠油生产基地，其中稠油动用地质储量占全国稠油储量的 26%。与国内外油藏对比，辽河油田的稠油存在埋藏深、层系多和储层非均质性强等特点，特别是辽河油田的超稠油，因其黏度高、密度大、流动性差，开发难度一直以来被公认为是世界难题。

进入 20 世纪 80 年代，随着辽河油田单井注汽、蒸汽吞吐等工艺技术的不断突破，到 1986 年底，稠油产量达到 240.8 万吨，占总产量四分之一。然而，石油作为不可再生资源，随着新增可采储量逐年减少，稠油热采吞吐进入中后期，老区产量递减加快等问题日益凸显。为了尽可能减缓产量的快速下滑，辽河油田立足当下、放眼长远，果断决定通过技术创新提高采收率，用技术接替保稳产。于是，辽河油田便开启了对超稠油开发方式转换的一系列探索突破。

超稠油开发方式转换最具代表性的区块便是曙一区，其中的杜

84—馆平 10 井、杜 84—馆平 11 井、杜 84—馆平 12 井以及杜 84—馆平 13 井四个井，作为 SAGD 第一批先导试验区井组，见证了辽河油田人不断突破超稠油开发采收率极限的艰辛历程；SAGD 先导试验区的成功投产，也拉开了 SAGD 工业化推广的序幕。杜 84 块 SAGD 先导试验馆平 4 井组，位于辽宁省盘锦市西约 20 千米处的特种油开发公司采油作业二区，于 2005 年建成投产，主要开采曙一区杜 84 块馆陶组超稠油油层，该井组目前共有生产井 16 口，注汽井 15 口，累计产油 226 万吨。2023 年，“特种油开发公司杜 84 块SAGD先导试验馆平4井组”被辽河油田公司命名为辽河油田公司首批“功勋井”。

二、主要内容及效果

（一）百折不回，初探超稠油开发禁区

20世纪70年代中后期，辽河油田通过探井钻遇兴隆台油层与馆陶组油层，并首次于馆陶组油层取心，打开了曙一区超稠油勘探新局面。但由于当时对超稠油油藏开发认识有限，多口常规试油均未获得产能，这条在地下沉睡已久的“稠油龙”迟迟不肯露出地面。随着辽河油田蒸汽吞吐开采技术的不断突破，曙一区于 20 世纪 80 年代开始进行蒸汽吞吐试采，并证实该区块具有良好的产油能力，虽然开发过程曲折坎坷，但在真空隔热管和越泵电加热等创新技术的加持下，超稠油蒸汽吞吐试采取得了较高产能。

1996 年，辽河油田决定将“蒸汽辅助重力泄油”技术引入曙一区超稠油开发试验，这就是被石油人所熟知，也是后来让辽河人引以为傲的“SAGD”开发技术，英文全称Steam Assisted Gravity Drainage。SAGD理论最早由加拿大R. M. Butler 博士于 1978 年提出，其原理犹如给油层“蒸桑拿”，通过上部水平井注入 300℃左右的高干度蒸汽将不流动的超稠油融化，然后利用重力作用流向下部水平井进行生产。与蒸汽吞吐相比，SAGD 开发技术具有“连续注入、连续采出，生产时率高、采油速度高，驱油效率高、采收率高”等优势，参照当时世界先进水平，可以将超稠油采收率提高到 60%。

同年 5 月 30 日，杜 84 平 1–1 井在曙一区杜 84 块开钻，6 月 29 日完钻，

这口井是中国石油天然气总公司“九五”科技攻关项目《超稠油蒸汽辅助重力泄油》方案的重要组成部分，也被列为“九五”期间具有战略意义的重点科研攻关项目。1997 年 2 月，杜 84 平 1–2 井完钻，与杜 84 平 1–1 井构成 SAGD 成对水平井，成为中国第一对，也是世界上第 5 对超稠油水平井。然而，SAGD 技术虽然经过多年发展，并在国外浅层油藏取得了成功，但到了国内的中深层油藏就显得有些水土不服了，这次学习外国双水平井试验也最终以失败告终。

经过技术人员的认真总结、细致分析，得出了三方面经验教训：一是对国外 SAGD 开发技术机理认识还不够透彻；二是国外专家的方案没能充分考虑辽河油田超稠油的地质特点；三是当时的工艺技术还无法满足水平井举升需要。同时，科研人员也明白了一个道理，任何技术都不能照搬照抄，唯有结合自身实际，扎实走好每一步，才能获得成功。

（二）开拓创新，叩开超稠油开发技术之门

2000 年，曙一区蒸汽吞吐开发已经达到了百万吨产量规模，占比超过了辽河油田千万吨产量的十分之一。但是蒸汽吞吐开发的最终采收率只能达到 25% 左右，并且随着蒸汽吞吐轮次的增加，产量下降加快，如果不能维持超稠油持续稳产，将严重威胁辽河油田千万吨稳产。形势不等人，辽河油田决定重启 SAGD 等重大开发转换方式，一旦 SAGD 开发技术在曙一区应用成功，其相较于蒸汽吞吐技术可提高 2 ~ 3 倍采收率，将相当于再打造一个曙一区。“这一次，只能成功，不能失败！”

2002 年，辽河油田再次组成考察小组远赴 SAGD“故乡”加拿大进行考察，在历经 21 天辗转 3 个城市对 17 家公司的考察后，考察小组认识到：与加拿大的超稠油相比，辽河油田的油藏存在非均质性强、黏度大、埋藏深等先天劣势，简单的“拿来主义”绝对不行，必须走国外技术与国内油藏相结合的技术路线，必须引进消化，进行“二次创新”。根据国外超稠油开采经验和 SAGD 开发实例，辽河油田人再次将目光锁定在了油层厚度相对较大的杜 84 块馆陶组油层和兴 VI 油组油层，该油藏参数适合采用 SAGD 方式开发。这些对 SAGD 技术上的认识突破，也更加坚定了辽河石油人誓要攻坚中深层超稠油

开发这一“世界难题”的信心。

经过上一次的失败经历，各种怀疑也始终伴随着此次探索过程。有人说：上一拨儿老专家都没整明白，你们就能搞清楚？加拿大的技术专家认为“辽河油田的油藏是 SAGD 的禁区，不可能成功。”但这些质疑并没有阻碍辽河石油人积极探索攻关的脚步，在他们脑海里，只有思想禁区，没有创新禁区。

科研人员结合辽河油田超稠油油藏特性，创新提出了 SAGD 直平组合井网模式。对比国外的双水平组合，直井与水平井组合具有以下优点：一是可以克服钻平行水平井的技术难度；二是对于已经蒸汽吞吐的油田可以利用现有的直井作为注汽井，节约钻井费用；三是初期可以利用调节各注汽井的注汽量，更易于调节蒸汽沿水平段的分布；四是靠优化射孔段，可以减少油层非均质的影响，相较于国外的双水平井来说更适于本土情况。同时，科研人员对 SAGD 开发方式的采油机理、注采参数调整和操作程序等有了更加深刻的认识，这些都为先导试验开展提供了理论技术储备。

在先导试验方案编制过程中，当物理模拟实验在历经 20 多次失败后，终于取得成功的那一刹那，每名科研人员无不欢呼雀跃。在较长的一段时间里，SAGD 研究人员通过自主研制温压监测系统、新型塔架式抽油机、球形汽水分离器等技术，使 SAGD 配套工艺逐步完善，《辽河油田曙一区杜 84 块超稠油蒸汽辅助重力泄油（SAGD）先导试验方案》也已经逐步成熟。

2005 年，经过中国石油天然气股份有限公司批准，

辽河油田 SAGD 先导试验区首先在馆陶组试验区进入现场实施。同年，2—10 月杜 84—馆平 11 井、馆平 12 井、馆平 10 井和馆平 13 井相继转入 SAGD 开发模式。2006 年兴 VI 油组先导试验区的四个井组也随后转入 SAGD 开发。2006 年 10 月，SAGD 先导试验通过中国石油天然气股份有限公司专家组验收，证实了 SAGD 开发技术开采曙一区超稠油的可行性，辽河石油人也正式拉开了 SAGD 工业化实施的序幕。

（三）自我超越，打造辽河油田技术白金名片

如果要推选一项能够代表辽河油田的品牌技术，那么一定非 SAGD 莫属。在 SAGD 开发建设过程中，辽河石油人始终牢记“稠油非攻关不可”的使命，坚持自主创新，创建了驱泄复合开发理论，确立了动态调控先进理念，形成了室内三维物理模拟技术、隔夹层精细刻画技术、SAGD 油藏动态跟踪调控技术等 SAGD 油藏工程配套技术。其中“中深层稠油热采大幅度提高采收率技术与应用”项目获得了国家科技进步二等奖。

然而，辽河石油人并没有因为这些成绩而放慢挑战超稠油开发极限的脚步。在与国外相似油藏对标分析后发现，虽然单井产量有了质的飞跃，但馆陶组油藏潜力并未得到充分释放。2008 年经过辽河油田预审通过的工业化试验方案，在提交中国石油天然气股份有限公司勘探与生产分公司审查后，得到肯定，并同意 SAGD 进行工业化实施。

在 SAGD 工业化实施期间，辽河石油人先后历经全球金融危机、特大暴风雪及多次历史罕见洪灾影响，但这些并没有击倒辽河油田干部员工，更没有打乱 SAGD 技术开拓创新的推进节奏。

2014 年，科研人员坚持以明晰机理、改善效果、降低成本，不断完善中深层 SAGD 技术序列，引领辽河油田 SAGD 技术达到国际先进水平为目标，启动了 SAGD“121 工程”，即“培育一批百吨井、一口 200 吨井、SAGD 年产油达到 100 万吨”。

随后，辽河油田科研人员建立直平组合 SAGD 产量预测公式，计算百吨井培育技术界限，射孔改造低物性段，实施气体辅助 SAGD 及热效率提升工程，最终培育 SAGD 百吨井 19 口，最高单井产量达到 200 吨 / 天，实现了单井产

量与高产井数量的飞跃。在其中，杜 84- 馆 H71 井组在攻克中深层超稠油双水平 SAGD 循环预热技术难题后，成为国内第一口真正意义的双水平 SAGD 百吨井。如今，SAGD 技术已从最初的 4 个井组发展到 74 个井组，开发层位馆陶组、兴 VI 油组、兴 I 油组，累计产油量 1931 万吨，产量规模已超过一次开发水平。

曾几何时，辽河油田 SAGD 技术还扮演着“追随者”角色，但随着“引进 - 消化 - 吸收 - 再创新”研发模式的成功，成熟完善的中深层超稠油 SAGD 开发技术体系使辽河油田实现后来者居上，直至走出国门。中国石油加拿大麦凯河项目是中国石油实施“走出去”战略的海外投资项目。方案设计高峰期产油量为 3.5 万桶 / 天，但转驱后日产油量仅 8000 桶左右，远未达到预期，加拿大的石油专家们也犯了难。

为改善井组生产效果，2019 年辽河油田迅速成立技术支持团队，对加拿大项目进行全过程分析及评价，制定了“抑制汽窜、均衡注汽、提高干度、平稳调控、注采平衡”方针和井组动态调控方案，实施后，有效解决了“底部过渡带漏失”，日产油升至 14000 桶，切实改善了海外稠油项目开发效果。辽河油田 SAGD 技术反向输出国外，巩固了辽河稠油技术的领先地位，极大提升了中国稠油开发技术国际影响力和竞争力。

从超稠油开发技术的追赶者成长为技术的开创者，几代辽河油田人敢于挑战世界难题，不断突破技术瓶颈，见证了辽河油田 SAGD 开发技术的“涅槃重生”，为辽河油田千万吨规模稳产奠定了坚实基础，为保障国家能源安全提供了技术支撑，更让端稳“能源饭碗”的底气更足。

撰稿人：栾焕　姚凯乐　梁爽

欢喜岭采油厂齐 40 块蒸汽驱先导试验 11 井组

一、背景起因

齐 40 块蒸汽驱 11 井组位于辽河油田欢喜岭采油厂采油作业三区齐 40 块，是中国石油天然气股份有限公司重大开发实验项目之一。该井组于 1987 年正式投入开发，开发层位莲花油层，部署了 200 米井距正方形基础井网，根据 1990 年编制的《欢喜岭油田齐 40 块开发方案》，按 141m 井距正方形井网进行加密和扩边。截至 1997 年底，试验区共有 9 口生产井，平均吞吐 7.7 轮次，累计注汽 15.63×10^4 吨，累计产油 20.64×10^4 吨，累计油汽比为 1.32，采出程度 24%。

齐 40 块莲花油层开创了中深层稠油油藏转蒸汽驱开发的先河，没有经验可借鉴，欢喜岭采油厂（简称欢采）员工上下一心，将“担当、奉献、拼搏、实干”的“欢采精神”融入石油地质开发中，设立“打造水平一流、团结一流、业绩一流的科研团队”总体目标，对欢喜岭采油厂实现长期稳产具有重要意义。

二、主要做法

（一）历史沿革

该井区先后经历了典型的“热连通、驱替”蒸汽驱阶段，采油速度由 1.2% 提升至 2.5%。通过系统的研究与试验，验证了蒸汽驱开发适合齐 40 块的油藏条件，所积累和完善的蒸汽驱配套技术也满足蒸汽驱的开发需要。

1997 年 9 月，辽河石油勘探局勘探开发研究院稠油开发所，以及中国石油勘探开发科学研究院热采所，合作编制了《齐 40 块莲Ⅱ油层 70m 井距蒸汽驱先导试验方案》。

1. 先导 4 井组蒸汽驱试验情况

1998 年 10 月，在齐 40 块莲Ⅱ 油层主体部位开展了 4 个 70 米 ×100 米反九点井组的蒸汽驱先导试验。试验时吞吐采出程度为 24%，汽驱时含油饱和度为 0.57，油层压力为 3 ~ 4 兆帕，原始地质储量 86×10^4 吨。试验部署总井数 27 口（注汽井 4 口，生产井 21 口，观察井 2 口），其中 4 口注汽井全部采用新井，并进行级差限流射孔，日注蒸汽量 540 吨，井底干度大于 50%，生产井日配产液量 641 吨，采注比为 1.0 ~ 1.2，油层压力控制在 4 兆帕以下。

从 1998 年 10 月至 2006 年 12 月底（规模转驱前），连续汽驱 8 年，累计注入蒸汽量 133.81×10^4 吨，累计产液量为 116.36×10^4 吨，累计产油 20.90×10^4 吨，采注比为 0.87，油汽比为 0.16，阶段采出程度 24.30%。达到方案设计指标，接近美国克恩河油田十井组试验区效果，试验取得了成功。预测先导试验 4 口注汽井下步采用 10% 低干度间歇汽驱方式继续开采，阶段采出程度 6.55%，蒸汽驱最终采收率可达 62.11%。

先导试验转驱半年后见效，4 年后蒸汽突破。整个汽驱过程经历了热连通、蒸汽驱替、蒸汽突破和综合调整 4 个阶段，实现了蒸汽带的形成、扩大和突破，符合蒸汽驱开采机理。主力层位采出程度高达 31.4% ~ 36.3%，剩余油饱和度仅 30% 左右。先导试验取得了较好的经济效益，内部收益率达到 25.37%，投资回收期 3.5 年，证明蒸汽驱是齐 40 块吞吐后的有效接替方式。

2. 扩大 7 井组蒸汽驱试验情况

2003 年 7 月在先导试验区西侧开展了 7 个井组的扩大试验，试验层位莲Ⅱ油层，构造为单斜，内部没有断层，属扇三角洲前缘亚相沉积。汽驱前吞吐采出程度为 29%，汽驱起始含油饱和度为 0.53，油层压力为 2 ~ 3 兆帕，储量 128×10^4 吨。采用 70 米 ×100 米井距反九点井网，部署总井数 38 口（注汽井 7 口，生产井 29 口，观察井 2 口），方案设计日注蒸汽量 840 吨，井底干度大于 50%，采注比为 1.0 ~ 1.2，油层压力控制在 1 ~ 3 兆帕，由于注汽井利用老井，未采取级差限流射孔。

扩大试验从 2003 年 7 月开始，截至 2006 年 12 月底（规模转驱前)，累计产油 10.7×10^4 吨，累计采注比为 0.68，油汽比为 0.098，汽驱阶段采出程度为 8.36%。

目前，齐 40 块蒸汽驱注汽井总井数为 177 口，开井 143 口，日注汽量 7500 吨。采油井总井数 779 口，开井 567 口，日产液量 8467 吨，日产油量 1050 吨，综合含水率为 89.74%，汽驱阶段累计产油 856.2×10^4 吨。月采注比为 1.11，核实月油汽比为 0.11，采油速度为 1.0%，采出程度为 53.7%。

（二）文化阵地建设

为贯彻落实国家、辽宁省推进工业遗产保护利用、工业文化发展的相关部署和《集团公司石油精神教育基地管理办法（试行）》要求，切实加强企业文化阵地建设，2022 年 4 月，齐 40 块蒸汽驱 11 井组被辽河油田公司授予油田公司首批“功勋井”。欢喜岭采油厂高度重视功勋井文化阵地建设，按照《辽河油田功勋井目视化建设说明》相关精神要求，选定齐 40 块蒸汽驱 30 号站作为文化阵地，坚持“简约大气、规模适度”原则，对齐 40 块蒸汽驱先导试验 11 井组文化阵地进行设计规划。由于该区域正在进行物联网建设改造，相关配套设施和地面工程正在进行中，待相关工程完毕后实施文化阵地建设。以下是文化阵地规划设计效果图。

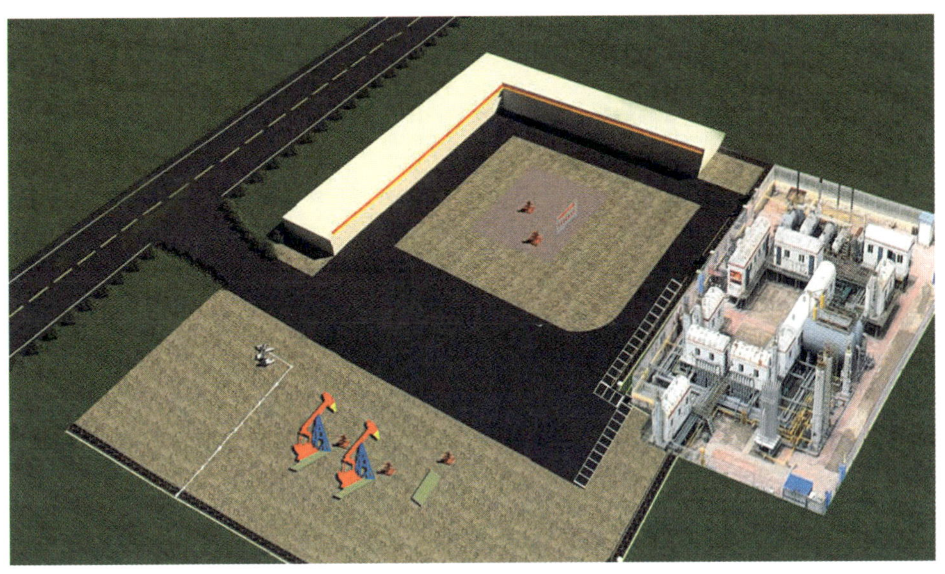

欢喜岭采油厂齐40块蒸汽驱先导试验11井组

（三）案例

郑利民从事齐40块蒸汽驱开发管理工作13年，主要负责齐40块蒸汽驱的开发管理工作。他潜心钻研蒸汽驱开发工作十几年，带领他的团队摸索出自己独特的一套管理方法。

解放思想，求变创新。面对区块产量要稳、效益要升的总要求，创新区块治理对策技术成为蒸汽驱开发管理的首要任务。为了在看似山重水复的境地下，开辟出柳暗花明的途径，郑利民带领团队在千余口生产井、百余个井组十余次的经验积累过程中，结合低效井组措施挖潜效果，打破常规的规则井网，连续注汽，接替驱油的理念，创新提出两个观点：一是反九点规则井网不满足非均质强的井组后期开发需求，二是连续注汽不适用于全面突破大范围汽窜井组。为了验证观点的科学性，他和汽驱室的同志一起查阅了210口油井、观察井的近千份监测资料，逐一进行汽驱热能循环分析，进一步精细剩余油研究。“5+2”“白加黑”成了他的常规操作，让加班成为常态，奉献成为习惯，作为地质技术人员，科技创新就是打败制约区块提质增效问题的武器。通过综合分析大量的井温、压力、产量数据，不仅验证了上述两个观点，还进一步在汽驱规律认识中首创后期四种低效热能循环模式、六种剩余油富集类型，形成了

"规则井网向非规则井网"转变，"优化配汽向降低热能溢出"转变的"两个转变"调控思路。由于依据充分、论证清晰，最终获得了上级专家的认可和审批。

统筹谋划，科学实施。在地质研究过程中，郑利民尝试用矛盾论的思维看问题、用辩证的方法看挑战。"在相同中找不同，在不同中找相同""难点越多、潜力越大"，是他多年的工作领悟。

在此理念框架下，郑利民和他的攻关课题小组同志们在同样的高效开发油井中，寻找不同的驱油特征和主控因素；在不同开发效果的油井中，进行相同的因素对比，以此筛选出挖潜井。为了将一个数据做到精准、无误，他常常沉醉在堆积如山的资料中，有时会从中午坐到半夜。面对一个又一个问题，一次次提出新设想、一次次否定自我、再一次次提出新措施，经历无数循环往返。最终齐 40-16-028 井通过论证实施了优化大修射孔措施，措施后日产油高达 18 吨。

经过几年的探索实践，郑利民和他的小组成员研发并整合出两个系列八个子项的蒸汽驱后期调控技术。其中，多方式注汽调控对策系列，大幅增油节汽，极大地提高了后期开发效果。该系列针对四项低效热循环模式，进行四种方式注汽调控，日节汽量 3000 吨，油汽比由 0.1 提高至 0.14，实现经济效益逆向而上，年节约费用 7000 余万，注汽费用占比由 56% 下降至 48%。多类型井网调整对策系列，通过六种类型剩余油富集分布模式，开展四种井网调整。2018 年以来部署并投产调整井 90 口，治理套损井 50 口，累计增油 15.3 万吨，实现汽驱产量在开发后期连续四年稳产。从事汽驱研究十多年的郑利民，已经不是当年那个意气风发的青年，脸上多了一些岁月的痕迹，头上也添了不少白发。十年如一日的坚持，他已累计提出各类降本增效措施 173 项，累计增油

10.6 万吨，节约注汽量 45 万吨；获得省级、局级、厂级科技成果奖项 23 项；发表学术论文 22 篇；被评为辽河油田公司开发系统先进个人等多项荣誉称号。

三、主要成效

一是先导、扩大汽驱井组转驱的成功，揭开了 2006—2008 年齐 40 块 139 个井组工业化转驱的序幕，取得了全块标定采收率由 35.1% 提升至 60.1% 的显著效果，蒸汽驱阶段增油和采油速度均得到了大幅度提升。目前，齐 40 块蒸汽驱 11 井组先导扩大试验区采出程度已突破最终采收率，该区域在汽驱后期的创新对策及调整技术，将持续推动齐 40 块蒸汽驱开发效果和经济效益的提高。

二是齐 40 块全面实现转蒸汽驱工业化开发，是辽河油田科技兴油战略结出的丰硕成果，是中国石油中深层稠油大幅度提高采收率的成功探索，开创了国内外同类型油藏规模实施蒸汽驱开发的先河，填补了中深层稠油蒸汽驱开发理论和实践上的空白。

三是齐 40 块蒸汽驱工业化转驱实践加深了中深层稠油油藏汽驱生产特点和基本规律的认识，为辽河油田蒸汽驱工业化应用提供有力依据。辽河油田齐 40 块蒸汽驱进入全面工业化开发生产阶段，标志着辽河油田的稠油开发取得了具有里程碑意义的重大进展，为辽河油田稠油转换开发方式开辟了一条新道路，对实现辽河油田长期稳产具有重要的现实意义和深远的历史意义。

撰稿人：翟丽雪

沈阳采油厂胜 10 井

一、背景起因

胜 10 井是辽河油田沈阳采油厂（简称沈采）一口超双千吨的超高产探井，是辽河油田勘探史上产量最高的油气井，也是当时中国第二口最高产量油井，更是屹立在一代代沈采人心中印证着荣耀与辉煌的不朽丰碑。

胜 10 井位于辽宁省新民市王家河套村西北约 1300 米处，属东胜堡潜山油藏，所属的构造位置处于下辽河坳陷大民屯凹陷，位于静安堡构造带东胜堡潜山中部高部位，层位为太古宇鞍山群，主要评价变质岩潜山的含油气潜力。截至 2023 年 6 月，胜 10 井累计生产原油 42.7385 万吨，累计生产天然气 3048 万立方米，累计产水量 34.9071 万立方米。

二、主要做法

（一）历史沿革

1983 年 4 月 26 日，胜 10 井开钻。轰鸣的钻机开始探秘东胜堡潜山油藏这片神奇的土地。钻井施工中，32954 钻井队全体职工面对复杂的地下情况，克服地层不熟、多次井塌井漏等困难，大力弘扬大庆精神铁人精神，不畏艰难险阻，克服重重困难，钻头不断向地层深处钻进。经过近 8 个月的艰苦奋战，终于在 1983 年 12 月 9 日顺利完钻，交出了这口深度为 3777.16 米的深井。1984 年 2 月 16 日，胜 10 井完井。

1984 年 7 月 19 日，胜 10 井采用两个 22 毫米油嘴放喷方式进行求产试验。经过 24 小时实测，胜 10 井日产原油 1360 吨，日产天然气 72862 立方米。

1984 年 9 月 27 日，胜 10 井自喷投产，初期日产原油 153.5 吨。1984 年

12 月，日产原油 2508 吨，到达产量最高峰。胜 10 井是继胜 11 之后又出现的一口千吨井，进一步证实了辽河油田沈阳探区是一个具有多种含油层系的高产油气富集区，为下步变质岩潜山勘探指明了方向，采用同样的勘探思路陆续发现了安 1—安 97 潜山、边台潜山等太古宇大型正装油藏，为沈阳探区大规模开发奠定了坚实的基础。

1990 年 9 月，胜 10 井开始见水，随后含水快速上升，井口压力逐渐下降。但是胜 10 井日产原油超过百吨稳产 7 年，已经远超预期，成为了沈阳采油厂名副其实的功勋井，在沈阳油田发展史上有着特殊的历史地位和重大意义。

1991 年 10 月，胜 10 井停喷，自喷累计产油 36.63 万吨。

1991 年 11 月，胜 10 井实施了化学堵水并转抽控液生产，含水大幅度下降，由措施前的 49.3% 下降至措施后的 8%，初期日产液 76.3 吨、日产油 38.1 吨，产量基本与措施前持平。

1993 年 2 月，胜 10 井实施了水力泵提液，产量由措施前的日产液 57.6 吨、日产油 33.4 吨上升到措施后的日产液 95.1 吨、日产油 57.4 吨。但由于产液量大幅度提高，该井含水快速上升，至 1993 年 11 月，胜 10 井含水已上升至 74.7%，日产油量下降至 22.7 吨。

1994 年 9 月，东胜堡潜山全面实施停注降压开采，随后胜 10 井实施检泵加深泵挂，该井产量有所恢复，产量恢复至日产油 13.6 吨。

1995 年 8 月，胜 10 井检泵转冷抽 ϕ56 泵生产，初期日产液 33.7 吨、日产油 5.1 吨，含水 85%，后期日产液 45 吨、日产油 9.9 吨，含水 78%。

2022 年 7 月，胜 10 井转抽油机生产，初期日产液 54 吨、日产油 1.6 吨，含水 97%，后期日产液 36 吨、日产油 1 吨，含水 97%。

2023 年 6 月，胜 10 井因低效关井。

时代变迁，在一代又一代沈采石油人的精心守护下，胜 10 井已经走过了 39 年的辉煌历程，累计为国家生产原油 42.7385 万吨，累计生产天然气 3048 万立方米，累计产水量 34.9071 万立方米。

胜 10 井为东胜堡潜山油藏的高效开发提供了有力支撑，同时通过注水开发实现单井稳产的配套技术，对类似油藏具有很好的借鉴意义。

胜 10 井连续生产 39 年，这 39 年也是沈阳采油厂不断改革创新的 39 年，不断开拓进取的 39 年，也是高质量发展的 39 年，更是践行“凝聚、拼搏、崇先、超越”的高凝聚油精神，“我为祖国献石油”的 39 年。

39 年，数千石油人从青丝到华发，成为沈阳油田的建设者和见证者。为国找油、为国献油的铿锵誓言，战天斗地、负重奋进的石油传统，穿越风雨，依旧长青，激励着后来人续写新的篇章。

（二）案例

1. 增能蓄能是老油田稳产提效的一道必答题

沈阳采油厂以日常维护和水质监控为抓手，重点从联合站水质、井口水质达标率、水井配注合格率、基础资料录取准确率进行检查，检查覆盖率达到 100%。

1996 年 6 月 22 日一大早，晨曦穿破云层照耀着蒲河两岸。采油作业区二区井场上，技术人员正在核查刚完成转注的胜 11–10 井、胜 14–8C 井、胜 15–13 井等水井的情况。他们仔细查看新转注井的电磁流量计和瞬时压力表，分外用心，因为区块的注水方案是伙伴们倾注了大量心血而制订的。老区开发多年，地下情况复杂，注水的精准程度会直接影响区块后期的产量。

1996 年以来，主管注水的地质研究所动态室全体技术人员下沉一线，对 27 个区块的每一口水井开展“体检”。他们除了检查注水井井口设备、注水量、水质情况外，还重点分析水井停注原因，跟踪投改注井效果，细化水井台账，持续推动水井的科学管理。同时根据水井实际生产状况和现场所需，有的放矢制订解决措施，或重新规划地面工艺理顺注水流程，或更换注水设备设施使其更适合注水所需，或制定水井上修措施确保水井生产平稳。

不仅如此，采油作业二区加大了对水井的日常维护和保养工作，对欠注

井、动态变化大的井进行严密监控和分析，实施洗井、管柱冲换等措施，坚决杜绝水井躺井事故的发生。在此基础上，作业区还优先采用密闭集输流程，采出水经过道道污水处理程序后，水质达到注水标准，采出水回注率达 100%，让油藏“喝”上优质水。

1996 年开始，为保持高产井区供液能力，东胜堡潜山油藏区块先后复注了胜 11-10 井、胜 14-8C 井、胜 15-13 井等水井，通过轮替注水方式补充地层能量，胜 10 井含水得到控制，至 2012 年胜 10 井含水基本保持在 90% 以下，日产油量 2 吨以上，实现了长年稳产。

光阴似箭，几十年过去了，沈阳油田昔日的钻井小伙如今已经白发苍苍，昔日的发现井如今也成为“功勋井”。曾经的荣耀，不会被时间所掩藏，一座油田在历史的长河里之所以屹立这么久，不仅仅因为它有油，还因为它有井、有人，有一种难以泯灭的精神。

2. 守护胜 10 井

郑楠楠，2008 年大学毕业参加工作来到沈 14 号站。上班第一天，站长王庆虎就带她来到胜 10 井。

“这就是胜 10 井，是当之无愧的功勋井，是辽河油田勘探史上产量最高的油气井，也中国第二口最高产量油井……”站长那份骄傲溢于言表，让当时的郑楠楠感觉到，守护胜 10 井是无上光荣的事情。

为了延续这份光荣，油二代郑楠楠踏着父辈的足迹，成为一名光荣的采油工人，跟前辈当年一样精心守护着胜 10 井。

郑楠楠跟着师父巡井、取样和量油，用脚步丈量着井场每一寸土地。她凭着对事业的执着追求和敬业精神，在本职岗位上，尽心、尽力、尽职、尽责地做好本职工作。在采油岗位上，过硬的技能让郑楠楠干起工作得心应手。从不怕苦不怕累，在工作中独当一面，采油女工在体力上总是不如男员工，可是郑楠楠不服输的个性，让她可以一个人保养闸门，一个人调平衡，一个人更换密封圈，一个人换皮带，让男员工们都不得不佩服。在资料员岗位上，传达、安排工作、日常生产巡检、整理、填写、上报各项资料、询问各井情况、解答员工工作中遇到的各项问题，等大家忙完一天工作陆续回站时，她却又要埋头检查、统计当天的报表，做好产量汇总工作。为了不使资料遗漏和出错，她常常加班加点，正因如此她所管辖的井站资料及每天的油水井报表很少出现差错。

冬天的野外，风吹在脸上像针扎，手冻得连管钳都握不住；夏天，身上天天洗“桑拿”，脸上晒得脱好几层皮。

年轻的石油人终于理解了父辈们“艰苦创业、无私奉献”的坚定信念。

“胜 10 井是我接触的第一口采油井，站长手把手教我如何检查管线、处理问题。现在我也成班长了，也会带领新员工来这里学习。除了学习巡井的具体操作，更重要的是学习这口‘功勋井’背后的精神。”站长王庆虎说。

在采油工人的精心维护下，胜 10 井始终保持稳产，源源不断贡献优质原油。“胜 10 井是高凝油精神的一个标志，它见证了老一辈石油工人做出的优异成绩和巨大贡献，激励着我们下一代好好地努力，把沈阳油田建设得更好。”201 党支部书记聂孟勇说道。

以实践传承石油精神，胜 10 井犹如沈阳采油厂的一座航标灯塔和精神旗帜，引领和激励着一代代沈阳采油厂人始终大力弘扬“石油精神”，牢记“我为祖国献石油”的初心使命，为沈阳采油厂“接续百万吨稳产 创建一流采油厂”做出应有贡献。

（三）文化阵地建设

沈阳采油厂高度重视胜 10 井的保护管理工作，从 2015 年开始，对胜 10 井周边环境进行整治。2017 年 9 月，经沈阳采油厂老职工建议，沈阳采油厂党委决定将胜 10 井列为“沈阳油田功勋井”，为这口功勋井建立纪念碑，又投入一定资金并对该井进行了相应的维护和完善，井场周边增加了护坡、护

栏保护，修建了记事碑，对井口流程进行了规范，采取了相应的防护措施。目前，胜 10 井本体保护完整，各项设施齐全。

进入胜 10 井井场展现在人们面前的是胜 10 井记事碑志，正面刻有“沈阳油田功勋井”胜 10 井字样，背面为胜 10 井简介。胜 10 井井场近似一个长方形，长 54.8 米、宽 38.3 米，占地面积约为 2099 平方米。场地内为土质地面，四周增加周长为 186.2 米的护坡和护栏，有电泵井井口流程一套，有电泵井井口房 1 座。

2022 年 4 月，胜 10 井被列为辽河油田“首批功勋井”，由沈阳采油厂采油作业二区 201 党支部沈 14 号站管理。

三、主要成效

近年来，作为辽河油田主力生产单位，沈阳采油厂始终坚持“文化引领、文化育人、文化强企”的企业文化，将文化的凝聚力有效转化成了发展的内动力，助推了企业管理升级，凝聚了高质量发展的强大合力。

胜 10 井功勋井文化阵地作为沈阳采油厂企业文化的重要组成部分，是老一辈石油人为国家奉献能源的历史见证，是沈阳油田员工学习老一辈石油人因油而战的基地，也是弘扬新时代石油精神的殿堂。在大力弘扬石油精神和大庆精神铁人精神，展示企业好形象、传播油田好声音、讲述油田好故事等方面继续发挥着基础性作用，教育引导广大干部员工赓续石油精神血脉，持续践行“我为祖国献石油”的核心价值观，启迪新一代石油人踔厉奋发、勇毅前行。

作为沈阳油田功勋井，胜 10 井承载了沈阳采油厂所有员工对于一个时代的共同回忆。每年新入职的毕业生都要在这里开启入厂“第一课”，通过参观胜 10 井，更直观深刻地感知“凝聚、拼搏、崇先、超越”的“高凝油精神”，珍惜发展成果。

胜10井功勋井文化阵地建成以来，每年迎接内外部参观十余次，其中不仅包括沈阳采油厂的在职员工，还有当年在沈阳油田创业的石油前辈，以及中小学校及兄弟单位的参观者。

文化阵地成为“精神家园”，沈阳采油厂广大干部员工在重温大庆精神铁人精神，感悟石油会战优良传统的同时，将永葆石油人良好风貌的精神能量，并转化为工作热情，起到了实实在在的凝心聚力作用，以实际行动为实现“接续百万吨稳产、创建一流采油厂”目标，为辽河油田做好“三篇文章”，为保障国家能源安全作出新的更大贡献！

撰稿人：孙晓霞

锦州采油厂锦 16 块聚表复合驱工业化试验 24 井组

一、背景起因

锦 16 块聚表复合驱工业化试验 24 井组位于辽河油田锦州采油厂，地处大凌河河套内，是中国石油天然气股份有限公司重大开发试验项目。该井组是辽河油田先后进行三次化学驱潜力评价，结合锦 16 块油藏“三高三低”特点，经过三级精细优选和经济评价后，最终确定的聚表复合驱技术攻关重大试验，为辽河油田方式转换开发增加新的生产能力。

该项目部署24口注入井、35口采油井，采用五点法面积井网，井组含油面积1.28平方千米，地质储量315万吨。项目于2006年年底启动，2007年方案正式批复。2007年9月开始井网建设，2008年8月进入空白水驱和前期深部调剖，2011年4月进入化学驱阶段。经过10余年的探索实践，24井组生产经营效益位居中国石油聚表复合驱试验项目首位。截至2023年，已完成四段塞注入，注入段塞体积1.558PV，日产油从水驱末期的63吨增至聚表复合驱高峰期的350吨，日产油在260吨以上持续稳产了45个月，阶段累积产油83.4万吨，阶段采出程度26.47%，较水驱提高采收率22.67个百分点，最终采收率达到73.67%，居国内领先水平，标志着化学驱成为辽河油田中—高渗透稀油油藏高含水后期大幅度提高采收率的主体技术，成为开启辽河油田聚表复合驱技术工业化推广应用的重要里程碑。

二、文化内涵

十年磨一剑，奋斗铸辉煌。辽河石油人赓续石油精神，凝练时代气息，在24井组从无到有的建设征程中，以坚定信念、敢于创新的进取意识，以科学求实、严谨认真的工作作风，以同舟共济、团结协作的大局观念，扎根荒滩、苦干实干，谱写了锦16块聚表复合驱工业化试验24井组奋斗的华彩乐章，每一口油水井、每一组设备都组成了精细工作的奋斗音符。

（一）项目方案设计精益求精、细节见真章

锦16块聚表复合驱工业化试验24井组是辽河油田公司首个标准化施工示范创建工程。自项目启动以来，辽河油田公司成立聚表复合驱工业化试验项目组，公司领导挂帅，由辽河油田开发处和采油处、勘探开发研究院、钻采工艺研究院、油田建设规划设计院和锦州采油厂等多家单位组成，负责项目的组织协调、督导推进和技术方案的审查。科学的顶层设计和指导，全力保障了24井组试验项目施工质量优良，施工过程安全环保受控。

有了打破壁垒的方向和目标，项目组的地质技术人员始终保持石油人的红色底蕴，对化学驱技术现状的客观判断和发展趋势进行准确认识，认真分析各技术领域的薄弱环节，积极借鉴大庆油田、胜利油田等兄弟油田的技术

发展成果，结合锦 16 试验区实际，开展自主研究工作。通过探索研究，实现了锦 16 块聚表复合驱六项技术创新，拓展了水驱、聚表复合驱两驱油藏协同开发认识观点，创新提出垂向作用力驱动规律的立体开发理论认识和靶向定点开发模式，研创“优化组合、靶向射孔、选择性注采”米级靶向挖潜方法，发明了整装区块、复杂断块、中低丰度油藏 3 种开发模式，节约建设投入 50%。

面对属地环境复杂、管网复杂等重重困难，项目组工程技术人员秉承“有条件要上，没有条件创造条件也要上”的奋斗信念，有机整合研究力量，派出专业技术人员先后 6 次赴大庆油田、大港油田、胜利油田考察化学驱地面工艺和关键设备。设计人员、管理人员和参建人员多次深入井站、井场实地勘察，召开各种形式的内部研讨会近 30 次。在方案设计中，锦州采油厂（简称锦采厂）项目管理人员结合考察经验，为提高地面注入工艺精细化管理水平，大胆提出了表活剂恒质量浓度掺入的工艺设计；完成了一泵多井分井组优化工艺设计，保障了注入井在不同压力系统间调整功能；增加了配制站与注入站之间泵对泵闭式输送流程的泄压回流工艺，解除了因设备故障导致瞬间憋压的隐患。经过全体人员的共同努力，设计完成了泵对泵闭式母液输送、表活剂恒质量浓度配注、单泵单井和一泵多井相结合的目的液配注、两段“无泵”密闭沉降脱水工艺等具有辽河特色的聚表复合驱地面工程设计方案，获得了辽河油田公司优秀设计一等奖。

（二）地面建设投产精益求精，细节见效益

2010 年，在历时一年的地面建设中，参建人员克服了雨季淤泥、流沙对施工的影响，解决了冬季低温条件下非金属管线焊接的技术瓶颈，攻克了长输

管线穿越河坝、池塘和耕地的施工难题，实施了“质量进度问责”“旁站监理”等质量控制办法，以高质量、高水平、高效益，按期建设成具有国内先进水平的现代化工程。

为保证地面工程按期投产运行，全体参建人员不顾冬季凛冽寒风的侵袭，有序组织最后阶段的管网工艺施工和并网工作。特别是锦采厂项目管理人员，他们积极组织投产方案编制和投产前准备，每天都是早出晚归，往返于井站和会议室，对投产方案细节进行反复推敲。进入 2011 年 1 月后，锦采厂项目管理人员和作业区员工直接驻站工作，依据《锦 16 块二元驱地面工程投产方案》，组织完成工艺管网疏通、大循环暖管、单机试运和配注工艺联运工作，并对地面工艺的运行效率和适应性进行了评价，提出了六项工艺技术革新，解决了工艺设计与生产实际不匹配、熟化罐自控系统生产不稳定等问题。功夫不负有心人，2011 年 2 月，锦 16 块聚表复合驱工业化试验 24 井组地面工程顺利投产，成为低投入、高质量运行的典范工程。

（三）井组生产管理精益求精，细在尽责处

“关键核心技术是要不来、买不来、讨不来的！”项目组矢志不移自主创新，他们坚信只有把关键核心技术掌握在自己手中，才能保障油田公司千万吨规模稳产。锦 16 块聚表复合驱工业化试验 24 井组投产初期，存在部分区域无见效显示、地面配注系统黏损率过高、层间矛盾突出等诸多问题，产量迟迟不见抬头。时任锦采厂副厂长兼总地质师刘贵满带领技术人员开展了大量资料文献分析、井站调研分析，查找问题产生的关键环节，厂调二楼的小会议室成了他的“作战室”，会议桌上摆满了测井曲线、井位图及测试资料，在他和技术

人员精细剖析求证下，探索出动态调控的紧密跟踪分析法、井组效果分析的阻力因素排除法，一个个瓶颈问题得到破解，形成了加大前置段塞、完善井网、调整注采关系和注采参数等油藏动态综合调控技术。锦16块化学驱产量持续上升，日产油峰值产量提高5.5倍，并连续高产稳产45个月，采收率由方案设计的15.5%提高到23%以上。锦16块聚表复合驱工业化试验项目以极高的认可度获得中国石油天然气集团公司科技进步奖一等奖。

在地面运行管理过程中，锦采厂项目管理人员将精细管理的目光聚焦在聚合物母液的配制和注入端口质量控制上，创新黏损评价“五字”分析法，不断优化地面注入系统，配注精度持续提高，质量浓度误差控制在3%以内，配注系统运行效率得到改善。管理人员还首创了从熟化罐到井口的多节点黏度损失评价系统，采用“外科手术式”的剖析评价方法，一步步推进，一层层解析，一个节点、一个节点地攻关，最终发现造成黏度损失的主要因素9项，并针对母液管线、注聚泵、静混器、单井管线及取样工艺等黏损较大的关键节点，采取了一系列行之有效的措施，形成了“两相流体汇流”“低剪切静态混合”“熟化时间动态调整”及“低压差在线取样”等8项黏损控制技术。将注入系统黏度损失由56.4%降至21.9%，使注入体系井口黏度提高1倍以上，年创效1400余万元，达到了国内同行先进水平。

三、主要成效

2013年，锦采厂化学驱地面工程质量管理小组荣获“全国优秀质量管理小组”。2013年，锦采厂化学驱项目部荣获“辽河油田公司锦16块二元驱工业化试验项目优秀团队”和“中国石油第五届二元驱技术研讨会成果一等奖”。2014年，《辽河油田二元驱提高采收率技术》荣获“中国石油天然气集团公司科学技术进步奖一等奖”。2015年，《锦16块聚表复合驱工业化试验综合调控做法及成效》荣获“中国石油第六届化学驱提高采收率年会”优秀论文特等奖。2016年，锦采厂化学驱项目部荣获“辽河油田公司科学技术大会先进科技集体”。2017年，《锦16块聚表复合驱试验精细动态调控做法》荣获中国石油学会石油工程专业委员会“第七届化学驱提高采收率技术年会”一等奖。

2016年，项目组根据锦16块工业化扩大开发方案设计要求，共计部署74个井组开展聚表复合驱，从此开启了锦16块化学驱工业化扩大区生产的新篇章。锦16块化学驱技术、锦16块聚表复合驱工业化试验24井组成功经验相继在辽河油田其他区块推广应用。

撰稿人：孔令艳　吴双　吕艳波　郭迪

兴隆台采油厂女子采油队队史馆

一、背景起因

在辽河油田创业与发展的光荣史册上，我们总会看到一个充满传奇色彩的英雄团队，它，就是兴隆台采油厂（简称兴采厂）女子采油队。在辽河创业发展时期，以“巾帼不让须眉”的气概，创造了一个又一个精彩传奇！

1975年10月25日，女子采油队正式成立，在那生产生活条件十分艰苦的岁月里，女子采油队发扬“三老四严”“四个一样”的革命作风，投身于夺油上产的大会战之中，在她们精心管理下，年年超额完成油气生产任务。1980年，随着采油方式的转变，产量规模的扩大，人力资源的优化，女子采油队结束了5年的青葱岁月，累计为国家贡献石油120万吨。

2012年9月21日，面对助力辽河油田千万吨稳产的重任，兴采厂恢复女子采油队建制，开启了征服古潜山的新征程。作为油田公司产量规模最大的基层采油队，担负着当时兴采厂四分之一的油气生产任务。

2021年7月12日，国资委党委召开的“两优一先”表彰大会在北京举行，女子采油队党支部荣获中央企业先进基层党组织荣誉称号，时任党支部书记李唯祎代表百万石油工人在表彰大会上发言。

为了传承好女子采油队光荣传统，进一步发扬“铁姑娘”精神，兴采厂党委号召全厂各级党组织和广大干部员工向女子采油队党支部学习，并决定重建女子采油队队史馆。2021 年 7 月开始筹建队史馆，通过系统梳理女子采油队历史，征集老物件，并先后几次邀请老队员参与座谈讨论，最终确定修建方案并组织施工，于 2022 年 6 月竣工完成。

女子采油队队史馆展陈面积 160 平方米，分为创业篇、敬业篇、立业篇、兴业篇四个篇章，记录了几代女子采油队队员的奋斗历程和骄人业绩。2022 年，队史馆被兴采厂命名“党员学习教育阵地”，并入选辽河油田石油精神教育基地，被辽河油田兴隆台油区关心下一代工作委员会授予“青少年石油传统教育基地”。队史馆作为展示“铁姑娘”精神的标志性纪念场所，充分发挥教育和宣传价值作用，接待中国石油相关部门、驻辽地区兄弟单位、省市行业单位以及高校实践团、大中院校学生等不同群体参观，在传播企业文化、弘扬辽河精神、展现企业形象等方面发挥了重要的教育作用。

二、主要做法

兴采厂紧紧围绕《辽河油田公司文化引领专项工作实施方案》有关精神，严格落实《关于辽河油田公司企业文化阵地沿用更名、撤销及首批功勋井、石油精神教育基地和第三批企业文化建设示范点命名的通知》各项要求，认真研究确定文化阵地建设的方向和目标，不断丰富文化阵地建设的形式和内容，系统梳理兴采厂丰富的有型文化阵地资源，形成独具特色的文化阵地体系，打造“一地三井一园两馆”文化阵地品牌，充分利用文化阵地开展文化传播、丰富文化实践、巩固文化成果，促进企业文化企业精神落地落实，提高企业的知名度和美誉度，以文化建设推动企业高质量发展。

（一）历史沿革

1967 年年初，隆隆的勘探钻机声打破了下辽河盆地的寂静。1969 年 9 月，在西部凹陷发现兴隆台油田，拉开了勘探开发大会战的序幕。在兴隆台油田开

发建设的初期，按照毛主席“时代不同了男女都一样”的伟大教导，1975 年，在学习大庆油田先进经验，落实石油化学工业部在大庆召开的基层政治工作会议精神背景下，辽河石油勘探局采油厂党委决定成立女子采油队，以采油五队为基础，从采油 1 队、采油 2 队、采油 4 队、采油 8 队、采油 9 队抽调 35 名女职工，于当年的 10 月 25 日成立了女子采油队。

在 20 世纪 70 年代初，生产生活物资都十分匮乏的艰苦岁月，铁姑娘们发扬大庆精神“三老四严”“四个一样”的革命作风，以饱满的工作热情投身于夺油上产的石油会战之中。在那个革命加拼命的夺油会战时期，女子采油队的老前辈们能吃苦，敢碰硬，乐于奉献，铸就了女子采油队铁姑娘精神：“勇攀高峰、争创一流”的拼搏精神；“有荣誉就让、有困难就上”的奉献精神；“夺油上产比贡献、巾帼不落须眉后”的自强精神。

1980 年，随着采油方式的转变，产量规模的扩大，人力资源的优化，女子采油队与采油 14 队进行了整合，恢复了采油五队建制，至此女子采油队结束了 5 年的青葱岁月，累计为国家贡献石油 120 万吨。

2004 年，为了更好传承老一辈女子采油队精神，兴隆台采油厂成立了唯一一座女子采油站——兴 11 站。全队 12 名女工，管理着 35 口油气水井，面对油井数量多、管理难度大、安全环保责任重等诸多挑战，队员们传承老一辈女子采油队“创业不让须眉，传承追求卓越”的队训，攻克了一个又一个难题，年年超额完成各项生产业绩指标，获得了全国“五一巾帼标兵岗”、辽宁省“巾帼文明岗”、辽河油田公司“十佳女职工标兵岗”等多项殊荣。

2012 年 9 月 21 日，面对助力辽河油田千万吨稳产的重任，兴采厂恢复女子采油队建制，开启了征服古潜山的新征程。作为油田公司产量规模最大的基层采油队，女子采油队担负着当时兴采厂四分之一的油气生产任务。面对兴古潜山区块油藏复杂、开采技术先进、管理难度大的特点，队员们发扬新时期“铁姑娘”精神（即铁一般的信念，红心向党为国兴油；铁一般的担当，勇挑重担唯旗誓夺；铁一般的品格，矢志不渝坚韧不催），精心打造潜山“一井一策”工程，制定出兴古潜山五精管理法和安全生产三三三四工作法，将女子采油队建成了当时辽河油田产量最高、效益最好、吨油成本最低的采油站队，将兴古潜山区块年产量递减率持续保持在 20% 以内，始终低于国际同类油藏。

女子采油队恢复组建以来，先后获得中国石油先进基层党组织，全国妇女联合会巾帼文明岗等荣誉称号。在建党百年之际，被评为中国石油基层党建“百面红旗”和“中央企业先进基层党组织”荣誉称号。2021 年 7 月 12 日，国资委党委召开“两优一先”表彰大会，时任党支部书记李维祎代表百万石油工人在表彰大会上发言。

女子采油队所辖兴 60 站，先后获得全国工人先锋号，中央企业团工委青年文明号，中国石油 HSE 标准化班站、中国石油质量信得过班组等荣誉称号。

（二）文化阵地轶事

1. 指导员的第一个夜班

在女子采油队，苦累关不难过，最难过的是恐惧关。指导员陈静荣第一个值夜班，便下定决心把全队的五个站都跑一遍，既是查岗，也是对大家的心理安抚。晚上十一点陈静荣拿着手电筒，带着一把螺丝刀防身，便出发去兴 25 站。走在大坝上，天漆黑漆黑的，伸手不见五指，大坝下面一边是哗哗流淌的河水，一边是没有收割的芦苇，风一吹沙沙作响，心里真是害怕。就这样提心吊胆地走了一个多小时才到兴 25 站，接着又鼓起勇气一口气走了两个小时到了兴 10 站。从兴 10 站去往兴 13 站时，已经是凌晨 3 点多，兴 13 站坐落在稻田地里，远离大路，四周漆黑一片，只能在稻田埂上深一脚浅一脚地走。之后，又从兴 13 站去往兴 11 站，终于在早上 6 点走进兴 11 站，大家都关切地问："指导员，你害怕吗？"陈静荣笑着说："开始怕，后来就不怕了"。陈静荣一个人从晚上 11 点走到早上 6 点，在茫茫荒野里走了 20 多千米路，跑遍了所有管辖采油站，这一夜她几十年始终难忘。

2."这点儿困难都过不了，不配做女子采油队队员"

1977 年 11 月的一天，家住曙光的王育民和三个姐妹，为了上零点班，中午吃过午饭，四人就早早地出发。当时油田条件非常艰苦，不用说班车，连交通车都没有。她们上班只能靠运气在路上拦截时而过往的车辆搭乘。可走了一个下午，也没有一辆车。慢慢夜幕降临，寒风刺骨，她们只走了三分之一的路程，见没希望搭车了，泪水在眼睛里打转。于是王育民站出来坚定地说："姐妹们还记得吗，我们都听过王进喜的故事，敬佩他、学习他，可是要发扬他的精神可不只是口号，我们今天就要用实际行动证明我们也是'小铁人'，现在我们拦截不到车，我们是继续赶路去上零点班，还是退缩回家暖暖的睡觉？"三个姐妹眼中放着光芒，异口同声地说："这点儿困难都过不了，就不配做女子采油队队员！我们不但要往前走，而且一定要在交接班前赶到。"于是四个姐妹手挽着手，冬月寒夜中大步前行。

有了这样的精神，就没有完不成的任务，一直走到 22 点多，从曙光走到了兴隆台队部，零点班按时交接，没耽误一分一秒。

3. 没人戴的“大红花”

“戴花要戴大红花，骑马要骑千里马”。女子采油队成立五年，年年都被评为先进单位，1977 年荣获了石油化学工业部红旗标杆队荣誉称号。获得荣誉是件好事，戴上大红花登台领奖更是无上荣光，但每次谁去参加表彰大会却成了女子采油队的难题，因为队干部们总是见荣誉就让。一次，指导员陈静荣指派沈斌代表女子队参加表彰会，把大红花递到她手上时，她说什么也不接，还把大红花扔到了床上，陈静荣又气又急，忍不住哭了。从那以后，队上有了一个不成文的规定，就是大家轮流戴红花参加表彰会。

4. 姐妹齐心抗风雪

2007 年 3 月 4 日，盘锦地区遭遇了 56 年未遇的暴风雪，皑皑白雪笼罩着整个油区，给生产生活带来了诸多不便，女子采油站员工未雨绸缪，与暴风雪展开了一场较量。

女子采油站提早启动了《暴风雪应对预案》，组织兴 11 站员工用塑料布对抽油机电机和配电柜进行包裹。因为有了充分的准备，使得该区在这次暴风雪中未损坏一台电机，无一口井因人为原因造成停井，无一条管线因气温骤降造成冻堵，是全厂遭受损失最小的生产单位。

为了确保自喷井的正常生产，韩忠恒和吕平兵分两路，带领姐妹按时对 2 口自喷井进行了清蜡，为了保证其他员工的安全，站长韩忠恒身先士卒，冒着风雪爬上清蜡爬杆，亲自清蜡。平时清蜡只需三四十分钟，可是在这恶劣的天气下需要一个小时左右的时间，她们并没有因为天气的恶劣而减少清蜡次数，反而将每天清蜡 5 次改为每天清蜡 7 次，并且更加细心地对待每一口井，保质保量地完成了清蜡任务。针对极度降温天气，女员工们积极采取有效措施，组织人力对出水严重的气井加密加药替喷次数，每次加药员工都要顶着风雪拎上 50 斤重的药桶，走上一二百米，即使这样也没有一个员工说一句怨言。她们不顾劳累，还利用生产“碎片”时间，清扫进站道路和拉油井场，以最快的速度将暴雪的影响降到了最低。

5. 一人，一站，一年

随着刚性减员，女子采油队的员工越来越少，针对短期没有接替人员的问题，队班子不等不靠，积极做员工的思想工作，这便有了一人、一站、一年的故事。

兴 11 站管辖的面积广，井数多，井场分散，人员调整后 3 个人的活都集中到了邱明月的身上。年近退休的她毫无怨言地承担起重任，扛起了这份孤独。一个小自行车上插满工具，一个小背包里装着水杯、记录本，一身红装写满无限的坚守。巡井一趟需要 1 个半小时，每天 4 趟，一趟足足有 4 千米。每次检查 22 台抽油机的 220 个点位，记录 87 个压力数据，观察 22 台炉火和 4 个气包。她还要填写近 200 条数据报表，用时两个小时。她用女性的坚韧与细致守护了油井的生命。

6. 党支部吹响逆行“冲锋号”

2020 年开年不久，新冠肺炎疫情和低油价接踵而至。石油是生产口罩等防疫物资的重要原料之一，多生产一吨油就是多为抗击疫情出一份力。女子采油队党支部一面全力以赴夺油上产，一面发扬老一辈女子采油队过“紧日子”的精神，召开提质增效动员会，集思广益提质增效的好方法。

党支部提出，越是紧要关头，越要大力弘扬女子采油队精神，继承发扬艰苦创业年代的革命干劲、拼命精神，以一流的工作标准、一流的工作质量，把“熬冬”变成“冬训”。春节期间，由于站上一部分人员被隔离，无法保证正常的倒班人员顶岗。兴60站女工韩珊珊不得不离开3岁的孩子，一个人顶班半个月，执着的坚守保证了站上安全生产正常运行。

防疫上产两不误，提质增效见行动。党支部提出了“生产管理精细化、班组成本分析全员化、降本增效项目化”的管理理念，带领员工过紧日子，让降本增效责任落实到班组、落实到个人。号召年轻党员不忘当年老女子采油队创业艰难历程，发扬“铁姑娘”精神，面对低油价形势，坚定信念、吃苦奉献、感恩企业，从“等米下锅”变成“粗粮细作”，认真做好提质增效工作，开展“*N*+1+1”协同创效载体活动。就这样，女子采油队党支部在低油价寒冬中，发动全员像持家一样管理班站，共开展长停井放压收气、水井收油帽等提质增效项目10个，挖潜创效587万元，切实把“紧日子”过成了“好日子”。

（三）文化阵地建设

2021年7月12日，国资委党委召开“两优一先”表彰大会，时任女子采油队党支部书记李维祎代表百万石油工人在大会上发言。会后，兴采厂党委向全厂各级党组织和广大党员干部员工发起向女子采油队党支部学习的号召。为了更好传承女子采油队光荣传统，进一步发扬“铁姑娘”精神，决定重建女子采油队队史馆。

2021年7月，队史馆开始筹建，通过系统梳理女子采油队历史，征集老物件，并先后几次邀请老队员参与座谈讨论，最终确定修建方案并组织施工，于2022年6月竣工完成。

队史馆展陈面积160平方米，以女子采油队的故事时间轴为主线，以辽河油田、兴采厂相应各时期的发展历史为辅线，以女子采油队的精神传承为主脉，记录了几代女子采油队队员的奋斗历程和骄人业绩。分为创业篇（艰苦创业－为油奉献的信念）、敬业篇（爱岗敬业－播撒精神的火种）、立业篇（实干立业－薪火传承绽芳华）、兴业篇（拼搏立业－踏上兴油新征程）四个篇章。

2022年，队史馆被兴采厂命名“党员学习教育阵地”，并入选辽河油田石油精神教育基地，被辽河油田兴隆台油区关心下一代工作委员会授予“青少年石油传统教育基地”。

三、主要成效

女子采油队队史馆作为辽河油田石油精神教育基地，辽河油田展示“石油精神”的标志性纪念场所，兴采厂“一地三井一园两馆”精品文化阵地之一，充分发挥文化阵地教育作用。前后两处队史馆建成七年多来，先后迎接中国石油相关部门、驻辽地区兄弟单位、省市行业单位以及高校实践团、大中院校学生等不同群体参观活动400余场次，参观人数覆盖5000余人次。成为辽河油区传承石油精神的教育基地，企事业单位了解油田发展的一张名片，青少年“知家乡、爱家乡”新的打卡地。

厂党委高度重视文化阵地的引领和导向作用。坚持以教育为先导、以实践为根基、以育人为目标，开展学习交流、主题党日等形式多样的队史教育，把站队文化逐步渗透到经营管理全过程，把“奉献拼搏 兴油报国”的兴油精神渗透到了生产、经营和管理的各个环节。将队史馆打造成为员工石油优良传统和理想信念教育的平台，成为弘扬石油精神、展示企业文化的前沿阵地，让队史教育滋润员工们的心田。

撰稿人：李维祎　王兴岩　图片提供：宋立功　齐放

欢喜岭采油厂齐 5 号站

一、背景起因

辽河油田公司欢喜岭采油厂（简称欢采）采油作业三区齐 5 号站位于齐 40 块蒸汽驱中心地带，1987 年建站，是该区块投产最早、产量最高的采油站，至今已累计生产原油 116.2 万吨。现有员工 58 名，管理 105 口油井，日产油 120 吨。荣获中国安全协会安全标准化示范班组、中国能源化学系统“工人先锋号”、全国“安康杯”优秀班站、辽宁省“青年文明号”、中国石油天然气集团有限公司采油站 HSE 管理模板试点单位、稠油开发先导示范站、辽河油田公司铁人先锋号等 30 多项荣誉。2008 年，作为中国石油重大开发实验项目——齐 40 块蒸汽驱先导站改扩建后，在缺少管理经验、油井高温高压、高含水和高硫化氢等多重困难下，曾任站长、中华技能大奖获得者赵奇峰赓续石油精神血脉，创新实施安全生产系统化、精细管理具体化、技能培训需求化、提质增效常态化、团队建设人性化“五化管理法”，为老油田稳产创效做出了突出贡献，形成“敬业奉献、苦练求精、创新超越”的奇峰精神。2020 年建立赵奇峰荣誉室，2022 年 4 月被命名为辽河油田公司首批“石油精神教育基地”，多次迎接各级领导和兄弟单位的参观调研。

二、主要做法

（一）安全生产系统化，提升自主管控能力

1. 注重意识养成，实现我要安全

该站依靠养成式教育，紧紧抓住“人”这个核心安全要素，坚持全员重视安全、逢会必讲安全、季节转化提示安全、工作安排突出安全，引导全员从思

想上主动学习；坚持理念法规宣贯，采取学习简报、制作宣传板、线上答题等多元化宣传方式，让员工主动适应规章制度；坚持每周2次案例分析，对标查和改，使“我要安全”成为行动自觉。资料员王丽君在“全员写风险”活动中，辨识岗位风险47个，安全管控能力得到进一步提升。

2. 注重流程约束，实现我想安全

实施“1133”管理法，严格按照安全流程约束作业过程。每项工作开始前进行1分钟安全提示，提示操作规程注意事项和安全防护措施到位，降低人为误操作风险；开展1分钟风险辨识，深刻分析操作过程中存在风险，有效规避；每项工作结束后进行3分钟工作评价，对标剖析操作过程中是否存在偏差，避免类似问题重复出现；每天利用3分钟纠正习惯性违章，管理人员现场纠正、员工间互相提醒，确保操作过程安全可控。安全监督员韩海涛“案例话安全”，现场纠正员工习惯性违章34次。

3. 注重理念目视，实现我保安全

在每个岗位设立“属地管理对标牌”，将安全理念和生产流程做成标识粘贴在醒目位置，党员毛伟“创意画安全”，粉刷粘贴“安全色环”130多条，员工一看到就知道危险因素是什么，应该做什么、怎么做、做到什么标准。坚持培育行为文化，让安全理念、安全经验、行为规范潜移默化地成为行动指南，时刻提醒员工按照操作规程去巡检操作，不断提高自我防范意识和操作技能。员工马娇“找茬讲安全”，随手拍隐患42个，录制标准交接班视频在全区共享。

（二）精细管理具体化，夯实稳产上产基础

1. 精准油井计量，实现产量稳定

该站堪称“石油百科”的赵奇峰对标油井管理“四个三”方法，以低产井和出砂井为重点开展精细管理。在低产井维护挖潜上，推行网格化管理，单井专人承包、月度量化考核，确保措施见效；在出砂井管理上，总结出“三减一稳”管理法，即减少停抽时间、减少停抽频率、减少设备故障、平稳控制套压，防止地层集中出砂，躺井率下降了75%，增油300余吨。管井工杨志一人承包12口油井，每天带着计量结果到井口核实产量和含水变化，发现产量下降及时采取碰泵洗井措施，确保每口井健康生产。

2. 精细设备管理，提高生产效率

建立设备保养台账，适时调整保养计划，严格按照“十字”作业法（清洁、润滑、紧固、调整和防腐）常态化机泵保养，在每周例保、每月必保的基础上，实行“高产井突击保、低产井随时保、作业井重点保”，保证设备保养率、合格率100%。同时，加强设备检测力度，形成针对性问题整改清单销项处理，机泵运行效率提高了3.62%。副站长张振利用高压电路检修、油井大修等时机，集中人力开展会战，粉刷抽油机18台，保养机泵4台，为上产劳动竞赛抢得了先机。

（三）技能培训需求化，带出学有所用人才

1. 开设“午间小课堂”

该站以全国技术能手、石油工匠赵奇峰为导师，每周二利用午休时间组织员工集中学习技能知识，采取快问快答、“讨论＋总结”等办法提高学习效率；每周四在训练场开展“迷你”技能对抗赛，验收本周学习成果，保证所学皆所

得。青年员工毛伟、盛东梅等在辽河油田公司、采油厂技术比赛中取得优异成绩，荣获技术标兵、技术能手等称号。

2. 开展“导师带徒”活动

该站根据员工的技能水平分档定级，采取“老带新”“高带低”方式，坚持每周培训 1 次、每月考核 1 次、每季度调档 1 次、随时线上答疑解惑，关键部位操作要领手把手地教、面对面地学，实现教学相长，培养出全国安全协会安全标准化示范班组优秀班组长姜芳、辽宁省职业技能竞赛金牌林平平、优秀选手王艳军等一批技能人才。

3. 开展“岗位解难题”活动

坚持问题导向，利用每天下班前十分钟，全员共同分析当天发生、发现的问题，油井和设备管理上的难点、重点，在讨论中找出问题原因、理清解决思路、逐点制定对策，以知识和经验共享推动问题解决。员工李全斌研制的减速箱堵漏技术，有效解决了抽油机漏机油造成的安全环保问题，在全厂范围内推广使用。

（四）提质增效常态化，拓展成本挖潜空间

1.“三全”理念形成群体意识导向

为将班组成本分析活动落到实处，该站发挥石油工匠赵奇峰的带头作用，牢固树立“全员增强意识、全面实行管控、全过程精打细算”的理念，根据岗位特点，定目标、定措施、定写实。“定目标”就是每名在岗员工根据不同岗位、不同技术水平制定相应目标；“定措施”就是根据成本产生项目类别，细化出 6 项具体措施；“定写实”就是组织员工每日如实记录提质增效工作情况及效果，通过“旬分析、月总结、季交流”，让“自己能干的活自己干”成为员工行动自觉。

2.“三降”举措推进成本有效管控

该站将作业费、水电气费、材料费作为关键点，对标压缩成本。在降作业费上，重点开展断卡井治理，总结出“1 个平稳、2 个及时、3 个减少、4 个加强”防卡井对策，有效延长油井生产时间；在降水电气费和材料费上，提出“把水阀门紧一紧、把耗电量控一控、把用气量减一减、把材料费降一降”管

理方法，节约费用 100 多万元。

3.“三提升”模式深挖潜力空间

该站深入剖析生产管理指标对标对比情况，重点提升泵效、检泵周期、检泵率。在提升泵效上，每月进行一次油井潜力分析，合理调整油井生产参数，泵效提高 2 个百分点；在提升检泵周期上，通过个性化“一井一策”、强化深井泵的日常维护管理，检泵周期延长 22 天；在提升自主维修能力上，组织成立了以赵奇峰为技术督导的自主维修小分队，自修掺油表、气表、闸门、光杆密封器等设备 400 余个，创效 10.78 万元。

（五）团队建设人性化，延续石油精神血脉

1. 奇峰精神聚人心

该站把弘扬石油精神和大庆精神铁人精神作为使命，以老站长赵奇峰为榜样，建立赵奇峰荣誉室，内容包含赵奇峰的成长历程、奇峰精神、管理八法，展示经验成果、媒体聚焦和殷切关怀等，激励着员工立志做最好的采油工，每项工作都倾注全部的热情，秉承“油稠人不愁、奉献争一流”“知道，更要做到”团队理念，以实际行动践行辽河精神、欢采精神，用满腔热情诠释

“加油增气、欢喜幸福”的价值追求。齐 5 号站门口“三老四严、苦干实干”八个鲜红的大字已经成为全员思想主脉和行为标尺。

2.“3+X”实践启人心

与基层班站建设相结合，开展“3+X”实践活动。在党员中开展“三亮三比四争做”岗位实践，通过亮身份、亮承诺、亮标准，立起党员标杆；通过比学习、比进步、比服务，树起党员形象；通过“我的岗位我知道，争做爱岗上进人；我的岗位我练兵，争做技术过硬人；我的岗位我负责，争做安全放心人；我的岗位我献策，争做挖潜创效人”，把员工群众带起来，以观念转变推动全员实践。

3. 民主管理聚人心

该站以“两个落实”为着力点深入推进民主管理，提振员工士气，凝聚队伍向心力，为完成生产经营业绩提供强劲动力。落实站务“八公开”，在食堂设立站务公开栏，实时公开员工考勤、食堂账目、评优选先等方面情况，充分保证员工知情权、参与权和监督权；落实经常性民主管理，干部镶嵌进班组，畅通民主管理渠道，急员工所急、想员工所想，真正为员工排忧解难。

4. 人文关怀暖人心

该站开展“话担当、讲制度、强对标、重实干、提水平”系列活动，采取设立小课堂、进行小播报、制作小视频、开设小专栏、全员小创作等“五小”方式推动形势任务教育深入开展。在小伙房设立“采三之声”广播站，在电视上播放宣讲视频，在班车上用音箱播放“采三之声”小广播，让主题教育、法治教育深植员工心中。当员工过生日时，送上一碗长寿面，播放生日快乐歌送祝福，贴心又暖心，进一步增强了员工归属感和责任感。

三、主要成效

（一）典型引领

依托赵奇峰荣誉室，发挥全国劳动模范的示范引领作用，实施阶梯式培养模式，精心培育高素质人才。截至2023年，已实施“1+*N*”师徒9对，先后培养出辽宁省“五一”劳动奖章获得者马超、全国安全标准化示范班组长姜芳，林平平、王艳军晋升为高级技师，朱闯、毛伟晋升为技师，李全斌、张振成为厂创新标兵。全站员工立足岗位作贡献，成为辽河油田公司首批安全自主管理示范班站。

（二）经济效益

围绕生产管理的重点难点问题，开展技术攻关、技改革新、降本增效等活动，先后完成“盘根盒防喷压盖”“一种防干磨、防漏油光杆密封器润滑装置”等创新成果36项，有9项成果在全厂推广应用，解决生产难题23项，创效3000余万元，通过成本管控和自主维修节约费用130万元。

（三）社会效益

切实担负起齐40块蒸汽驱采油大站的责任使命，创新实施“电流防砂法”“组合注汽防窜法”等管理妙招，确保老区块油气增产增效。针对蒸汽驱高硫化氢问题，改进脱硫剂配方，使得伴生气排放达国际标准，实现了企业低碳绿色生产。发挥“石油精神教育基地”作用，将班站管理作为精神传承有形表达，让石油印记成为“活教材”，引导干部员工厚植“兴油为国、为国兴油”的无私情怀，树立了石油班组良好形象。

撰稿人：张国昌　图片提供：刘海

沈阳采油厂沈 1 井

一、背景起因

沈阳采油厂（简称沈采）位于东北最大的工业城市——沈阳市西北 35 千米处，是中国石油辽河油田公司重要的油气生产单位，也是国内外开发规模最大、现代化程度最高的高凝油油田。

沈阳油田位于辽河断陷盆地大民屯凹陷，1971 年开始勘探开发，1984 年 4 月建厂，1991 年产量达到最高峰 302 万吨。沈阳油田油藏类型多而复杂，油品性质为高凝固点、高含蜡、低硫、低胶质的石蜡基原油，原油凝固点最高为 67℃，最低为 37℃，常温下即呈固态。

建厂以来，几代沈采人践行着“我为祖国献石油”的核心价值观，艰苦创业，团结拼搏，为国家创造了巨大的物质财富。为进一步弘扬大庆精神铁人精神，按照辽河油田公司党委弘扬辽河精神工作部署，结合沈阳油田半个世纪来的发展历程和文化积淀，以沈阳油田开发建设的第一口井“沈 1 井”为基础，创建了沈阳采油厂企业文化教育基地。

沈 1 井的实施拉开了沈阳油田勘探开发的序幕。从那时起，几代石油人“三上沈北”接

续奋斗，形成了“凝聚 拼搏 崇先 超越”的高凝油精神，彰显了沈采人“我为祖国献石油”的责任与担当。

二、主要做法

（一）历史沿革

沈阳西北有两条河，一条是蒲河，一条是巨流河。几百口“油井”分布在两河之间的沃野之上。这，就是沈阳油田，也是石油人口里的沈北。1955 年地质部松辽物探队对沈阳—鞍山一带进行了普查。1956 年开始对大民屯地堑进行综合物探普查。1964 年石油工业部物探局物探三大队对大民屯地区进行了地震勘探。勘探初步认定，大民屯凹陷存在。1970 年，石油工业部开始对巨流河流域大民屯凹陷展开全面地震勘探，拉开了沈阳油田勘探开发的序幕。

为准确揭示大民屯凹陷的地质情况和含油气远景，1971 年 3 月 22 日，石油工业部三二二油田（辽河油田前身）钻井团成立了以王子正为组长的沈阳勘探小组。几辆解放牌大卡车载着 32205 队和 32204 队两个钻井队从百千米以外的盘锦开赴沈北。钻井队工人们蹲坐在卡车后斗上，一阵阵的西北风吹起漫天沙尘。经过一天的颠簸，豪情万丈的石油汉个个腰腿酸痛，满身灰尘。

三二二油田钻井团所属的 32204 队和 32205 队两个钻井队在凹陷内静安堡和大民屯开始钻探，井号定名为沈 2 井和沈 1 井。7 月 13 日，32205 队所钻的沈 1 井正常完井，在射开 2303.1 ~ 2009.0 米井段的 4.6 米地层试油时，用提捞方式获得了低产油流，证实了大民屯凹陷有油气储藏。沈 1 井所获原油，物性特殊，其凝固点为 55 ℃，含蜡量高达 49.74%。32204 队所钻的沈 2 井钻探中未发现良好的油气显示。

根据沈 1 井钻探结果，32204 队于 1971 年 9 月调到大民屯以南的腰岗子地区钻沈 5 井，沈 5 井完钻后，在对 1489.8 ~ 1553.0 米井段厚 9 米的地层试油时，获得了大民屯探区第一个间喷油层。关井 68 小时，用 8 毫米油嘴控制放喷，油井可喷 2 小时零 10 分，一次产油 525 吨、气 2000 多立方米。原油性质与沈 1 井不同，相对密度为 0.8397，黏度 4.75 毫帕·秒，凝固点 26℃，含蜡 13.59%，属常见原油。在以后的试油中，又在 1316.8 ~ 1320.6 米及 1188.2 ~ 1236.0 米井段分别获得工业气流。

沈 1 井、沈 2 井、沈 5 井的钻探资料表明：大民屯凹陷是一个十分有利于油、气生成和储集的盆地。特别是大民屯—腰岗子—前当铺一带具有良好的油气资源生、储、盖组合条件，是一个含油前景广阔的构造带。

在原沈阳勘探处（原三二二油田沈阳勘探指挥部演变而成）1973 年地质工作年报中曾总结道："大民屯凹陷蕴藏有较丰富的油气资源，是一个小而肥的含油气盆地""大民屯凹陷的原油中高含蜡是一个特点"。随着对大民屯凹陷含油前景评价高，勘探工作进一步发展。1974 年原沈阳勘探处指挥部集中了由长庆油田、江汉油田及原沈阳勘探处人组成的 7000 多名职工会战沈阳探区。

1971 年 3 月到 1983 年 10 月，石油勇士们三上沈北，在名不见经传的沈北，建成了国内外开发规模最大、现代化程度最高的高凝油油田。

（二）案例

在沈北，还有许多 50 年前参加"下辽河"石油会战，目前平均年龄已达七八十岁高龄的老工人、老党员。走近他们，你会发现这些"油一代"的英雄们，依然保持着最为朴素的生命本色，虽然他们中间有的已经弓腰驼背，有的已经两鬓苍苍。谈笑间，当年的爬冰卧雪、人拉肩扛、吃的苦、遭的罪，以不疾、不徐、不怨、不艾的语调缓缓道来，即便如此，之于倾听者而言，无异于"惊涛拍岸"大有"于无声处听惊雷"之感。然后，除了震撼就是敬畏。

时任 32205 队的副指导员张凤志讲述了这段往事。

俺那时候，在 32205 队当副指导员。到沈北大民屯打的第一口井，沈 1 井。这沈 1 井也是沈阳油田的第一口井。沈 1 井，"五一"开钻。唐克，当时的石油化学工业部部长亲自来剪的彩。那场面搞得很隆重，又是红旗，又是鞭炮，热闹得很。

1971 年 3 月 25 日到的大民屯，是上午。俺记得清清楚楚，俺为啥记得这么清楚，因为那时的沈北，地已经开化，从驻地到井场，全是土路。“翻浆”知道吧，路面经车一压直冒水，就像“搓衣板”一样。车辆进不去，设备就上不去，咋办？人拉肩扛。用爬犁拽，用人抬，都是大铁家伙，像蚂蚁搬家似的。要不 3 月份到了，等五一才开钻呢。

沈北不比盘锦，风大、干燥。冬天刺骨，春天眯眼。刚到沈北的时候，个个灰头土脸，身上油渍麻花，造得像小鬼似的。说实在的，就连当地的老百姓都瞧不起咱。都说咱是“油鬼子”，那时候在当地就流传这样一句话：“远看像逃荒的，近看像要饭的，走近一问才知是找油的”。

俺们那个时候，干的绝对是重体力劳动。在几十米高的井架之上一站就是一天，上吨重的钻杆要用大虎钳子搬来搬去，没有力气怎么能行。那时，生活物资全国都很紧张，买啥都得凭票供应，哪里像现在这样，鸡鸭鱼肉，大米白面，应有尽有。当时，井队职工，一线的每人每月限定供应豆油半斤，二线的每人每月限额豆油二两。猪肉，一线钻工每人每月二斤半，二线的一斤半，主食，粗细粮搭配，以高粱米、苞米馇子为主，白面很少。吃顿包子、饺子都相当困难。为了能让一线工人吃点好的，我还是千方百计去找了新民县政府，希望能尽量多采购一些蔬菜和米面。

俺再给你说说住，住哪里？住帐篷，全是帐篷。大野地里，找个比较高的地势，用帆布围上一圈，搭上十几顶，就是家了。冬天的时候，小西北风一刮，早晨起来，被子上一层霜。俺在沈北打了 6 年的井，住了六年的帐篷。井打在哪里就在哪里安营扎寨，哪怕是冰天雪地上。有一年的冬天，井位就安在了一个水泡子上，大伙找了一块比较平整的冰面，在冰面上扬了一些沙子，用帆布坐地支起了一个窝。为了取暖，就在帐篷里架上一个地炉子，炉子上放盆水，早上起来一看，炉子不见了，光剩一个水盆，水盆里结了一层这么老厚的冰。

夏天的时候，太阳一晒，那帐篷还能不透？俺住帐篷，大白天都不敢开留缝，沈北的蚊子黢黑，个头也大，冷不丁地就会被咬上一口；晚上更别提了，蚊子像唱戏似的，哪能睡得着。整个夏天，帐篷里除了热就是闷，然后就是蚊子、臭虫、苍蝇全来了，那罪遭得，甭提了。

那年月，上下班，无论男女都挤在大篷车上，夏天还好说，冬天可就遭老罪了。何谓“大篷车”？“大篷车”就是老解放牌汽车。汽车的后兜上搭个帆布篷子，车厢里铺上稻草，大伙往上面一躺。汽车在冰天雪地里一开就是一个多小时，雪下得太大，路况还不清，经常有车轮打滑，大家都得踏着没膝的雪反复探路，几百根成吨的油管全靠人抬肩扛施工作业，鞋子、裤腿都冻成冰“铠甲”，眉毛和胡须都结了霜，耳朵都能冻掉喽，等下班回家，脚冻得又疼又痒，像猫挠了一样，但是没有人叫苦，没有人后退，而且没有休息、没有假期，日复一日年复一年。

就是在这样的条件下，大民屯凹陷的第一批探井沈 1 井胜利开钻。从驻地到井场，全是土路，车辆一压直冒水，根本进不去。车进不去，设备就上不去。没有吊车，那么多重型设备怎么办？人拉肩扛，用人抬，用爬犁拽。石油工人们硬是蚂蚁搬家似的将几十吨重的钻井设备搬到了井场。两个钻井队从队伍组建、设备配套、长途搬迁、设备安装到一次开钻，仅仅用了 20 天。

（三）文化阵地建设

1. 高凝油之星

“渊源共生、星火相传、绽放风华”的高凝油之星，高 5.5 米，以黑色钻石为原型，寓意着沈阳采油厂开发建设半个世纪来，始终传承和弘扬大庆精神铁人精神，淬炼和升华“凝聚　拼搏　崇先　超越”高凝油精神，赓续时代精神、凝聚磅礴力量、永耀璀璨星光。

2. 沈 1 井原址

沈 1 井，是沈阳油田勘探开发的第一口探井，于 1971 年 3 月 22 日开钻，完钻井深 2700 米。该井经历四次试油，于 2006 年 5 月 15 日压裂后投产，初期日产油 6.5 吨，累计产油 262 吨，累计产水 203 立方米。2008 年 2 月关井。

3. 高凝油精神的形象墙正面

在石油精神的感召下，在辽河油田精神的鼓舞下，翻开沈阳油田半个世纪开发建设的磅礴画卷，一代又一代的沈阳采油厂人凝聚拼搏崇先超越，经受

住了创业、改革与发展的考验，攻克了高凝油开采的一个个难关，创造了高凝油开发的一段段传奇。

该雕塑长10米，高3米，寓意着以三代石油人艰苦创业、追求卓越为蓝图，在沈阳采油厂建厂30多年来，表现了从创业初期的肩扛绳拽，到如今物联网的投入使用，一个个抽油机应运而生，一座座采油井站拔地而起，寓意着沈阳采油厂正朝向高质量发展稳步迈进。

4. 高凝油精神的形象墙背面

形象墙背面是我们大家都熟悉的大民屯构造图。它是按照实物比例进行还原的，采用水泥造型，外喷真石漆进行彩绘，形象地描绘了边台区块和法哈牛区块等，正是这些区块的高效开发，才保证了沈阳采油厂的高质量发展。

三、主要成效

“沈1井”企业文化教育基地的建设，见证了一代又一代沈阳采油厂人从三上沈北的探索艰辛到如今重上百万吨的光辉历程，是重要的文化阵地，也是进行爱国主义教育和石油工业优良作风教育的生动教材。

沈1井企业文化教育基地建成以来，多次迎接党员干部参观学习。切身感受老一辈石油人坚守“我为祖国献石油”的初心、战天斗地的豪情和气魄，让红色内涵更加生动、红色精神更具活力。在大庆精神铁人精神的感召下，教育引导广大干部员工始终秉承“凝聚 拼搏 崇先 超越”的高凝油精神，了解石油人背后鲜为人知的艰辛，懂得石油人对梦想的追求与执着。

“沈1井”企业文化教育基地，展现了沈阳油田建厂39年来，沈阳采油厂党委坚持守正创新导向，加强沈阳采油厂特色高凝油文化建设，推动实施文化引领战略举措，充分发挥以文弘业、以文培元、以文立心、以文铸魂作用，筑牢共同思想基础，凝聚干事创业、攻坚克难的强大合力。不仅成为对广大干部员工进行石油工业光荣传统和理想信念教育的生动课堂，同时也是对外传播企业文化、展现企业形象的重要平台和窗口。

勤劳勇敢的沈阳油田人孜孜不倦地探寻着石油河的奥秘，齐心协力地推动着一段历史向前，凭借着对党、对国家、对石油的无限忠诚，必将会以满腔的热血和赤诚、大写的责任与担当，厚植“接续百万吨稳产、创建一流采油厂”发展根基，为辽河油田高质量发展贡献沈采力量！

撰稿人：张博　尹建国

扫码观看视频

高升采油厂注汽四站

一、背景起因

薪火相传忆初心，奋楫扬帆启新程。高升采油厂（简称高采）热注作业区注汽四站位于台安县大台子村境内，于1987年建成并投入运行，主要为高3618区块注入蒸汽，对地下稠油进行加热补能，增加地下原油流动性，提高采收率。热注作业区注汽四站因有“李国才”锅炉、1980年引进美国休斯敦锅炉和为全国稠油热采培养一大批技术人才而轰动全国。又因当时吸引了一大批外国稠油热采专家前来参考学习而在世界上也享有盛名。目前，该站现有员工13人，管理着一台19.5MPa日本川崎锅炉和一台19.5MPa美国休斯敦锅炉。截至2023年7月，共完成注汽量360万吨，安全运行约1.3万天。

1975年9月，在辽宁省盘山县高升镇发现了世界上罕见的深层稠油油田——高升油田。一经发现，便被石油化学工业部定性为全国第一个储量过亿，面积近20平方千米的整装全境稠油油田，地下原油中胶质和沥青含量在50%以上，油井深度大都在1800米以上，原油黏度和开采难度相当大，素有“油稠，人更愁”一说。

热力采油，落子辽河。由于井深、油稠和流动性差等原因，油井自喷期短、产量低。高升油田开始了步履艰难的稠油开采试验探索。1978年3月，“李国才”锅炉进行稠油开采，初见成效，在高1506井实施蒸汽吞吐试验首获成功，日产油11吨，拉开了高升油田稠油热采的序幕。1980年后，因高升油层较深，“李国才”锅炉因注气压力原因退出历史舞台。1980年引进美国休斯敦锅炉，并组织科技力量对技术进行消化、吸收和创新。1982年9月，高1506井实施蒸汽吞吐试验首获成功，平均日产油150吨，引起了石油工业部、辽河油田党委的高度重视。美国、加拿大等外国热采稠油专家也纷沓而来进行深层稠油热采研究。

技术有成，名誉油城。1985 年底，高升油田建成全国最大的稠油开采基地，是辽河油田集稀油、稠油和高凝油于一身的多种类油品生产基地，曾被誉为“出稠油、出人才、出经验”的摇篮，是中国最早最正规开发的稠油油田。成为石油工业部稠油开采试验“三出”基地，是其他油田和辽河内部学习交流的阵地。由美国休斯敦锅炉培养出的一批人才和设备接连地从高采分流出去，近有兴隆台采油厂、曙光采油厂和欢喜岭采油厂等兄弟单位，远到大庆油田、胜利油田、华北油田、大港油田和塔里木油田等各大油田，处处都有高采注汽人的汗水和印记。

历史见证，勠力同心。注汽四站作为全国“出稠油、出人才、出经验”的稠油开采试验基地，先后迎接过余秋里、康世恩等多位领导的视察。同时，站内保存完好并仍在运行的美国休斯敦锅炉和日本川崎锅炉，凝结了一代代辽河油田热注人的智慧与汗水，见证了中国第一个最大稠油开采基地——高升油田持续发展壮大的辉煌历程。

二、主要做法

注汽四站管理着两台锅炉，一台是日本川崎注汽锅炉于 1988 年引进，另一台是美国休斯敦注汽锅炉于 1980 年引进。美国休斯敦注汽锅炉是全国第一台投运成功的进口稠油开发锅炉，如今已投产使用四十多年了。注汽锅炉常规使用期限为 10 年，但我们的设备依然能够肩负起逐年递增的生产任务，履职尽责，砥砺前行，这是技术的改革和创新争来的，更是注汽人的坚守和传承换来的。这里是注汽事业的发祥地，这里有注汽人的优良传统，也有现代化的新理念。两台注汽锅炉是注汽四站人的“传家宝”，员工们忙时围着设备转，精心呵护保养，闲时潜心研究新技术，思考新方法。

（一）“四查两监督”设备管理法使注汽四站基层基础工作卓有成效

经过长期的工作积累，注汽四站总结提炼出“四查两监督”管理方法。即一查设备运行、二查人员状态、三查资料录取、四查岗位练兵，实行安全环保监督和油品管理监督。为保证两台“元老级”设备焕发“青春活力”，长期以来，该站本着“勤维护、勤保养、勤检修”的原则，提出“小检修代替大维修”的设备管理理念，始终坚持“检查及时，保养到位，维修彻底，参数准确”的十六字方针，实行专人管理和专项考核，对锅炉易损部位定期进行清洁、润滑、调整、紧固和防腐，对柱塞泵轴瓦、安全阀和变频器等关键部位进行专项保养，实现了日常维护与专项保养的有机结合。由于精心维护，该站的两台设备完好率始终保持在98%以上，处于良好、稳定的运行状态。目前，该站年注汽能力为20万吨，为作业区全面完成全年生产指标做出积极贡献。

（二）“共产党员工程”活动的开展发挥了注汽四站共产党员积极的示范和导向作用

根据注汽锅炉设备重要部件易损耗的实际，注汽四站在全区率先将岗位责任制、设备承包责任制直接细化落实到人，把设备划分成11个区块，确定每块的承包人，由站上民主管理小组制定考核标准按月考核。为了充分发挥共产党员的示范和导向作用，开展了“共产党员承包重点设备工程”活动。将设备运行中易损耗的重要部位，如柱塞泵、空压机和燃油系统等，交由站上三名共产党员进行承包。在注汽四站的燃油系统改造升

级过程中，为了保证系统安全高效运行，站长共产党员李德斌主动承担任务，就提升班站管理水平、促进班站标准化建设和提高队伍整体素质等方面进行立项，相继开展了优秀共产党员责任区和共产党员示范岗活动。把美国休斯敦注汽锅炉设备列为“红旗”设备，选树了副站长张力为优秀共产党员示范岗。注汽四站“创三优”活动的扎实开展，为身边的群众做出了表率，岗位员工真切感受到共产党员在生产建设中的重要作用，从而带动全体员工真抓实干，使设备管理工作再上新台阶。

（三）“六定四色旗”特色管理法使注汽四站设备管理工作提档升级

针对管理的两台设备老化严重实际，注汽四站总结归纳出“六定四色旗”设备管理法。六定为：一定管理人，把资产设备以细账的实物进行系统分配按照员工的工作岗位、工作能力不同，分别承包到个人。二定管理职责，按照属地管理、直线责任的要求，确定各管理人员在资产、设备、安全环保等方面的相应职责。三定维护保养计划主要内容为设备管理的“十字”作业（清洁、紧固、润滑、调整、防腐）、“五定”润滑法（定人、定质、定点、定量、定期检测）、报警试验及炉膛检查法等保制度。四定维护保养时间，逐级开展日常保养、月度保养、强制养和停炉后保养，发现安全隐患，及时落实整改。五定检查内容和时间，制定资产设备的详细检查评定标准每季度进行一次综合检查考核。六定检查评比办法，按照检查评分标准进行打分，设定优秀、合格、不及格三档分数线，相应颁发“红旗、绿旗、蓝旗”，对出现运行否决项、设备大型事故、资产案件的颁发“黄旗”。此项管理办法经过实际操作，使班站设备管理更加规范化和制度化，同时得到了作业区高度认同。经过进一步完善，“六定四色旗”资产设备管理制度已经在作业区全面推广实施。

（四）“一岗多能”人才培养成为注汽四站持续发展的不竭动力

注汽四站把培养“知识型”“技能型”员工作为提升班站工作水平的重要举措。站长和技术骨干利用工余时间组织大家在一起学技术、比操作，并把近期工作重点、注意事项都融入培训中，结合现场实际操作进行讲解，提高了员工的实际操作水平和应变反应能力。采取“你问我答”“我答他评”的练兵方式，使员工在轻松愉快的氛围中增长了业务知识。为了促进全站员工技术水平的共同提高，开展了“名师带高徒”“一帮一、结对子”的帮带活动，形成了师父带徒弟、高级工带初级工、技术骨干带新员工等模式，使员工的技术素质得到有效提升。

（五）“制度上墙”常看常思成为注汽四站责任落实的有力保障

一直以来，注汽四站都将学习各类规章制度作为一项长期性工作来抓，坚持每月组织职工进行一次专项学习，内容涵盖作业区以及高升采油厂出台的各项规章制度，结合自身的工作实际，开展批评与自我批评，最终目的就是要把各项制度执行好、落实好。近年来，作业区实行了《员工挂牌上岗制度》，其目的是展示热注员工精神风貌，同时便于监督和管理。工作中，注汽四站积极引用竞争机制去激励员工，让他们在日常工作中也能感受到竞争的压力，产生创优的动力。通过竞争，使他们在枯燥的工作中感受乐趣，体现自身价值。同时站内厂房、设备和站区环境分别划分成12个区块，实行定人定位承包，做到明确分工，让每名职工都肩负责任。坚持每周检查，当月评比，并及时进行公布和点评，让职工及时发现自己工作中的不足之处，进行整改。季度兑现的时候，对表现好的给予奖励，没有达到要求的，给予一定的经济处罚。对表现好的同志，推荐为作业区每季一星。将照片和事迹摆在显眼位置，让每一名员工都能看到。这些做法的实施，有效增强了职工的竞争意识，无论是在设备管理方面，还是在站区环境治理方面，都得到了明显的提高。

（六）“蒸汽文化”走进职工心中成为注汽四站的传承使命

注汽人时刻秉持着老一辈石油人艰苦朴素、勤劳勇敢、爱岗如家、甘于奉献的优良作风，努力把传承注汽精神与深化改革创新相结合，紧随时代步伐，与时俱进，创新管理理念和工作方法，逐渐形成了独具特色的“蒸汽”文化。高温高压的蒸汽在管网中有序流动，恰似注汽人勤勉工作的高涨热情、砥砺前行的不竭动力、奋勇争先的精气神儿。近年来，注汽四站人在维护保养设备的同时，持续将完善设备与推进高质量注汽相融合，立足实际，自发研究的“防蒸汽倒流改造”“缩短锅炉启炉时间”“锅炉点火安全性的研究与应用”等一系列技术成果，应用到锅炉上，提高运行时率和工作效率，保障生产连续性，提升注汽质量，延长设备使用寿命，使之焕发新的活力与生机。

三、主要成效

高升采油厂把注汽四站作为“薪火相传”的“蒸汽”文化教育基地，每年新来的毕业生、新转岗的员工轮训实习的第一站就是这里，让他们接受最纯粹的思想教育和精神洗礼。每年都将老员工、退休员工请回家，在此开展“薪火相传”活动，诸如：重走创业路、新老员工交流会、典型事迹故事会等，旨在追忆三十多年前的艰苦岁月，鼓励新员工继往开来，激发干事创业热情。

注汽四站先后荣获辽河油田公司“先进班站”“先进注汽站”和中国石油天然气集团有限公司“先进班组”等荣誉。2019 年，该站入选辽河油田公司石油精神展示体验线路，作为科技创新领域第一个基层站队，展示生生不息的辽河精神。

撰稿人：张楠

金海文化展厅

一、背景起因

金海采油厂于2016年3月由原金马油田开发公司和原浅海石油开发公司重组成立，是辽河油田一家集辽河盆地陆上、滩海油气开发为一体的采油生产单位，地跨盘锦、鞍山、锦州和营口4市。

企业文化是企业的灵魂。原金马油田开发公司在生产经营过程中，构建了“严格要求、科学管理、亲情关爱”的主题安全文化，将安全文化作为提升安全管理的有效支撑，推动了公司安全可持续发展。原浅海石油开发公司形成了“红海滩”文化，提炼了以“执着、凝聚、火红”为基本特征的“红碱草”精神，成为助推浅海石油开发公司发展的精神支撑。重组整合后，金海采油厂

坚持陆海开发并进，大力弘扬和传承石油精神，形成了独具特色的企业文化，这份宝贵的精神财富为金海采油厂高质量发展持续注入强大动力。

2022年，金海采油厂党委认真贯彻落实习近平总书记重要指示批示精神，深化石油精神和大庆精神铁人精神再学习再教育再实践，突出“景井相融、游油并举”，建成石油精神教育基地——金海文化展厅。金海文化展厅基地位于金海采油厂采油作业三区前线，而金海采油厂采油作业三区是辽河油田向滩海进军的最早发源地，地处中国最北海岸线、5A级国家级自然保护区红海滩风景廊道，有着深厚的历史传承和文化积淀，近年来成为辽河油田打造文化品牌的重要阵地之一。

二、主要做法及效果

（一）展厅内容

金海文化展厅于2022年底建成，坐落于辽宁省盘锦市大洼区，展厅面积约160平方米，内容以弘扬石油精神和大庆精神铁人精神为主线，系统再现辽河油田开发建设历程，全面呈现金海采油厂改革发展进程，高度展现陆上和滩海油田的特色企业文化脉络。

进入金海文化展厅，首先映入眼帘的是“我为祖国献石油”七个大字，这是石油工人心向党，始终牢记的初心使命。它的前面是习近平总书记提出的“能源的饭碗必须端在自己手里”重要指示精神，激励着我们在保障国家能源安全的最前线勇毅前行、加油增气。

展厅第一部分重点阐释了石油精神和大庆精神铁人精神。通过大庆油田、塔里木油田和长庆油田等会战照片，形象展示了石油精神“苦干实干”“三老四严”的核心。建党100周年期间，人民日报整版宣传了大庆精神是中国共产党精神谱系之一。铁人精神，不仅有“老铁人”王进喜，还有铁人精神的传承者王启民。展厅还摆放了1944年毛泽东同志为石油战线第一任厂长陈振夏题词“埋头苦干”四个大字的照片，这四个字，激励着一代又一代的石油儿女不忘为祖国献石油的初心。

展厅第二部分，用了一整面西墙的内容回望辽河油田的发展历程。几代

石油人大力弘扬石油精神和大庆精神铁人精神，在昔日辽宁“南大荒”，书写了“创业、创新、创优、创效”的奋斗篇章。这部分内容通过查阅大量历史资料、拜访老石油人，最终用28张老照片和一组近三年来的重要成就呈现出辽河油田50多年的发展历程。电子屏幕上，通过一组照片，展现了辽河油田公司新征程上的新业绩。2022年9月19日，辽河油田公司第三次党代会召开，“三篇文章”发展路径、“两个阶段三步走”布局、“六项战略工程”举措更加明确。“千万吨油田稳产”收获新成效、“百亿方气库建设”实现新跨越、“外围区效益上产”开辟新天地、“党建提升工程”赋予新动能、“人才强企工程”打造新高度、“创新驱动工程”取得新突破、“提质增效工程”迈上新台阶、“绿色低碳工程”跑出新速度、“民生改善工程”开创新境界。

北墙用一组组老照片重温了原金马油田开发公司与原浅海石油开发公司在改革发展中牵手同行的征程。从初创时的筚路蓝缕，到新征途的改革创新，发展永无止境，奋斗未有穷期。金海采油厂在陆海开发建设的历史积淀和石油精神苦干实干的精神传承中，凝聚形成了独具特色的企业文化，积累了宝贵的精神财富，为金海采油厂高质量发展注入了强大的内生动力。

北墙东半面和东墙通过图文并茂、企业荣誉、各级关怀和媒体聚焦等板

块，展现了金海采油厂近年来的发展成绩。展厅开放半年来，累计接待油田内外观展 120 多场次，共计 2300 余人次，得到参观者的充分肯定。

（二）主要做法

金海采油厂党委立足强化石油文化认同，积极践行“一家人、一家亲、一条心、一盘棋”理念，推进油地文化融合，统筹规划石油文化展示线路，培育“景井相融、游油并举”的湿地 + 石油文化，让石油精神、辽河油田文化走向社会公众，打造油地和谐发展典范。注重将石油先进文化融入生产经营全过程，引导全员自觉践行文化理念，将文化优势转化为发展优势。

1. 红心向党，强根铸魂

金海采油厂党委坚持以习近平新时代中国特色社会主义思想为引领，把持续深化石油精神和大庆精神铁人精神再学习再教育再实践同学习习近平总书记对中国石油和中国石油相关工作的重要指示批示精神相结合、同深入开展党的二十大精神宣传学习教育相结合、同“转观念、勇担当、新征程、创一流”主题教育相结合，引导全体干部员工增强“四个意识”、坚定“四个自信”、做到“两个维护”。传承“石油工人心向党”红色基因，持之以恒抓基层、固根本，把推进党建“三基本”建设与“三基”工作有机融合，通过党建联盟、党员先锋工程创建、计分制管理等，共同推动“解困扭亏”“压舱石”等重点工作，“把方向、管大局、保落实”的作用得到有力发挥。

2. 奉献能源，绿色发展

注重将石油先进文化融入生产经营全过程，引导全员自觉践行文化理念，将文化优势转化为发展优势。坚决落实辽河油田公司“三篇文章”和“六项战略工程”，按照“新老并举、常非并重、陆海并进、油气并增”工作思路，全力推动海外河老油田“压舱石”工程，多措并举助推海外河油田时隔 5 年日产油重上 7 字头；充分挖掘滩海潜力，加大海上非常规油气勘探开发力度；加快推进新能源项目建设，目前已建成光伏发电装机规模 4.6 兆瓦。全面践行“两山理念”，坚持“在开发中保护，在保护中开发”，严守生态环境保护政策，打造绿色低碳示范油田样板。严抓“意识养成、责任目标、规程操作、制度执行、点源控制、措施防范”六大方面。小洼油田 2021 年入选辽宁省绿色矿山。

3. 民生改善，人企共赢

坚持把员工对美好生活的向往，作为金海采油厂发展的最大动力。推进改善民生“四心”工程，建立员工职业健康档案、关爱员工饮食健康、构建立体式精准帮扶格局，有效解决员工群众急难愁盼问题。加强治安维稳信访工作，深化法治教育，2022年实现“零犯罪”。推进“双序列”改革，在辽河油田公司采油单位率先实施第二批次选聘，专业技术人才队伍结构更加合理。落实“石油名匠”培育计划，定向培养海上采油、热注运行和维修电工，扩大高技能人才储备。注重人才输出，助力大庆油田采油九厂稠油热采项目顺利投运，鼓励赴长庆油田外闯市场，打造金海采油厂人才品牌。

三、主要效果

金海采油厂注重将石油先进文化融入生产经营全过程，引导全员自觉践行文化理念，将文化优势转化为发展优势。

（一）凝心聚力不观望

发扬思想政治工作“两抓”的优良传统，深化员工思想状况问卷调查成果应用，把影响高质量发展的思想问题找准，引导干部员工勇于开展自我观念革命、机制举措革命和效益提升革命，以观念大转变引领改革大突破和管理大提升。高标准确立全年生产经营目标任务，专题研究、专班推进油气上产、预算管控、提质增效、新型作业区建设、新能源发展、海外河老油田“压舱石”工程等一批重点事项，牢牢锁定产量根本、效益核心、安全首责、党建引领与稳定基础。

（二）拼搏进取不懈怠

发扬“两论”起家、“两分法”前进的优良传统，把大庆精神铁人精神及会战优良传统深植于心、固化于制、外化于行，融入油气生产、经营管理、深化改革、提质增效、党的建设和队伍建设等各个方面，坚持效率优先及“早、简、优、新”工作理念，以海外河“压舱石”工程为引领，精细刻画重点油藏综合治理，全力加快新井投入组织运行。围绕新海27块厚层状底水稠油油藏做文章，不断强化深度二次开发技术攻关，精准量化剩余油分布，创新小井距、短支水平井开发模式，有效提升新井增产效果，截至2023年，该区块新增产能4900吨。

（三）担当作为不退缩

发扬“三个面向、五到现场”的优良传统，领导干部把提质增效作为磨刀石、试金石，强化担当意识，盯着问题上，抓住重点干。以“新井提质效、天然气综合利用、洼一联优化运行”等八大重点工程为重点，制定提质增效专项行动实施方案，以项目化管理方式，综合实施15个系统36个项目105条措施，千方百计控投资、降成本、保效益。通过坚持内部创新，优化生产运行，强化预算管控，深化人力资源，减少“六外”支出，实现桶油完全成本、生产运行成本、操作成本等得到有效控制。

撰稿人：姚棋文　图片提供：李浩

扫码观看视频

茨榆坨采油厂文建明注水站

一、背景起因

茨榆坨采油厂（简称茨采）的前身是沈阳勘探指挥部设在茨榆坨地区的采油大队，1983 年 11 月 1 日正式建厂，历经分开分立、重组改制、区块并入与转出等多次重大改革，创造出三次腾飞的光辉业绩。茨榆坨采油厂于 1985 年油气当量达到最高峰 126.7 万吨，1997 年达到第二次高峰 69.9 万吨，2020 年达到第三次高峰 49.9 万吨，产量三落三起，铸就了扎根贫瘠、自强不息的顽强品质，孕育了攻坚啃硬、团结奋战的精神风采。

茨榆坨采油厂现有注水站 5 座，其中，文建明注水站建于 1990 年，原名茨三注，2006 年被辽河油田公司设为企业文化示范点，2007 年以时任站长文

建明名字命名为“文建明注水站”。该站现有员工 8 人，管理各类注水设备 18 台，主要担负着茨 13 稠油区块和茨 34 稠油区块共 20 口注水井的供水任务，是辽河油田唯一一座以员工名字命名的注水站。

多年来，该站始终以“注水工作不掺水”为工作准则和底线，坚持注好水、注够水，传承发扬文建明“管理十法”。平凡铸就不平凡，新时代文建明注水站人继承发扬“精细实”文化内涵，不断深化“抓学习要钻得进，干工作要扎得准，查问题要盯得牢”的“钉子精神”和“做一块棉纱，就要勇于脏了自己，擦亮别人”的“棉纱精神”。员工亲手绘制的 11 幅党史文化墙、安全警示画，赋予时代内涵的文化展示，吸引了 4 家单位、6 批次数百名党员参观学习。2017 年，该站被评为辽宁省“青年文明号”，平均每年接待参观 500 余人次，2022 年被列为辽河油田公司首批“石油精神教育基地”。

二、文化内涵及主要做法

“精细实”文化是“劳模精神”“工匠精神”在茨榆坨采油厂高质量发展中的生动实践，是推动管理水平不断提升的内生动力，锻造了拼搏奋斗、争创一流、勇攀高峰的茨采脊梁，诠释了坚守平凡创造非凡的崇高理想。

老站长文建明秉持“把日常工作做精、把重点工作做细、把平凡工作做实”的工作理念，凭借“四熟、五精、十法”，带领员工走出了一条老站精细化管理的新路，站内三台大隆泵累计运转 24 万小时，超过 19 个大修期免修，书写了一段“厂家倒闭泵还在平稳运转”的佳话，创造了从“指缝里”硬是省出一座注水站的奇迹。新站长卞勇接过文建明的衣钵，从“干巴巴”的日常工作中摸出新门道，创新实践出了适应新时期、新设备、新要求的注水站日常管理“新五

法”，文建明注水站的设备管理、技术革新、挖潜创效和站容站貌节节攀升，坚持小活不出站，“文注闲不住”是卞勇响亮的绰号，更是以站为家的真实写照。

“精细实”的文建明注水站精神，是茨采人始终坚持向管理要质量、要效益、要发展的价值追求，是茨采人爱厂如家、甘于奉献、精益求精的责任担当，成为了茨榆坨采油厂的独特标志。

（一）文建明注水站管理法

文建明注水站管理法是文建明带领员工，从注水工作实践中不断摸索、积累和总结出来的管理方法，包括“四熟、五精”工作原则和文建明注水站管理十法，文建明的徒弟现任站长卞勇摸索出的注水站日常管理“新五法”。

1.“四熟五精”工作原则

四熟：工艺流程熟、地下管网熟、设备性能熟、注水动态熟。

五精：管理方法精、保养过程精、操作技能精、成本控制精、五小建设精。

2. 文建明注水站管理十法

（1）“一听二看三查四整改”设备巡检法；

（2）“观、闻、听、摸”设备故障判断法；

（3）“润滑油“三级过滤法；

（4）优化“注水系统参数法”；

（5）动态控制泵压法；

（6）过滤罐动态反洗法；

（7）“三勤二换一及时”设备保养法；

（8）轴承连接“帆布拉筋法”；

（9）柱塞“点滴润滑冷却法”；

（10）巧用黄油、矿泉水瓶防锈法。

3. 注水站日常管理“新五法”

（1）微调螺丝紧度法；

（2）便捷更换油封法；

（3）动态调整泵压法；

（4）优化原厂填料法；

（5）阀体二次利用法。

【案例 1】 文建明从事注水工作 22 年，但自己做事、做人、管理却从不掺水；22 年来，他专心致志，只为做好注水站管理这一件事；22 年来，他把注水站看作自己的家，把自己当作家的主人，把苦与乐熔铸在岗位，在平凡的岗位上快乐地工作着！

“播下一个行动，将收获一种习惯；播下一种习惯，将收获一种性格”。只有小学文化的文建明在设备维护保养的过程中养成了“脚不停、四处转，眼不停、细心看，脑不停、琢磨干，手不停、勤实践”的习惯。注水泵是注水站的心脏，文建明管理注水泵有“三精”。管理方法精：通过潜心研究设备管理，他制定了“一听、二看、三查、四整改”设备管理法、柱塞“点滴润滑冷却”法；保养过程精：他推出了润滑油“三级过滤”法、“三勤二换一及时”设备保养法；操作技能精：他总结的“观、闻、听、摸”设备故障判断法，使全站员工都成为了优秀的“注水泵医生”。多年来，他摸索、总结、应用的“四熟、五精、十法”管理绝招，不仅使设备的完好率、优秀率、注水合格率始终保持在 100%，有效保证了安全生产，还大大延长了设备的使用寿命；他精心维护保养的三台“大隆泵”，已累计运转近 24 万小时，实现 19 个大修期免修，被称为“超期服役”的“老爷泵”。有人问起管理注水站的学问时，文建明说：“关键是一不怕麻烦，二不怕吃苦！”

22 年来，文建明用善于发现的眼睛和一双闲不住的手，粗活细干，小事精做，凭着一股不做好不罢休的韧劲儿，硬是把平凡的工作做到了极致。

文建明常说："厂里成本压力大，作为一名党员，就要带头精打细算，只有想不到的，没有办不到的；哪里深挖细抠，哪里就会有效益！"就是在这样一个平凡的小站，文建明带领员工靠精细管理，累计节约各种成本费用 500 多万元，相当于又节约了一座注水站。

文建明建议实施的优化"注水系统参数"法，通过更换不同直径柱塞，实现 3 台泵额定排量的合理分配，并根据区块注水量的需求选择合适的注水泵注水，平均每天节电 1100 千瓦时，年节电费 25 万元。自 2003 年以来累计节约电费达 175 万元；提出的"动态控制泵压"法，累计节电 30 万元；实施的"过滤罐动态反洗法"年节约水费 1.8 万元，2004 年以来共节约水费 11 万元；发明的反洗罐充水沉降反洗法，18 年节约滤料及人工成本 32 万元；发明的供水泵轴承连接"帆布拉筋"法，每年节约电机轴承材料费近万元……

【案例 2】 文建明从设备的点滴细节入手，始终用心拨打着注水站精细管理的"小算盘"。

打黄油、加齿轮油是站上的常见活儿，文建明注水站的员工绝不是缺多少就补多少，而是每次都先把黑色的老油、旧油全部挤替干净，再加注新油；刷漆、除锈是站上的简单事儿，文建明注水站的员工为了保证螺丝不被锈蚀，注水设备上千余颗螺丝都是用锉打亮后再涂上油；为了使站内外闸门"轴见亮，沟见底"，他们用透明的矿泉水瓶剪掉瓶口，粘在裸露闸门的丝杠和压帽上，不仅防止闸门受风吹雨淋，还不影响开关；夏天，为防止"大隆泵"泵头因"出汗"而锈蚀，他们每天都在泵头上抹黄油或变压器油。该站设备运行 22 年，没更换过一个泵头，仅这一项就节约成本 90 万元。在站上，文建明还有一个爱不

释手的“百宝箱”，小到2毫米、3毫米大到36毫米的各种螺栓、螺母、垫片和钢圈一应俱全。这些零件有的是他利用工余时间捡回来的，有的是他在维修时换下来的。这些年站里节约设备维修费和材料费14万多元，他的“百宝箱”可谓功不可没。

“注水站就是我的第二个家，家就要有个家样。”文建明是这样说的，也是这样做的。他一直把站上的事当成自己家里的事，像照顾孩子一样尽职尽责地维护每台设备，像家长一样尽心尽力地关爱每名员工，像珍惜至宝一样时刻看护着站里的一砖一瓦、一草一木。

文建明注水站不仅室内的地面、设备光亮如新，就连室外的地砖也干净整洁，10多年来一直保持完好未换过；站内错落有致栽种的山楂、苹果、樱桃和梨等果树，不仅美化了环境，新鲜水果还让员工大饱口福；站门口四株16年树龄的金银花，是他从老家安徽坐火车背回来的，现早已成为小站的风景树；小绿地里整齐栽种着各式各样的时令蔬菜，总能让员工吃到新鲜绿色的有机菜。小伙房黑板上的菜谱也是他精心设计的，既荤素搭配又营养健康；每当有员工过生日时，他都会送上生日贺卡和蛋糕，让员工感受到家的温馨。

【案例3】 文建明，22年如一日地在平凡的岗位上创造着不平凡，把简单的事情做得不简单!

2008年10月4日，因消化道严重出血被送进医院的文建明，经过了一整夜的紧张抢救，终于脱离了生命危险，然而，他醒来后的第一件事却是打电话到站上，安排起当天要干的工作！接到师父的电话，徒弟卞勇激动得哽咽了……今年4月以来，积劳成疾的文建明又相继三次住进医院。躺在病床上，他还多次通过电话向员工咨询工作进展，向前去医院探望他的领导汇报工作想法。妻子心疼地说：“这么多年他始终把站当家一样，我和孩子们都习惯了，只要他心里有我们，就够了！”

22年来，文建明一直这样全身心地扑在工作上，累计义务献工15000小时，用22年的时间干30年的活儿!

22年来，他所管理的注水站共获得中华全国总工会“工人先锋号”、中国石油天然气集团有限公司“先进班组”等荣誉38项，他个人共获得全国“五一劳动奖章”，辽宁省“五一劳动奖章”“优秀班组长”，中国石油天然气集团有限公司“优秀共产党员”，茨榆坨采油厂“特殊贡献员工”等荣誉45项……

虽然做着普通而平实的工作，却有着一颗快乐而充实的内心、一种朴素而高尚的人格、一份平凡而伟大的追求！

虽没有铁人轰轰烈烈、惊天动地的伟业，但他却用一件件没有浮夸和渲染的平凡小事演绎着“爱岗敬业，求实奉献”的铁人精神！更时刻以“精细实”的精神引领着茨采厂干部员工奋进在高质量发展的新征程上。

三、主要效果

一枝独秀不是春，百花齐放春满园！在“精细实”文化引领下，茨榆坨采油厂四十载创业史孕育出了深厚的文化底蕴和众多的先进事迹、典型人物。

（一）班站先锋——四计

创新推出螺杆泵管理法，使有效生产时率达98%以上，平均检泵周期高达1362天。

（二）英雄团队——地质研究所

“破”掉大型整装油藏幻想，“立”起微构造成藏模式，2017—2019年，新增石油地质储量1550多万吨，占整个辽河油田的五分之一。

（三）荣获辽宁省五一劳动奖状

茨榆坨采油厂在辽河油田千万吨持续稳产的新征程中，始终秉持“党政融合”思路，深入实施党建创新模式，助推勘探开发成效显著，斩获辽宁省五一劳动奖状。

（四）勇闯禁区的勘探先锋——隋金栋

成功实现诸多勘探区域的新突破，助推一批“小而肥”的石油宝藏璀璨出世，为茨采厂的长远发展筑牢了资源基础。

（五）勤勉耕耘的地质先锋——田圣风

成功部署或参与部署滚动探井、产能井500余口，产油80万吨，增储上产16个区块，增加可采储量383万吨。

（六）业精于勤的管理行家——张春华

坚持“超前预判、提早沟通、同步保障、及时追责”的16字管理原则，确保了日常生产有序、高效、平稳运行。

（七）见义勇为的英雄司机——王东

奋不顾身、舍己救人，钻入油箱破裂、随时可能爆炸的大货车，与两名同事一道将3名伤者一一救出。

（八）继承创新的青年表率——卞勇

作为文建明的徒弟，在继承“四熟五精”工作原则和管理十法的基础上，不断融合创新，实践推出“新五法”，在传承中蓄势待发，在发扬中不断超越。

以“精细实”文化引领推动企业高质量发展实践中，广大干部员工管理水平与企业治理能力水平逐步攀升，“企兴我荣”的氛围越发浓厚。在特大洪水、世纪疫情灾害面前，茨采人发出“产量减士气不能减、规模降斗志不能降”“规模越小越要精细化、形势越困难越要团结担当”的响亮口号。厂小亦求贡献大，近几年，面对严峻的生产形势，茨榆坨采油厂接连取得油气双增、质效双升的良好生产经营业绩，实现9年来首次账面盈利，职工收入更以每年5%的比例稳步提升。“高质量五十万吨新茨采”奋斗目标、“12345”工作思路和“小而精、规模增、多元化”的前进路径，茨榆坨采油厂再次开启了第四次腾飞的新征程。

撰稿人：潘麒　阮文俊　魏连金　卞勇

勘探开发研究院稠油热采试验大厅

一、背景起因

稠油热采试验大厅于 1990 年开始建设，2014 年 8 月建成，面积约 300 平方米，是国家能源稠（重）油开采研发中心、中国石油天然气集团有限公司稠油开采先导试验基地、辽宁省油气勘探开发专业技术创新中心的重要组成部分。肩负着稠油热采基础实验平台建设、热采核心技术攻关、低成本前沿技术探索、高端人才培养和对外合作交流等重要职责。一直以来紧密围绕制约稠（重）油开采的关键和前沿问题开展技术攻关，旨在提升自主创新能力和核心竞争力，引领和支撑行业领域技术创新和产业发展，为保障国家能源安全、带动区域经济发展提供坚强的支撑。稠油热采试验大厅目前拥有研究人员 19 人，其中教授级高级工程师 1 人，高级工程师 6 人，工程师 6 人。

科技人员经过多年拼搏，稠油热采试验大厅自主研制了“火烧油层比例物理模拟系统”等多套稠油热采重大、标志性装置，打造了 5 个基础创新平台，可开展稠油蒸汽吞吐、蒸汽驱、SAGD、火驱及多介质复合驱等技术研究和关键技术研发，有效支撑了“辽河、新疆稠油 / 超稠油开发技术示范工程”等国家重大科技专项研究。近年来获得省部级以上科技进步奖 2 项，获得授权国家发明专利 4 件，制修订国家、行业标准 8 项，为辽河油田建成中深层稠油蒸汽驱、SAGD、火烧油层 3 个国家级示范工程，为年产稠油 600 万吨奠定坚实基础。2022 年，稠油热采试验大厅被命名为辽河油田公司“石油精神教育基地”。

二、主要内容

（一）稠（重）油热采三“chuang”文化

（1）稠（重）油热采的“闯”将。即发挥科学家精神，锐意进取，不断突破“长脖子”技术，勇闯科技制高点，推动引领国内稠油技术发展。

（2）试验现场驱动的“创”客。即深入实施创新驱动发展战略，积极探索科技成果转化新理念、新途径、新方式，加大成果转移转化和推广应用，助力油田高质量发展。

（3）辽河油田特色技术的“窗口”。即广泛开展国际合作和学术交流，集中展示辽河油田蒸汽驱、SAGD、火驱等稠油热采特色技术有形化载体，全力提升品牌技术输出能力。

形成背景：稠油热采试验技术从无到有、勇于赶超、创建一流，结合辽河稠油特点自主创新的试验设备一直被模仿、从未被超越，整体试验技术处于国际先进水平，为国家能源稠（重）油开采研发中心落地辽河油田做出了突出贡献。

基本理念：科学、创新、敬业、担当。

科学——实验室的创建、发展、试验技术研究等，都离不开科学的方法和科学家精神。

创新——热采试验探索一路艰辛，就是依靠不断创新、不断打破常规，突破“卡脖子”技术的创新过程，未来也将继续依靠创新实现更好发展。

敬业——科研人员在自己的工作岗位上，兢兢业业、加油增气，充分展示“我的岗位我负责、我在岗位您放心”的敬业精神。

担当——科研人员怀着“我为祖国献石油”的豪迈气概、战胜一切困难的大无畏精神，勇挑重担，爱岗尽责，处处体现勇于担当的作风。

（二）历史沿革

1989 年 10 月，科学技术研究院（现辽河油田勘探开发研究院）将开发试验室的采收率试验职能划出，成立采收率试验研究室，稠油热采试验大厅隶属于采收率试验研究室。

1993 年 7 月，稠油热采试验大厅隶属于试验技术研究所采收率试验研究室。

2009 年 11 月，研究院成立稠油热采试验室，稠油热采试验大厅隶属于稠油热采试验室。

2017 年 3 月，稠油热采试验大厅隶属于勘探开发试验中心稠油开发试验室。

2020 年 2 月，稠油热采试验大厅隶属于稠（重）油研发试验中心。

2023 年 6 月，稠油热采试验大厅隶属于稠油开发所。

稠油热采试验大厅具有代表性的自主创新装备有多功能高温高压三维比例物理模拟系统和火烧油层比例物理模拟系统。

多功能高温高压三维比例物理模拟系统

火烧油层比例物理模拟系统

（三）稠油开采试验研究历程

1995 年，陈永忠、关文龙等开展了“曙光油田杜 66 块蒸汽驱注采井网物理模拟研究”，优化了杜 163 块蒸汽驱注采井网和注汽过程中的注汽参数。

1996 年，张勇等开展了“曹台潜山油藏热水 / 碱水驱驱油效率试验研究”，了解了曹台潜山油藏热水 / 碱水驱的特征，以及温度对驱油效率的影响。

1997 年，刘其成、刘志惠、刘宝良等开展了“稠油热采储层研究”，通过对辽河油田齐 40 块、杜 66 块、雷 46 块和锦 99 块等多个稠油区块开展动、静态物理模拟研究，形成了热采储层敏感性评价技术。

1998 年，关文龙、田利等开展了“杜 84 块超稠油水平裂缝蒸汽辅助重力泄油物模研究”，了解了杜 84 块超稠油水平裂缝蒸汽辅助重力泄油的机理和生产特征。

2000 年，刘其成等开展了“洼 38 块氮气泡沫驱适应性研究”，通过对氮气泡沫剂的筛选、注入参数的优化及数值模拟的研究，开发指标的评价及不同开发方式的对比，得到了适合洼 38 块氮气泡沫驱的表面活性剂。

2002 年，张勇、段永旭等开展了“冷 43 块复合气段塞水驱物理模拟研究”，主要进行了复合气驱油机理研究、复合气段塞水驱泡沫剂评价、复合气注入方式和注入参数优选等工作。

2003 年，刘其成、马春红等开展了“超稠油流动机理探讨与规律研究”，开展了超稠油管输流动特征研究及机理探讨，确定了超稠油实现管输的技术条件，为现场超稠油管输工艺的完善、科学的实施与推广提供技术指导。

2004 年，张鹰、张勇等开展了“洼 38 块组合式吞吐物理模拟研究”，主要进行了常规继续吞吐、同注同采、一注多采物理模拟试验。

2005 年，刘其成、赵庆辉、于涛、刘宝良、张勇等开展了“杜 84 块馆陶油层直井与水平井组合蒸汽辅助重力泄油（SAGD）物理模拟试验研究”，根据杜 84 块馆陶油藏实际，推导了描述蒸汽吞吐、蒸汽驱和 SAGD 全过程相似理论。

2007 年，张勇、孙士强、彭旭、孙而杰等开展了“杜 84 块兴 VI 油组 SAGD 物理模拟研究”，利用高温高压三维比例物理模型描述了超稠油油藏 SAGD 的开发过程，认识直井—水平井组合，以及双水平井组合 SAGD 开发过程中各生产阶段的特征和开采机理，预测了现场实施效果。

2008 年，刘宝良、蔡庆华、潘攀、高阳等开展了“薄层倾角油藏双水平井 SAGD 物模研究”，通过二维比例物理模拟实验认识了薄层倾角油藏双水平井 SAGD 生产特征及地层倾角、水平井组合方式和注汽速度对薄层双水平井 SAGD 开发效果的影响。

2009 年，张勇、程海清、孙士强、彭旭等开展了“火烧油层采油机理与物理模拟研究”，创建了火烧油层相似理论，建立了火烧油层物理模拟试验方法，通过室内物理模拟试验，认识了火烧油层驱油机理及油气性质变化规律。

2020 年，刘其成、赵庆辉、程海清、张勇等开展了“高 3–6–18 块直平组合火驱室内实验研究”，为国内首次成功开展的全生命周期直平组合火驱大型三维实验，对深化水平井牵引火线、驱泄复合开采机理，建立预热、火线培育、注采配置等操作界限，探索水平井注水蒸气防火窜、注采排关系优化控火线、生产直井两侧直井扩波及等调控策略，指导高 3–6–18 块先导试验，具有重要意义。

（四）专家风采

1. 企业高级专家刘其成

刘其成，中共党员，正高级工程师。1989 年 7 月毕业于中国石油大学采油工程专业，2011 年 7 月于东北石油大学石油与天然气工程专业毕业并获工学博士学位。曾先后担任辽河油田勘探开发研究院室主任、副所长、所长、副总工程师、总工程师，稠油开采先导试验基地稠油开发试验技术研究中心副主任，国家能源稠（重）油开采研发中心稠油勘探开发技术研究中心主任等职务，现任企业高级专家。

工作 34 年来，刘其成为辽河油田实验技术的进步作出了卓越贡献。在他的主导下，辽河油田自主创新的系列实验理论、手段和方法，攻克了稠油超稠油开发中不断出现的难题，部分成果处于国际领先水平，推动了中深层稠油超稠油技术走出辽河油田、走向世界。

“关键技术不能受制于人，我们必须要发展自己的实验室。”

刘其成在实验攻关领域摸爬滚打多年，深知基础研究的重要性。“辽河油田实验技术研发不能萎缩，关键技术不能受制于人，我们必须要发展自己的

实验室，提升自己的核心竞争力。”刘其成说，“企业要重视基础研究工作，让实验室嵌入企业发展的脉搏。”

2006 年 6 月，在辽河油田公司的大力支持下，刘其成牵头编制方案，申请把辽河油田稠油热采实验室建设成中国石油天然气集团有限公司级重点实验室。2008 年 3 月，稠油开采先导试验基地成为中国石油天然气股份有限公司第一批 20 家实验室或试验基地中首家通过考核评估的单位。

鉴于辽河油田在热采试验领域的丰富经验和特色技术，2013 年 2 月，中国石油天然气集团有限公司推荐辽河油田公司建设国家稠（重）油开采研发中心。

时间紧、标准高，刘其成把自己和几个室主任关在一间会议室里，二十四小时不回家，仅用一周时间完成方案编制并分别向辽河油田公司、中国石油天然气集团有限公司汇报，均一次性通过审查。两周之后向国家能源局分管领导汇报，也是一次性通过审查。

在刘其成的主导下，辽河油田还编制、修订国家、行业和中国石油企业标准超过 50 项，其中国家、行业标准超过 40 项。

从试验理论到试验装备、从试验装备到试验方法，从基础薄弱到世界领先，每一套装备的研制、每一项理论的创新，每一项方法的建立，都凝结着刘其成的心血和汗水。

辽河油田热采试验技术奠基人之一、原勘探开发研究院副总工程师万仲谋曾这样评价刘其成：“辽河油田热采试验终于后继有人了！”并对刘其成动情地说道：“你们这些年干得不错！”

“一个个试验取得成功，是科研人员最幸福的事情！”

“刘总干工作特别认真、执着。”辽河油田勘探开发研究院二级工程师程海清说。

在程海清的印象中，每台设备的研制、每个方案的编制，刘其成都要组织反复研讨磋商，每个方案都要改很多稿。白天干不完，就晚上组织讨论，小到材料选择，大到功能实现，刘其成都要亲自参与其中。

在火驱技术攻关过程中，刘其成和他的团队曾饱受争议。

拿火驱地下燃烧状态判识来说，很多人质疑“地下到底烧没烧着”。当时，就连国外的火烧项目也只是根据简单的几项指标来判定地下燃烧状态，“我们年轻人没有信心能够做得更好！”程海清说。可刘其成不甘心，他认为地下状态总是能够通过流体和储层展现出来，就像人的指纹一样，肯定要留下痕迹。他创新性提出将“指纹分析”加入判识因素，通过建立一套室内标准，和地下取心一一对应，实现了从宏观到微观的飞跃，丰富了判识手段，取得了系列重大突破，化解了国内外专家的质疑。

那段时间对刘其成来说是最难的，技术攻关需要高端设备的保障，可一没经验、二没投资，还受质疑，差点放弃。不过，“当一个个试验取得成功，能够指导现场实施，得到领导认可，是科研人员最幸福的事情。”刘其成说。

“失败的试验也是一种成功。”

和刘其成一起工作过的同事共同的感受就是，任何复杂的问题到了他那里，总能找到解决的办法。

解决复杂问题的能力，依赖平时的积累，不仅有成功的经验，也有失败的经验。“失败的试验也是一种成功”，刘其成经常用这句话鼓励试验中遇到挫折的同事。

火驱试验涉及技术环节多，几乎每个环节、每个装备，刘其成团队都是在经历多次的失败后才最终取得成功。

点火器的研发，是火驱技术最关键的环节之一，可在很长一段时间里，由于受注入空气里面的水分、注入空气量的时机与大小、地层原油组分等众多因素的影响，在试验中总是点不着火。经过近两年的时间和几十次的试验，最后终于研制成功。

积极乐观而不失科学严谨，执着创新从不故步自封，这是试验技术人员的特质。如今担任企业高级专家的刘其成，把更多精力投入到攻关制约油田勘探开发的瓶颈问题上，“压力大，但是信心也足，我会一如既往做好基础研究工作，为辽河油田的千万吨稳产贡献我的微薄之力！”刘其成说。

2. 一级工程师赵庆辉

赵庆辉，中共党员，正高级工程师。1998 年于大庆石油学院油气田开发工程专业硕士研究生毕业，2011 年获得中国矿业大学（北京）地质工程专业博士学位。1998 年 4 月毕业后，分配到辽河油田勘探开发研究院试验所采收率室工作，曾先后担任勘探开发研究院副主任、副所长、所长职务；2020 年 4 月任稠（重）油研发试验中心院级技术专家，2017 年至今任一级工程师。

“厚积薄发强专业，学以致用寻创新。”火驱技术最大的问题是“控火”和“稳火”，针对现场“控火、稳火”难题，赵庆辉带领团队开展了室内试验研究，为现场实施提供技术支持。在先后开展了十余组一维、二维比例模拟试验的基础上，他将目光转向了三维比例模拟实验。

经过三个多月的前期研究，赵庆辉带领团队创新试验模型本体设计技术，在解决了模型隔热、压力自动跟踪等关键技术基础上，自行研制了国内外最大规模火烧油层比例物理模拟系统。比例物理模拟实验基础是相似理论，通过技术调研，国外诸多学者都开展过这方面研究，但成果主要集中在如何简化火烧条件，没有考虑燃烧反应动力学等参数。赵庆辉带领项目组通过不懈努力，创造性建立了火烧油层 4 相 7 组分数学模型，提出了火烧油层物理模拟相似准则。他带领科研人员克服了点火控火难、监控不易等难题，成功实现了火驱三维模型全过程模拟燃烧，对重力火驱驱油机理、各阶段生产特征有了更加清晰的认识。针对现场试验过程中出现的问题，试验水平井注蒸汽、增布排气井、控制生产井和排气井的生产参数等调控措施，实现

火驱推进方向和速度受控。试验数据显示，驱油效率接近80%，标志着火驱调控措施得到成功验证，为油田开发工作奠定了坚实的基础。

“因势利导循循善诱，尽心尽力培养团队。”多年来的科研经验告诉他，个人的力量总是有限的，团队的精诚合作才能打造高效率的科研队伍。自从担任稠（重）油研发试验中心主任以来，赵庆辉就以把团队打造成一支团结奋进、极具战斗力的科技队伍为己任，持续推进国家级科技创新平台建设，以解决油田开发中的关键问题为主线，按照“理论、装置、方法、成果到现场应用”的思路打造了注蒸汽热采物理模拟等5个基础创新平台，自主研制了火烧油层比例物理模拟系统等重大/标志性装置。在热采开发机理、热物性参数测定和油藏渗流特征研究等方面形成了系列配套热采开发实验技术。这些技术有效支撑了“辽河、新疆稠油/超稠油开发技术示范工程”等国家重大科技专项、“辽河油田千万吨持续稳产关键技术研究及应用”等中国石油天然气集团有限公司重大科技专项的研究。多年来以国家级基础创新平台为依托，对印度尼西亚、哈萨克斯坦、委内瑞拉、乍得，以及中国海油等国内外市场提供了实验技术支持。在培养团队的同时，赵庆辉也不断提升自己的业务能力，于2020年作为国内访问学者，进行了“厚层稠油油藏直平组合立体火驱实验研究”课题研究工作。

二十五载科研路、殷殷石油情，赵庆辉为试验研究工作上下求索、为石油事业努力奋斗的一颗红心却年轻依然、激情依旧、熠熠生光！先后获得辽宁省科技进步奖一等奖两项，中国石油天然气集团公司科技进步二等奖两项、三等奖一项，辽河油田公司科技进步奖多项。发表专业论文十余篇，发明专利六项，为油田开发与试验技术一体化工作做出了重要贡献。

择一事终一生，干一行钻一行，坚定“志不求易，事不避难”的信念，坚持严谨细致、精益求精的工作作风，敢于啃硬骨头，敢于涉险滩，在实践中挑重担、夯底气，久久为功，在干事创业中激发磅礴的力量。赵庆辉将继续在油田开发实验研究领域里积极探索、不断创新、带领他的团队在打造高效低碳，绿色油田的道路上继续前行，在创建百年辽河的伟大征程中谱写更加绚丽的人生。

三、主要效果

（一）获奖情况

1996 年 12 月，万仲谋、马玉龙、关文龙、陈永忠和耿德艳等完成的“蒸汽驱低压比例物理模型”获中国石油天然气集团有限公司科技进步三等奖。

2008 年 12 月，任芳祥、张方礼、龚姚进、刘其成、刘宝良、张勇、王西江、张鹰、赵庆辉、张英和于涛等完成的“热采稠油开发实验技术与应用”获辽宁省科技进步奖一等奖。

2017 年 12 月，刘其成和刘宝良等完成的“稠油多介质热力开采新理论及应用”获得教育部科技进步二等奖。

2019 年 12 月，刘其成、张向宇和张树田等完成的“国家能源稠重油开发技术创新平台研发与应用”获辽宁省科技进步奖二等奖。

（二）技术交流与领导关怀

年接待各级领导、专家学者、高校实习生，以及其他参观团队约 10 批次、120 余人次。

撰稿人：程海清　齐先有　图片提供：张勇　程海清　杨兴超　刘宝良

扫码观看视频

钻采工艺研究院稠油工艺技术展厅

一、背景起因

钻采工艺研究院稠油工艺技术展厅建成于2021年，是稠油钻采工艺技术研究中心重要组成部分，集中展示了辽河油田自建成以来钻采工艺技术发展历程及形成的7大类稠油工艺技术，是辽河油田钻采工艺技术重要的对外展示和交流的窗口，2022年被评为辽河油田公司石油精神教育基地之一。

稠油钻采工艺技术研究中心是国家能源稠（重）油开采研发中心重要组成部分。经过一期、二期工程建设，总投资5900万，形成了以热采综合试验平台、热采分注试验系统、举升试验系统、防砂试验系统为代表的4套标志性试验装置，已形成了注入、举升等钻采工艺技术试验能力，并于2015年6月23日正式授牌，旨在建成中国一流的稠油钻采工艺技术设计研发中心、试验中

心、人才培养及技术交流中心。现有固定人员 50 人，流动人员 40 人。拥有学术带头人 28 人，其中企业技术专家 5 人。

该稠油钻采工艺技术研究中心自建成以来，共计承担国家科技重大专项项目 2 项、涉及子课题 22 项。参与、组织国际稠（重）油勘探开发技术论坛等大型学术会议共 6 次，赴国内外交流 120 次、接待国内外学术交流 100 次。依托防砂模拟试验系统、热采综合试验平台等开展对外技术合作，分别为中国海油、塔里木油田、大庆油田等外部单位完成试验项目 10 项。针对钻采工艺关键技术的研究，与各大高校广泛开展联合攻关，高效推进水平井电缆牵引器研制、磨料射流技术等 6 项科研项目。现主要有钻完井及修井技术、注入工艺技术、举升工艺技术、高温测试工艺技术、油井增产措施等 5 个主要研究方向。

二、主要内容

（一）稠油钻采工艺技术研究历程

1991 年，梁洪安、袁训义和赵洲等开展了“蒸汽吞吐一次管柱抽油泵研究”，蒸汽吞吐后地层处于高温状态，充分利用这种高温状态完成不动注汽管柱直接转抽，实现反复多次注汽—抽油，克服常规方法中因转抽等待作业耽误有利采油期的问题，从而增加产量、减少井场污染。

1994 年，吴德华、黄跃芳和李满等开展了“选择性分层注汽管柱研究”，解决了稠油油田在蒸汽吞吐过程中各油层吸汽不均问题，从而提高蒸汽的热效率达到增产目的。

1996 年，许宝燕、陈大众和赵业卫等开展了“高温四参数吸汽剖面测试仪器研究”，选用脉动数学模型实现了汽—水两项流测量，通过研究地面数据通信处理技术实现井下参数存储式测量，应用隔热瓶原理，研究了高温高压真空隔热技术，解决了注汽井动态监测技术难题。

1998 年，张桐义、郑良宏和吴德华等开展了“辽河油田稠油注蒸汽工艺技术研究”，研发了金属密封注汽管柱、蒸汽驱注汽管柱、分层注汽技术、高温机械堵水技术等 6 项技术，延长了周期生产时间，增加了原油产量，减少了油井出水。

2002 年，赵政超、吴德华、关仲等开展了“辽河油田稠油油藏分注分采技术研究”，在国内率先提出并建立了分层注汽、分层采油的稠油开采理论，研制开发了稠油分层注汽优化设计系统，使主体工艺更加完善。

2004 年，刘喜林、尉小明和刘德铸等开展了“改善超稠油开采技术研究”，通过物性分析获得杜 229 区块等区块的超稠油基本物性参数和待合成表面活性剂基本参数，通过实验得到超稠油黏温特性曲线等，并研制开发超稠油降黏配方。

2005 年，朱富林、赵平和张建军等开展了“压裂防砂工艺技术研究”，利用油管将防砂管与填砂工具等组合而成的管柱下至油层段，利用压裂车组将混砂液高压大排量挤入地层，改善渗流条件，降低油流携砂能力。

2006 年，赵政超、安九泉和关仲等开展了“提高稠油吞吐效果技术研究”，根据油层参数对各层的注汽量进行优化设计，对水平吞吐井进行均匀注汽试验，大幅度提高了吞吐效果，同时氮气助排、二氧化碳三元复合吞吐等技术的实现也提高了相应井的吞吐效果。

2007 年，刘德铸、孙守国和赵业卫等开展了“稠油热采井高温测试技术研究”，利用空心抽油杆过泵采油工艺，通过测试电缆与井下测试仪器自动多相对接，实现了泵下温度压力参数实时、连续监测，首次在稠油上应用流管 /

流线技术，实现了稠油高温测试精细化解释。

2008，王潜、赵业卫和马丽勤等开展了“油井光纤动态监测技术研究”，针对国内外光纤监测技术现状，结合蒸汽驱、SAGD对温度场和压力场监测资料的要求，形成了满足不同类型油井、不同温度指标的系列化油井光纤动态监测技术。

2009年，孙守国、曲明艺和梁兴等开展了“高温大排量有杆泵举升技术研究”，通过对大泵径长冲程高温大排量有杆泵及配套工具的研究，形成了大泵径长冲程耐高温抽油泵、行程控制式大泵脱接器、同曲率固体润滑高温防偏磨等技术，填补了国内技术空白。

2010年，张洪君、张玉涛和郑猛等开展了“改善原油流动性提高单井产量技术研究”，通过研制的稀油井防蜡降凝冷输剂和稀化剂等化学添加剂改善原油流动性，同时用于稠油热采井和常规油井采井，并可提高单井产量。

2011年，孙厚利、张洪君和邓宏等开展了“水平井长效隔热注汽工艺技术研究”，开展管柱结构设计和双作用注汽封隔器设计及研制、热力补偿式隔热型伸缩管设计研制，形成了适用于辽河油田稠油水平井注汽开采的新技术。

2012年，刘德铸、张洪君和王晓华等开展了“稠油高温水平井随油管全井段温度压力测试技术研究”，研制高温存储智能水平井温压测试仪，以及与油管传输工艺配套的测试工具，有效解决了热采水平井动态监测难题，为稠油热采水平井开发提供了重要技术支持。

2013年，王显荣、孙厚利和周大胜等开展了“稠油水平井分段完井分段注汽技术研究”，在国际领域里首次将分段完井工艺技术应用于稠油水平井，改变了稠油水平井筛管完井单一模式，采用蒸汽伞对油套环空进行有效分隔，提高密封效果，使用注汽阀对水平井各段进行配汽，实现水平井均匀动用。

2014年，张洪君、杨志祥和王晓华等开展了“稠油水平井测试关键技术及配套装备研究”，研发了稠油水平井随油管温度压力测试技术、SAGD多点温度压力动态监测技术，完成了蒸汽吞吐水平井剖面测试仪器输送工艺和测试仪器研制、解决了SAGD水平井监测系统国产化难题。

2016年，刘德铸、孙厚利和张建军等开展了“水平井筛管二次防砂技术

研究"，实现了水平井二次防砂技术工艺管柱类型多样化，突破了水平井筛管二次防砂管柱类型单一的局限，措施技术更具针对性，为水平井高效开采提供了有力技术支撑。

2017 年，张洪君、于晓聪和杨显志等开展了"火烧油层移动式高温电点火关键技术研究"，研发了大功率移动式电点火器和起下装置、创新了高温点火机理实验模拟技术、发明了高温点火设计技术等，为稠油火驱采油提供了示范作用。

2017 年，王浩、郑猛和李瑞等开展了"稠油油藏高轮次吞吐井调剖封窜技术研究"，研制了复合高温调剖剂和高温混相暂堵剂等，解决了高轮次吞吐井吸汽剖面不均、汽窜严重、回采水率低和反排能力差等问题，提高了稠油热采效率，实现了低产低效难动用储量的高效开发。

2019 年，朱富林、曹建和孙仲伟等开展了"国家能源稠重油开采技术创新平台研发与应用研究"，研制了热采分注模拟试验装置等多套重大试验系统，建立了抽油泵动态参数试验等多个中间试验方法，实现了平台功能跨越式升级，为稠油开采新技术的研发奠定了坚实的基础，促进了基础研究向工业化、产业化转化。

2022 年，曹建、孙仲伟和王远方等开展了"热采综合试验平台研制与应用研究"，建成了国内最大的热采综合试验平台，提升了钻修井系列化试验能力，实现了蒸汽介质多层循环模拟，填补了水平井试验技术的空白。有效指导了技术研发定型、工程参数优化和技术推广应用，保持了国家能源稠（重）油开采研发中心在稠油钻采工艺试验技术领域的引领优势。

（二）新时期钻采科研人员精神风貌

在辽河油田奋力书写"三篇文章"的大背景下，钻采科研人踔厉奋发、笃行不怠，锚定创建国内一流乃至国际一流钻采院的奋斗目标，以全力争创辽河油田公司高质量发展新征程“先锋军”、新技术“主力军”、新能源“生力军”为责任使命，在各个层面均涌现出一大批有志于“打造工程利器、支撑加油增气”的优秀人才，在工程技术领域迸发强大的科技创新动力。

这里有全国三八红旗手、全国“巾帼建功”标兵、辽宁省“五一奖章”获得者、企业高级专家袁爱武，她建立了“采油工程规划与决策”系统，打造出多个规划、方案精品工程。积极开展辽河油田千万吨稳产钻采工艺技术科研攻关及试验，实现 34 项关键技术突破，获得专利 30 余项。她毅然选择挑战新能源领域，开展井下大功率电加热技术研究，实现稠油冷采，力争为稠油绿色低碳开发提供新工艺新技术支撑。

这里有“爱业成痴”的企业高级专家张子明，他挑战权威、超越自我，在赵古 11 井成功打响在变质岩潜山搞体积压裂“第一枪”，首次实现“万方液、千方砂”大型体积压裂，成为辽河油田压裂史上的里程碑；揭榜“低成本水平井体积压裂技术”项目的攻关与试验，并在低成本变黏滑溜水、多簇均匀开启等关键技术取得了重要进展，技术完整性明显增强，体积压裂提质提速、降本增效的效果明显提升，为打造辽河油田公司勘探开发一体化增储建产示范区打下坚实的基础。

这里有辽宁省“五一奖章”获得者、第四届“辽河榜样”、一级工程师王斌，他以坚韧不拔的精神与眼疾顽强斗争，仅凭 0.1 度的视力，用手“摸”，用耳“听”，用心“记”，练就了超人的本领，设计研制了液压解卡、液压整形、定点倒扣和电动打铅印等多项推进修井作业提速提效的关键工具，取得 17 项国家发明专利，平均提高单井修井时率 5 天，推动修井技术奔向 2.0 时代，是妙手回春的“油井医生”。

这里有辽河油田优秀青年技术人才、辽河油田优秀

共产党员、测试技术岗位优秀青年一级工程师何金宝，他勇于创新、突破技术界限，用1年时间使自己从一个光纤测试技术的初学者变成了技术专家，研发了超高温分布式光纤监测技术，使光纤监测技术的耐温极限从350℃提高到750℃；成功研发一体化专用监测光缆，攻克了4项关键技术，实现了3大技术突破，成功研制国际首例点火监测一体化装置，在庙77-47井成功实现分段高温点火和同步监测，获得人民日报、中国石油报客户端“国际首次”的高度评价。

这里有爱岗敬业的优秀青年一级工程师王俊英，他多年扎根钻井科研生产一线，创新打造辽河东部深层火山岩提速“标杆工程”，制定提出深层天然气控压固井“技术示范”，完成国内首口127mm套管超小井眼侧钻加深技术等多项钻完井新技术研究与应用，创造辽河油田多项钻井纪录。练就成集钻井方案设计、现场技术支持、科研攻关推广等多项技术能力于一身的综合型钻井技术人才，为辽河油田公司钻井“四提”做出了积极贡献。

这里有“十年磨一‘件’”的一级工程师贾俊敏，他潜心投入科研生产中，十年的钻研与恒心，终于在“油气井仿真优化软件系统”中开花，研发出集成人工举升、注采井基础分析、油井诊断和气井优化4大设计板块24个功能模块的软件系统，在辽河油田及国内外油田累计应用1618井次，累创效益2182.9万元，有效解决了油田采油气井优化设计软件缺乏、检泵率高、能耗计算薄弱等问题。贾俊敏以精湛的技术、创新的精神，展现出一名当代科研工作者潜心钻研、追求卓越的“工匠”精神。

这里有中国石油天然气集团有限公司青年科技人才、青年文明号获得者二级工程师刘强。通过十余年的实践和积累，刘强带领调堵技术团队打造了低成本区块整体调剖调驱、蒸汽驱全液相高温调剖、水平井分段化学堵水等十余项水窜、汽窜高效治理技术，为稀油、稠油、超稠油、高凝油和高温高盐等各类油藏控水增油提供技术支撑。

这里有知难而进的优秀主任二级工程师陈大钊，他坚持防砂工艺技术创新十六载，研发出可适用于直井或水平井、可实现笼统或分层的系列砾石充填防砂技术，打破了国外公司对水平井砾石充填防砂的技术垄断，研发了砾石充填泵后混砂装置、防砂管柱冲洗解卡工具、无限级充填滑套等近20种机械防砂新工具，其中旋转滑套式砾石充填工具获得了中国石油天然气集团有限公司优秀专利银奖，所研发的水平井二次防砂技术获得了辽宁省科技进步二等奖。系列技术成果在油田大规模推广应用，为油田降本增效开发做出了积极贡献。

这里有矢“智”不渝的二级工程师陈鹏，他始终将自己的创新力量凝聚在科技创新第一线，努力把自己锻炼培养成科技“无人区”里的“探路者”，做敢于揭榜挂帅，勇于担当、善打硬仗的生力军。他先后负责分层火驱技术、智能注采联动等重大项目的自主设计研发工作，填补了多项领域的技术空白，在支撑油田持续稳产、提高采收率等方面发挥了重要作用，让“卡脖子”这双无形之手不再成为油田注水开发道路上难以逾越的鸿沟。

这里还有一批朝气蓬勃、蓄势待发的科研后备军。中国石油天然气集团有限公司科技创新比赛一等奖获得者刘双亮，他精准聚焦现场生产难题，大力推广投球调剖技术，让老油井焕发新生机。辽河油田公司青年岗位能手周明强精心编制大尺寸井完井设计方案，为储气库安全平稳运行保驾护航。优秀主任二级工程师蔡龙浩潜心研究新能源技术，助力油田公司转型再发展。一大批青年技术骨干投身科研生产主战场，冲在技术创新最前沿，坚守试验检测第一线，用实际行动彰显钻采青年的责任担当，共同凝聚起“为辽河而战、为发展而干、为幸福而拼”的不竭动力。

三、主要效果

钻采工艺研究院稠油工艺技术展厅是展示辽河油田开发建设50余年来稠油工艺技术发展历程的主要窗口，充分反映出辽河油田稠油开采的艰辛历程，对于广大石油人、石油科技工作者传承和发扬石油精神和大庆精神铁人精神，弘扬科学精神，践行新时期辽河精神具有重要教育意义。

（一）打造了科研文化的阵地

将石油精神和大庆精神铁人精神与辽河稠油工艺技术发展有机融合，在践行新时期辽河精神中突出“打造工程利器、支撑加油增气”，不仅树立了为辽河稠油工艺技术进步而不懈奋斗的科技工作者的良好精神风貌，也从另一个侧面高度凝练了辽河油田发展史、科技创新史，激励广大科研人员照见历史、创造未来，营造了浓厚的科研文化氛围。

（二）打造了主题教育的平台

以“五四”“七一”等重要时间节点，以入场教育、入党宣誓、主题党日活动等形式，组织干部员工重温钻采工艺技术发展历史进程，充实教育资源、丰富教育形式、提升教育效果，使干部员工精神上受到洗礼、行动上得到激励，进一步提升科技工作者的使命感、责任感。

（三）打造了学术交流的窗口

该展厅借助宣传片、三维动画、全息影像等现代化手段，悉数展示钻采工艺技术形成的 7 大类稠油工艺技术和 5 套大型试验系统，使参观者对辽河油田科技进步的感受更加直观，对辽河工程技术体系感受更为深刻。目前借助该窗口，每年有百余次企事业单位、社会团体参观和学术交流。

撰稿人：郭津瑞　图片提供：安泽典

扫码观看视频

储气库公司辽河储气库群展厅

一、背景起因

辽河油田（盘锦）储气库有限公司作为中国石油、国家管网和盘锦市政府三方合资公司，主要负责辽河储气库群已建储气库的生产运行管理及在建储气库项目组织建设等工作。公司现有员工 555 人，其中男员工 383 人，女员工 172 人，平均年龄 38.5 岁。

辽河储气库群作为中国东北地区储气中心和国家“十四五”规划工程，主要承担着中俄、秦沈、大沈三条国家级天然气管线调峰任务，具有国家战略储备、季节调峰、应急调峰三大功能，调峰保供区域为东北及京津冀地区。目前已完成九注六采，截至 2022 年 12 月底，累计注气 130.3 亿立方米，累计采气 83.75 亿立方米，创下保供气量最高、日采气增量全国居首、老库日采气量翻倍、新建工程试运一次成功、注采设备检修时间最短、装置参数运行状态最稳

等6项纪录，圆满完成冬（残）奥会、全国两会保供任务，实现“质、量、效、誉”全面提升，荣获全国五一劳动奖状、全国五四红旗团支部等荣誉。

二、主要做法

（一）厚植勇于担当的“调峰保供”精神

1.传承石油精神塑灵魂

深刻领悟新时期“能源的饭碗必须端在自己手里”的使命，积极践行“苦干实干”“三老四严”的石油精神，以“说老实话、办老实事、做老实人”的踏实作风，人不卸甲马不解鞍，顶压前行，以“5+2”“白＋黑”的工作状态，在建库保供中科学规划，挂图作战，细分单元，倒排工期，高质高效建设储气库群。

2.强化价值认同上水平

积极构建“我与气库共成长，我为气库做贡献”的企业文化价值观，总结提炼文化体系，编写企业文化手册、《气壮辽河》书籍、制作形象宣传片等文化产品；加强宣传，在央视、《人民日报》等国家级媒体播发新闻；完善辽河储气库群展厅建设，建成以来，接待省、集团级领导调研检查上百批次，共计千余人次，成为辽河油田对外展示窗口和油地融合的桥梁。

3.锻造保供队伍提素质

以“双十双百”人才工程为目标，在操作人员方面，试点推进以能定岗、以岗定薪为导向的岗位价值评估体系，选派61名操作人员赴辽阳石化公司学习仪器仪表技术，还组织开展了储气库首届采气工大赛；在管理干部方面，组织开展管理干部大赛，搭建“党建＋培训”载体，青年骨干围绕13个技术专题进行“党员夜校”授课；同时，积极选聘培养优秀年轻科级干部，80后科级干部占比50%以上，90后科级干部4人。

（二）厚植甘于协作的“为国建库”精神

1.突出统筹设计，筑牢高质量建设“压舱石”

树立“团结协作、互相补台”管理理念，建立“166545”联盟共建工作思路。“1”就是突出党建文化引领这一总原则；第一个“6”就是以联盟促进度、促安全、促质量、促效益、促廉洁、促服务“六项目标”；第二个“6”就是采取组织共建、资源共用、活动共办、难题共解、经验共享、发展共赢的“六共”工作法；第一个“5”就是建立项目、区域、油地、专业系统、兄弟储气库“五种联盟模式”；“4”就是突出把关定向、教育引导、监督考核、沟通协调“四个作用”；第二个“5”就是建立“一体化”运行、“互帮化”共享、“整合式”联动、“标准化”管理、“关联式”考核“五项保障机制”，形成行政领导在部署生产时抓思想认识、队伍成长、作风建设；党务领导在调峰保供、对外协调、项目审批中讲担当、搭载体、有作为的良好氛围。

2. 突出管理升级，增添高质量建设“新引擎”

辽河油田（盘锦）储气库有限公司党委积极探索气库建设和企业文化建设的有机结合点，通过组织施工项目投资分析会，从方案设计、过程监督、竣工验收全过程控制投资费用，降低建设成本；组织全程性、分阶段主题劳动竞赛，推动项目建设提质增效。邀请集团公司安全专家为联盟单位开展国内外储气库事故案例分析，每月组织专业力量对现场安全、施工质量等进行全过程检查，辨识安全风险。

3. 突出凝聚亲和力，注入高质量建设“黏合剂”

特邀储气库党建联盟单位优秀员工家属开展“储气库一日行”活动，近距离参观储气库展厅、建设现场，增进员工家属对储气库的认同感、荣誉感。“三八”节组织“巾帼建功”EAP团体辅导，联盟优秀女员工代表为5家单位女员工分享心得体会。邀请公司级“十大标兵”、先进员工、突出贡献人员及家属281人观影，切实搭起小家与大家的连心桥，增强了企业文化建设的持久生命力。

（三）厚植敢于克难的“创新攻关”精神

储气库建设涉及新工艺、新设备、新流程，存在审批复杂、征地难度大、采购困难、人才匮乏等诸多问题，有无数道难关。作为业主单位，坚持“今天再晚也是早，明天再早也是晚”的工作理念，每天组织工程日例会，保证“当日事当日毕”；每周三召开周例会，做到“工程问题周周清”；建立党委督办制度，每周跟踪督促督办气库建设和保供事项，公司上下形成干事创业的氛围，创造了国内储气库建设罕见的高效率和高速度；组成联合攻关技术团队，通过深入剖析影响单井产能的核心因素，完善了采气能力综合评价技术体系，成功将单井最大日注采能力提升至 180 万立方米。部署 3 口大尺寸井，可增加单井日调峰能力 1.5 ~ 1.8 倍，每口井日采气量达到 200 万立方米以上。

（四）厚植善于协作的“联盟共建”精神

1. 强化团队文化建设

为把来自不同单位、不同岗位的员工凝聚起来，特邀国内知名团队，开展团队文化培训，从培养团队凝聚力、增强管理能力入手，培育“我与气库共成长”为核心的团队文化，帮助员工提升思维模式、掌握沟通技巧、建立职场信念价值观，引导员工树立“参与国家级大工程我自豪”的荣誉感，强化员工“我要为国家级大工程作贡献”的责任感，心往一处想、劲往一处使，推动各级团队有效运作，各级组织整体协作效能不断提高。

2. 营造“家”文化氛围

积极践行以人民为中心的发展思想，聚焦员工急难愁盼问题，在建设温暖储气库大家庭氛围方面持续发力。针对工程建设人员、女性员工工作生活压力等问题，开展“心理健康一线行”“镜像引领 巾帼建功”等活动，倾力打造风采展示平台。开设“燃烧吧 少年”专属夏令营，为员工解决子女暑期缺乏照料的难题，量身定制的“亲子攀岩大赛”“多米诺骨牌大赛”活动，既融洽了亲子关系，又解决了后顾之忧，得到员工的广泛好评。

（五）厚植勤于作为的“争创一流”精神

一流的业绩需要一流的人才，一流的人才需要一流的文化引领。引导员工树立“参与国家级大工程”的荣誉感和责任感，实现员工与公司共同成长。

创新开展“党建 + 培训”工作，以打造“双十双百”技术技能骨干为目标，倾力培养出储气库建设全链条领军人才，为国家级天然气调峰中心建设积蓄力量，继续领跑全国储气库建设。储气库党委放眼智能化储气库建设目标，下大力组建重大专项科研团队，制定科技创新等奖励制度，推行揭榜挂帅 4 项关键技术项目，突破了国内储气库生产井注气采油转换一体化技术。

三、主要效果

作为“国字号”工程，构建立体企业文化，厚植“五种精神”理念，已逐步成为助推公司管理升级、效能提升的抓手，有力促进了“百亿方气库建设”质量更优、活力更足。

（一）高质量建库进一步增强

积极引导干部员工瞄准建设国内一流、国际先进的储气库愿景目标，先后克服施工工期紧、征地难度大、疫情管控严等诸多不利因素，雷 61 储气库实现国内同批次储气库“第一个通过初设、第一个开工建设、第一个建成投产、第一个冬季试采”“四个第一”建库纪录；“双台子储气库群—双 6 储气库扩容上产工程”仅用 15 个月建成投产，打破了国际上同等规模工程建设周期

最短纪录，创造了“辽河速度”。

（二）高效率保供进一步增强

2021—2022 年冬季天然气保供期间，实现周期采气 22.24 亿立方米，有力保障了东北及全国两会、冬奥会、冬残奥会用气需求，创造了采气周期最长、高位安全运行天数最多、日均采气量最高、周期采气量最大、创效最多五项纪录，首次成为中国储气库中注气能力最大的储气库，荣获全国五一劳动奖状、全国五四红旗团支部等荣誉。沈冰、王鑫、王军飞、贺梦琦分别获得辽河油田公司劳动模范、先进个人、优秀共产党员等称号。

（三）核心技术攻关进一步突破

辽河储气库群在建设过程中，创新形成了复杂油气藏型储气库地质体动态密封理论、运行方法、工程关键技术、长期运行监测与管控技术等，特别是构建了以“盖层动态突破压力、断层密封性定量评价”为核心的密封指标体系，开展了复杂储层短期高速注采油气水交互渗流机理物模、数模实验研究。首次创新应用储气库高压离心式压缩机、首创储气库注采井转换技术。这些创新成果为辽河“百亿方气库”选址和“提压增容、排液扩容”提供了理论依据，成功实现了双 6 储气库上限库容利用率达到 139%，降低建设投资 20%，技术创新课题获中国石油天然气集团有限公司科技进步奖特等奖。

（四）围绕推进天然气产供储销体系建设，全方位打造展厅

辽河储气库群展厅紧扣天然气产供储销体系建设主题，以中国天然气发展为脉络，站在东北能源通道建设枢纽工程的高度，一共分为《气库战略 为国为民》《能源新局 落子辽河 》等九个版块。主要展示了辽河储气库人心怀能源报国的家国情怀，从零开始，学习储气库设计、引进学习管理进口压缩机、与科研院所研究高压耐腐蚀输气管道，在无路处开新路，为未来中国储气库发展开辟了辽河特色技术之路。辽河储气库群展厅展示了辽河储气库人传承大庆精神铁人精神，饱含为国建库的热忱，秉持创业精神，在老油田连续多年千万吨规模稳产后，以创业实干的精神，利用濒临枯竭的油气藏建设储气库，在辽河油田开辟出一个崭新的业务形态。

（五）锚定辽河储气库群价值贡献，全过程展示价值创造

辽河储气库群展厅通过图表、照片和视频等立体化传播手段，展示储气库的价值贡献。一是储气库储备能源，保障国家能源战略安全。二是气化辽宁，保障东北和京津冀地区的调峰用气。三是资源接替，促进资源型城市和资源型企业转型。四是创效巨大，增加企业效益和地方财政收入。五是创造就业，缓解老油田人员规模和产量效益的矛盾。六是绿色发展，践行绿水青山就是金山银山。辽河储气库群展厅也展示了储气库建设和保供过程中的精神价值。在联盟共建精神引领下，双台子储气库建设成立项目联盟党支部，累计召开会议 1000 余场次，累计采购大中型设备 2000 余台套，累计投入特种设备 100000 余台次，累计投入资金 540000 余万元，累计投入参建人员 200000 余人次，累计完成焊口 73000 余道、497500 余寸径，累计出具设计说明 21000 余张，累计设计图纸 6000 余份，累计敷设电仪线缆 900 余千米，累计敷设管线 170 余千米。在油地融合发展中，注册当年就为大洼区缴税 5300 余万元，成为央企与地方政府融合的典范工程。

撰稿人：谢桂森　图片提供：陈允长

扫码观看视频

辽河工程技术分公司修井文化展厅

一、背景起因

石油是关系国家经济命脉的战略资源，修井作业伴随着油田生产建设全生命周期，是保证油水井正常生产的主要技术手段，扮演着恢复油井生命活力的“医生”角色。“晴天一身汗、雨天一身泥”，修井行业被公认为“一线中的一线”“艰苦岗位中的艰苦岗位”。

辽河工程技术分公司（简称辽工）2020 年重组整合后，是辽河油田唯一从事修井作业的单位，来自 10 家单位的 6000 余名员工合成一家，成为辽河油田用工总量最大的二级单位，承担油气水井大修、小修、带压作业和连续油管作业等修井业务，具备年交井 19000 口以上的作业保障能力。

辽河工程技术分公司党委深入学习贯彻习近平新时代中国特色社会主义思想，深学笃行习近平文化思想，抓好新形势下举旗帜、聚民心、育新人、兴文化、展形象的使命任务，大力弘扬石油精神和大庆精神铁人精神，全面学习宣贯辽河精神，落实辽河油田公司党委“把油田手术刀牢牢握在自己手中”的要求，坚持多修井、快修井、修好井、安全修井、效益修井，为推进辽河油田公司“12356”高质量转型发展思路贡献力

量。辽河工程技术分公司党委从文化引领入手，靠文化“穿针引线”、凝心聚力，引导干部员工支持改革、促进发展。重塑新时期企业文化，着力铸石油精神魂、塑作业铁军型，逐步建立起以新时代辽工“手术刀”精神以及修井铁军作风为主要核心的修井文化体系，凝练形成一批新理念、新精神，聚焦主责主业，拿出实干实绩，成为“信得过、靠得住、离不开”的油田“手术刀”。

通过企业文化的重塑，有力推动了“物理整合”变为“化学融合”，专业化重组整合 3 年来，小修生产时效提高 5.75 个百分点；大修成功率达 96.5%，平均单井施工周期提升 4.16 天。队伍凝聚力、战斗力不断提升，团结一心勇做“工程技术服务保障的主力军”和“未上市业务做优做精的主力军”。

为进一步推动企业文化重塑落地，辽河工程技术分公司致力于全新修井文化展厅建设，以原兴工处文化展厅为基底，与时俱进、守正创新，进行了全方位、系统性的“升级换代”，优质高效地完成了“修井文化展厅”建设，形成了“硬件有标准、软件有特色、展示有阵地”的里程碑式成果，被辽河油田公司授牌“石油精神教育基地”。展厅建成以来，已同大港油田井下作业公司、辽河油田公司油气集输公司、石油化工公司等单位开展了企业文化交流，形成了浓厚的企业文化交流氛围。

全新的修井文化展厅以企业简介、领导关怀、奋斗足迹为前瞻，以辽

河油田精神、新时代辽工“手术刀”精神内涵解读为核心，以“在明责中尽责”“在奉献中贡献”“在打破中突破”“在挑战中奋战”“在关心中暖心”五部分为主体，以身边榜样、廉洁文化、安全文化、合规文化等内容为补充，以“我为祖国献石油”贯穿始终，对修井铁军文化进行全面、系统地展示。

二、主要内容及做法

专业化重组以来，辽河工程技术分公司“手术刀”文化体系得到丰富发展，对塑造“修井铁军”形象、展现员工风采、扩大企业知名度起到至关重要的引领作用，成为统领干部员工思想行为的价值标尺和精神旗帜。

新时代辽工“手术刀”精神：

“敬业”——就是要“加油增气、治病救井”，是辽工的政治责任，更是作业人的“底色”；

“精湛”——就是要“技术一流、管理规范”，是辽工的不懈追求，更是作业人的“底气”；

“干净”——就是要“绿色作业、本色做人”，是辽工的发展品质，更是作业人的“底线”。

辽工修井铁军作风：

为油而战、修井解难、艰苦奋斗、争创一流。

辽工品德：

修井先修身，作业先做人。

辽工使命：

把全力保障油田加油增气作为永不懈怠的政治责任；

把油田手术刀牢牢握在自己手中。

辽工担当：

为油井负责，为产量着想。

辽工工作方针：

安全第一、产量至上、效益优先、保障有力。

辽工愿景：

通过坚持思想聚合力、主业强实力、管理提能力、科技增动力、安全保定力、文化激活力，打造“行业领先、技术精湛、服务一流、管理高效”的修井作业标杆企业。

辽工目标：

多修井、快修井、修好井、安全修井、效益修井。

辽工发展布局：

确立“一核四翼”布局，以保油上产、效益发展为核心。

扎实做好以下四大板块业务：稳固常规作业“基本盘”；拓展特种作业“优势面”；打造压裂项目“增长极”；培育专项服务“潜力点”。

辽工服务理念：

多快修一小时、多采六十分。

辽工质量理念：

工序零差错、责任千米深。

辽工民生理念：

始于员工需求、终于员工满意。

辽工技术理念：

昨天的技术就是今天的市场，今天的技术就是明天的市场。

辽工人才理念：

唯才是举、人尽其才、才尽其用。

辽工安全理念：

从零开始、向零进军、为零奋斗。

辽工合规理念：

依法治企、合规经营、风险可控、行稳致远。

辽工廉洁理念：

守规矩、明底线、知敬畏。

（一）突出政治引领，彰显忠诚担当，全力打造“在明责中尽责”的辽工铁军

不断强化政治引领，将“明责中尽责”作为展厅核心，时刻牢记初心使命，锻造过硬铁军。

1. 旗帜鲜明讲政治，抓执行促落实，争做对党忠诚的表率

把学习贯彻习近平新时代中国特色社会主义思想作为首要政治任务，深入学习贯彻党的二十大精神，扎实开展党史学习教育，深刻领悟“两个确立”的决定性意义，增强“四个意识”、坚定“四个自信”、做到“两个维护”。严格落实“第一议题”和理论学习中心组学习两项制度。凝聚思想共识，引导全员充分认清新形势、准确把握新机遇、勇敢踏上新征程。

2. 围绕中心顾大局，抓基层促改革，争做履职尽责的表率

推进基层建设，规范民主集中制在基层的执行，健全基层党组织议事规则。提升基层党支部书记能力，强化规范党支部建设水平。树牢大抓基层导向，推进党建“三基本”建设和“三基”工作有机融合。激发创新活力，升级“党建+”模式，打造“党建+安全”“党建+提质增效”等融合示范阵地。创新党建联盟模式，学习联盟单位先进经验，以模式创新，推动效果提升。

3. 不忘初心担使命，抓品牌促发展，争做攻坚克难的表率

树好辽工形象，展现铁军风采，做到“重点工作有辽工、重要时刻见辽工、急难险重显辽工”。在全国行业职业技能竞赛中，获得全国团体二等奖以

及优秀组织单位、优秀教练团队的荣誉称号，个人斩获2金、1银、1铜以及最佳裁判奖，锦州作业大队郑发获得金奖的同时还获得全国行业比赛第三名，被授予“全国技术能手”称号，创造辽河油田20多年来参加国家级竞赛的最好成绩。展开修井铁军的奋斗者群像，有国赛上摘金夺银的冠军选手，也有全国屈指可数的技能大师，还有更多默默坚守的普通工人。其中，父子兵、兄弟连、夫妻档不在少数，他们在各自岗位上接力传承、并肩战斗，成为新时代辽河工程技术分公司“手术刀”精神和修井铁军作风的生动写照。

（二）突出价值引领，彰显效益兴企，全力打造“在奉献中贡献”的辽工铁军

“有奉献，更能贡献”是壮志豪言，时刻激励辽工人在真抓实干中履责，涵养勇立潮头的情怀担当，砥砺勇攀高峰的作风意志。

1. 勇立潮头，在全面提升中激发内生动力

班子建设强能力，提升领导班子综合素质。规范执行“三重一大”、民主集中制等规定动作。管理提升激活力，大力推进“人才强企”建设，完善“双序列”管理体系。提质增效添动力，坚持以效益为中心，持续打造提质增效升级版、精进版，打赢解困扭亏攻坚战。

2. 勇攀高峰，在守正创新中强化竞争实力

外闯市场增实力，提升工程技术保障及创效能力，不断提升市场含金量和经营贡献度。效益联包聚合力，努力实现“采油系统增油降本、作业系统提质增效”。土地清查挖潜力，彻底整治土地被占用、多缴税等历史遗留问题，清查土地685万平方米、增效2874万元。

（三）突出科技引领，彰显创新驱动，全力打造“在打破中突破”的辽工铁军

坚定“在打破中突破”信心决心，全方位满足油田各种类型油藏、多种开发方式下的常规作业和特殊化作业需求。

1. 打造小修作业技术“新特色”

提升专业化小修作业能力，推动大修作业小修化，推进简易机械化、举升式自动化、抓取式自动化等小修自动化作业应用推广，积极开展顶驱钻磨、定点取换套等特色技术研究。

2. 取得大修作业能力“新提升”

建立多层级、专业化大修技术管理体系，加强疑难复杂井措施论证和过程管控，持续完善深井换井底、小井眼大修、水平井大修等技术，不断提高大修井成功率和大修作业时效。

3. 实现高附加值作业“新突破”

形成连续油管新井前期快速投产、水力切割、水平井冲砂、挤注灰、钻塞、螺杆钻钻磨等高附加值、高技术含量作业技术突破，为复杂疑难井治理提供可靠、有效的技术手段。

4. 迈出规模化应用“新步伐”

大力推进压裂新业务，形成辽工速度。不断增加高温带压作业设备，扩大高温带压作业实施规模，规模化推广应用带压堵漏、带压钻磨、井口压力控制等工艺，为 SAGD、蒸汽驱等区块的开发提供了特色技术支持。

（四）突出使命引领，彰显过硬作风，全力打造“在挑战中奋战”的辽工铁军

以优良作风锤炼修井铁军，开展“五再、我在”岗位实践，让“再热的酷暑，也挡不住坚定的脚步；再黑的夜晚，也挡不住认真的眼神；再厚的油泥，也挡不住内在的自信；再多的蚊虫，也挡不住用力的臂膀；再冷的寒风，也挡不住敬业的坚守”成为作业人的生动写照。

1. 战疫情，保上产

面对新冠肺炎疫情的严峻考验，众志成城、团结一心，始终把员工生命

安全和身体健康放在第一位。在做好自身疫情防控工作的同时，多次组织志愿者队伍服务盘锦市各社区共同抗疫，获得广泛赞誉。因“疫”制宜，全力以赴清零“积压井”，为辽河油田公司“加油增气”提供坚实保障。

2. 战洪水，保复产

面对70年不遇的特大洪水，无惧无畏、英勇向前，始终冲在抗洪抢险最前沿、最险处，先后完成抢险突击任务11次，累计出动抢险队员1800余人次，搭放水泥8000余袋，加固防汛坝近2000米。大力开展“奋战六十天、打赢复工复产攻坚战”劳动竞赛，交井量提高20%以上，获得“辽河油田公司抗洪复产先进单位”“抗洪复产突出贡献者”等先进荣誉。

3. 战暴雪，保安全

面对多年不遇的暴风雪和寒潮天气，迎风斗雪保上产，克服重重困难，奋战在修井最前线，保障寒潮天气下安全生产平稳有序。全面落实“大运行管理”，掀起了一场“战严寒、抗风雪、保生产”的上产热潮，用坚守筑起保障原油稳产的坚强屏障，为辽河油田公司油气上产贡献辽工“铁军”力量。

（五）突出宗旨引领，彰显和谐发展，全力打造“在关心中暖心”的辽工铁军

深刻把握“以员工为中心”的发展思想，不断提升员工幸福指数，引导广大干部员工“爱企如家、敬业为家、奋斗兴家”。

1. 紧跟员工所急所难，让“民生”循着“民声”走

本着民生关怀只强不弱、民生投入只增不减、民生实事只多不少原则，不断深化“我为员工群众办实事”实践。利用微信公众号开展“月问越答”活

动，让基层声音直达公司层面，深入开展“民生工程大调研”活动，面对面征求意见，为群众办实事解难题，切实将民生改善工程办到员工心坎里。

2. 紧跟员工所思所盼，让“重视”向着“重实”走

“高标准”建设职工生活保障点、小伙房等生产生活设施，对浴池改造升级，为一线岗位职工更换饭盒、消毒柜等物品，针对餐饮服务不能覆盖的单位，组织自建小伙房，做好职工饮食保障。对部分现场值班板房进行维修更换，提升生产生活场所舒适度。开通外围矿区通勤班车，方便职工上下班。

3. 紧跟员工所求所需，让“关心”朝着“关爱”走

开展全员普法，开展“亮剑违法犯罪、护航和谐辽工”活动。推进健康企业创建，推动健康干预，为全员配备应急小药瓶，提供“送体检报告解读”等关爱套餐。积极开展“无烟企业”创建，1000 余名职工成功戒烟，荣获“辽河油田十佳无烟单位”。扎实做好重点时期维稳信访安保防恐工作，巩固和谐稳定大局。

撰稿人：朱彤　图片提供：马治贤　孟婷婷　许于涛　刘岩

扫码观看视频

物资分公司阳光采购大厅

一、背景起因

物资分公司（物资管理部）是辽河油田具有管理职能的二级单位，承担油田生产建设物资的采购、供应和管理工作。伴随着辽河油田勘探建设，物资分公司从无到有，从小到大，先后历经供应营、物资供应指挥部、物资供应处和物资分公司等几度改革重组，成长为集采购、仓储、物流、检测和配送于一体的现代供应链企业，形成了“3+*N*”区域仓储布局和覆盖油区主力生产单位的“1 小时物流圈”，建立“管采供”一体化模式和“管办分离、相辅相制”的管理体制机制。从“大会战”到“大开发”，从“高速度建设”到“高水平管理”，物资分公司持续打造辽河油田特色供应链管理模式，为保障国家能源安全，建设现代化大油田注入新动力、创造新业绩、做出新贡献！

物资分公司（物资管理部）阳光采购大厅建于2005年，是集物资采购、合同签订、物资配送和业务结算等多种功能为一体的综合服务大厅，实行“开放式办公、一站式服务、首问负责制”，提供“全过程、全天候、全方位”业务办理。通过探索研究计划、采购、仓储和配送等物资采购供应全链条合规文化，全面提升依法合规治企能力和管理的科学化、规范化、法治化水平。2009年，被辽河油田公司授予企业文化建设示范基地，2021年被辽河油田公司授予石油精神教育基地。

二、主要做法

（一）做精做优业务，打造高效服务窗口

2020年，辽河油田物资系统重组改制整合后，实施采、供、管一体化管理运行，将合规文化融入“管、采、储、检、算”各个关键节点，形成了“管的职能、办的业务、供的责任”和“管办分开、相辅相制”的运行机制。

1. 履行“管”的职能，践行“精准精细从我做起，高效服务与你同行”管理理念

通过实施需求计划、采购、仓储、质控、配送等前后端业务整体管理、统筹推进、系统考核，实行全业务链、全流程一体化管理。将物资管理责任向需求端和供应端双向延伸，共同提升保供效率，做到均衡、精准、平稳供应。持续完善制度和体系流程建设，打造依法合规、科学高效的物资管理体系。

2. 做精“采”的业务，践行“采购需要阳光，从业需要‘亲清’”采购理念

牢固树立阳光采购理念，从全方位整体优化、全生命周期评价、全过程质量控制的“三全”纬度，严控物资采购业务。从方案编制最优、业务运行最优、管控模式最优的“三优”经度，推动产品质量提档升级，实现物资合理分配和有序流动，构建与供应商合作共赢机制。

3. 提升“储”的效能，践行“心系用户、分秒必争、使命必达”保供理念

通过使用“望闻问切”四诊法，充分发挥主观能动性。望油田生产讯息，

掌握重点项目生产动态，关注物资高效供应；闻仓储物资信息，加快物资周转，从占有资源向掌控资源转变；问用户单位需求，大力实施“工厂到现场”“代储代销”“储物于商”等模式，超前组织备货提升时效；切窗口服务要义，发挥阳光采购大厅窗口示范作用，追求用户满意致力优质。

4. 压实“检”的责任，践行“今天的采购质量，就是明天的生产安全”质量理念

刚性落实“产品质量零缺陷”要求，落实必检物资100%实施质量检验，提升检验效率，加强储物于商物资和未列入驻厂监造目录的重要设备加工制造过程的质量监督，制定相应的物资验收入库程序，分别对物资进行现场验收和入库物资质量抽检。通过加强供应商质量资质监管、驻厂监造等方式，将质量监督关口前移，对重点物资，实行全过程监督。

5. 创造“算”的价值，践行“精打细算不失毫厘，精益求精不辞辛苦”经营理念

通过树牢“一切成本皆可降”理念，大力实施控本降费行动。强化全面预算、零基预算、精益预算的要求，从预算、结算两个端口倒推物资运行管控各环节，横向贯通物资全生命周期，精准引导各项资金合理配置。充分发挥预算管控优势，从计划源头到采购验收各环节精准施控，确保公司价值目标的实现。

（二）传承优良品格，打造素质文明窗口

近年来，物资分公司充分发扬石油精神和大庆精神铁人精神，传承石油工业优良传统，把合规文化作为新时代石油文化传承，以保证生产经营管理中能够始终保持正确的运行轨道和运行方向，始终保持最优的运行质量和运行效率，大力提高物资采购供应系统在油田企业和外部市场中的知名度和美誉度。

1. 坚持“同化于优”，加强宣贯推进企业文化理念整合落地

提高对宣贯的重视程度，大力弘扬以“苦干实干”“三老四严”为核心的“石油精神”，继承辽河精神，传承一代代物资人用青春、汗水和热血凝结成的“先生产后生活、轻伤不下火线”不畏艰险、顽强拼搏的“供应营”精神，“人拉肩扛、风雨兼程、全力保供”冲锋在前、敢打硬仗的“火车头”精神，“一把抓、一模准、识料性”知重负重、砥砺前行的“金刚砂”精神，“活账本、铁大门、金算盘”阳光采购、廉洁从业的“一尺规”精神。

2. 坚持“融化于情”，用共同目标愿景凝聚全员思想共识

充分发挥思想政治工作的导向作用，加大理念推广力度，以服务油田高

质量发展为核心，以“打造一流供应链”为目标愿景，推进合规文化建设工作向纵深发展，凝聚思想共识，逐步实现由认识、认知、认同到践行的渐次递进，不断丰富文化教育与文娱活动载体以吸引员工，做到“四进、两到、四入”，即理念进办公场所、进工厂、进库房、进现场；让员工看得到、感受得到；达到合规理念的成果入脑、入心、入言、入行。

3. 坚持“内化于心”，培育攻坚克难、拼搏奉献的价值取向

与时俱进地开展全员合规培训和教育，通过石油精神教育将合规文化理念体系内化于心。重点加强对高层管理人员、关键部门、要害岗位人员、合规管理人员法律、规章、制度培训以及对案例的剖析和警示教育，大力宣传遵纪守法、弘扬正气的先进典型。

4. 坚持“物化于制”，完善制度体系建设，提升企业管理水平

坚持“合规、质量、效率、效益”工作理念，不断优化完善公司制度体系，以制度创新推动管理提升，落实“性价比最优、全生命周期总成本最低”工作要求，实行统一管理、管办分离、集中采购、分级负责的管理体制，修订完善了覆盖物资采购、供应、仓储、物流、检验、验收和处置全过程的管理体系，严格制度、流程执行落实。充分利用制度宣贯的契机，加强执行监督检查，对违反、变通、规避制度的行为，及时查处、严肃追责，真正把“纸上的制度”变为“行动中的制度”。

5. 坚持“外化于行”，打造良好形象提升企业知名度和美誉度

组织“党建 +”“党建联盟”等活动，通过新媒体资源共享，全方位展现员工良好的精神面貌。组织建立包括合规理念、工作作风、企业发展等体现一系列价值观念的文化理念。把企业的一切行为纳入合规管理中，建立行为规范监督机制，开展“人人都是监督员”“违规行为随手拍”等活动，时刻提醒员工按照行为规范进行操作。

（三）强化依法合规，打造阳光廉洁窗口

依法合规治企是依法治国的微观基础和重要组成部分，作为推进物资采购供应全链条合规文化建设的重要遵循和主要任务，为“做精做专物资供应业务”“打造行业一流供应链企业”服务辽河油田高质量发展保驾护航。

1. 着眼文化凝聚，转变观念，为合规文化建设增强价值认同

打造合规文化凝聚人心士气是提升企业竞争力的无形力量和资本。全面深入学习准确把握习近平法治思想的科学体系、丰富内涵、精神实质和实践要求，坚持用习近平法治思想指导解决实际问题，坚定不移用党的创新理论武装头脑、指导工作、推动实践伟大建党精神。把解放思想、转变观念作为坚持依法合规治企的首要任务，引导广大干部员工转变思想观念，从固有思维定式中走出来，从传统路径依赖中摆脱出来，凝聚公司发展共识，把学习成效转化为推进法治建设的生动实践，做到真信笃行、知行合一。

2. 着眼文化导向，落实精益管理要求，让合规文化建设助力提质增效

明确合规文化导向、深入落实文化引领战略举措，是增强全员精益意识重要基石。树牢“从严管理出效益、精细管理出大效益、精益管理出更大效益”“经营上精打细算、生产上精耕细作、管理上精雕细刻、技术上精益求精”等理念，强化精益管理意识，加强形势分析研判，紧密联系企业实际，加强前瞻思考和战略谋划，始终掌握战略上的主动。着力加强供应链管理，提高物资保供能力，优化生产运行管理，在精准物资保供上有新作为。优化调整结构布局，抓好战略执行管理，结合工作实际制定有效的策略，保障公司战略目标的实现。

3. 着眼文化夯基，落实提升管理能力要求，让合规文化建设推动能力提升

落实合规文化夯基是提升管理能力素养提供坚强保障。严格落实“管业务管合规”责任，不断提升领导干部法治能力，带头依法依规办事，带头强化内部管理，主动担责抓落实，全面提升依法合规治企能力和合规管理水平。强化基层合规管理，将基层党建“三基本”建设、“三基”工作与合规文化建设有机融合，增强党员干部的管理能力。增强广大石油干部员工依法合规意识，在合规文化建设过程中，开展全员合规培训、普法培训，着力提升全体员工法治素质素养，营造良好的合规氛围。

4. 着眼文化约束，落实完善公司治理要求，为合规文化建设构建政治生态

持续加强合规文化约束是突出依法治理，全面落实法治责任的重要手段。不断增强全员契约精神，牢固树立依法合规理念，使“法律至上、合规为先、诚实守信、依法维权”合规理念融入企业管理全过程各环节。不断完善公司治理结构，以依法合规为前提深化改革，优化合规管理体系，以公司章程为依托，依法厘清各治理主体职责边界，构建“权责法定、权责透明、协调运转、有效制衡”的公司治理结构体系。持续完善依法决策机制，突出“总揽全局、协调各方”，促进党的领导融入公司治理制度化、规范化、程序化。

5. 着眼文化养成，落实依法合规治企要求，为合规文化建设打下坚实基础

合规文化养成是有效防范化解风险、保持企业基业长青的必然要求。积极培育合规文化，打造多方位宣传阵地，落实依法合规治企要求。加强文化引领，提升依法治企文化素养，以新时代石油先进文化铸魂塑形，大力宣贯新版《企业文化手册》《员工手册》和《诚信合规手册》，通过国家宪法日、合规管理信息平台、文化教育基地、学习培训、故事分享等载体，推动依法合规治企要求入脑入心入行。增强依法合规治企的政治自觉、思想自觉、行动自觉，引导全员将合规要求贯通工作始终，把依法合规治企作为新时代石油先进文化建设的重要内容，强化忧患意识、风险意识、系统观念，确保各项规程标准、规章制度、工作部署执行到位，使依法合规、诚信守法、廉洁从业成为全体干部员工的自觉行为和基本准则。

三、主要效果

伴随着油田勘探建设，物资分公司先后历经供应营、物资供应指挥部、物资供应处和物资公司等几度改革重组，成长为集采购、仓储、物流、检测和配送于一体的现代供应链企业，形成了“3+*N*”区域仓储布局和覆盖油区主力生产单位的“1 小时物流圈”，建立“管采供”一体化模式和“管办分离、相辅相制”的管理体制机制，创造了共享商城、工厂到现场、“1+*N*”专班制、代储代销、全供应链质量管控等 16 项特色工作法，遵循“合规、质量、效率、效益”工作要求，重新修订“1+6”物资采购制度管理体系，实现采购管理向供应链管理转变，采购成本最低向全生命周期总成本最低转变，采购信息化向采购数字化转变的三大跨越。工程、物资和服务总招标率达到 100%，物资两级集中采购率突破 95%；采购资金节约率达 7.2%，采购管理工作走在中国石油各地区公司前列。先后参与“西气东输”“中俄天然气管道工程”、储气库群建设等一大批国家重点工程建设，以“油气上产、物资先行”的信心决心，全力保障油田生产建设重点工程项目的物资有序稳定及时供应。

撰稿人：赵巍　张利阳　图片提供：郝悦　刘露　徐含冰

曙光采油厂采油作业六区

一、背景起因

曙光采油厂采油作业六区（简称六区）成立于2000年9月，位于新生苇塘腹地，地处辽河盆地西部凹陷西斜坡中段，是一个涉及稀油、常规稠油、普通稠油、特稠油和超稠油的综合作业区，自下而上发育古潜山、杜家台、莲花、大凌河、兴隆台和馆陶层六套开发层系，具有断块复杂、稠油占比大、油品性质全、开发方式多等特点，共有吞吐、SAGD、蒸汽驱、火驱和注水等五种开发方式，其中吞吐、SAGD年产油规模占全区总产量98%。现有员工335名，其中党员91名。共管辖机关2室1中心、1个地质室、1个综合维修班、13个采油站、6个党支部。共有各类井1022口，油井开井503口，年产油能力70万吨，是曙光采油厂超稠油主力生产单位。

自2003年9月被授予中国石油天然气集团有限公司“百面红旗”单位以来，经过近二十年的历练和实践，采油作业六区孕育了先进的企业文化。首先，这种文化表现为六区“三种传统精神”，它伴随着六区十五年的发展传承，熠熠生辉，成为激励六区干部员工和企业发展的精神支柱；其次，这种文化表现为“抓好三个第一”，它伴随着六区的成长发展而不断提升，是六区稳健发展的法宝，成为企业发展的基础和支撑；第三，这种文化还表现为独到的“一个责任体系”建设，它伴随着六区的进步而不断创新，成为采油作业六区发展的活力和源泉。

二、主要做法

（一）弘扬三种精神

1. 弘扬“扛红旗、站排头、争第一”的百面红旗精神

采油作业六区自2003年9月被中国石油天然气集团有限公司授予“百面红旗”单位以来，干部员工始终坚守“夺旗不易、扛旗更难”的理念，瞄准一个一个新目标，结合企业形势任务不断变化和持续发展的新实践，大力弘扬和

传承石油精神铁人精神，并不断赋予其新的内涵。六区领导班子提出“夺旗不易、守旗更难、以人为本、以旗为镜、凝心聚力、争创一流”的红旗理念，意味着作为百面红旗单位，各项工作都要在全厂站排头、争第一。自此，六区干部员工在“扛红旗、站排头、争第一”百面红旗精神的激励下，结合不同时期党建工作形势和生产经营中心任务，创造性开展各项工作，为六区争得了一个又一个荣誉，包括辽宁省“模范职工小家”、全国“模范职工小家”、全国班组安全建设管理优秀成果展示一等奖、辽宁省先进基层党组织、全国创先争优先进基层党组织等 10 余项省部级以上荣誉。

2. 弘扬“油稠人不稠，困难也低头，管理争一流”的连续超产精神

六区是一个以开发普通稠油和超稠油为主的采油生产单位。自 2003 年以来，主力生产区块先后经历出砂、汽窜、套坏、出水和采油工艺转换等一系列稠油和超稠油开发矛盾和困难。针对以上困难与矛盾，全体干部员工以“油稠人不愁，困难也低头，管理争一流”的智慧与担当，先后总结摸索出了“治理汽窜油井 ABC 管理法”“SAGD 井六位控制法”“油井对标管理”等一大批成功经验和做法，其中油井对标管理法，由该区辽河油田公司劳动模范王怀海通过仔细研究超稠油油井生产中所遇到的诸多管理难题后，以油井注汽、作业、汽窜、产液量、掺液量、回温和回压七个关键环节为重点，经过不断地现场摸索规律、录取数据、分析对比，总结提出的。这些方法不仅除掉了六区质量效益发展路上的拦路虎，也创造了六区实现连年超产的辉煌业绩。自 2003 年以来，该区已实现 19 年连年超产稳产。

3. 弘扬“勇做弄潮儿，甘当清洁工，水中夺高产”的抗洪复产精神

六区主力生产区块全部处于世界第一大苇场腹地和饶阳河河套内，同时也是 SAGD 开发重点区域。附近河道内淤泥大量沉积，河床逐渐提高，影响区块面积越来越大。自 2002 年以来，每年都有多座采油站近 300 多口油井常年受洪潮侵袭。尤其是 2022 年，六区遭受到 70 年不遇，历史最高水位的洪水侵袭，全区有 12 座采油站被淹，井场最深水位达 4.3 米。六区在抗洪防潮堤上成立了抗洪抢险临时党支部，将 90 余名党员分为由车辆调配小组、堤坝加固小组和应急指挥中心构成的“两组一中心”，形成“一点指挥、两线作战”的整体联动机制，打赢了十余次抢险攻坚战。在排涝阶段，临时党支部又成立了无人机监测、围堵排涝、清污3个突击队，铺设隔油栏7800米、清理垃圾120吨、架设排涝泵71台次，确保顺利排涝。复产阶段，组织党员成立了电机拆装、抽保、电路维修和产能恢复四个突击队，日均调配长臂沟机、自吊卡车、铲车24台次，拆装电机、配电柜620台，更换电缆2000米，保养抽油机370台。在这场守护防潮堤的战役中，90余名党员主动驻站巡检968站次。58岁的老党员薄立国忍着关节炎的疼痛坚持抢险，共扛运水泥1.2吨；机关党员韩吴越水上作业千余小时，三个月未回家；唯一的女站长廖丹带领党员坚守班站5夜未归；政工组长贾爽连续90天无休，全力做好无人机监测、后勤保障、井站消杀、驻守国堤工作。门福信晒出了“抗洪色”、徐梓艺喊出了“抗洪嗓”、刘晓明染出了“水泥灰”。六区党总支被评为辽河油田公司抗洪抢险优秀集体，62名党员分别荣立辽河油田公司抗洪抢险个人一、二、三等功，门福信被评为辽河油田公司抗洪抢险特殊贡献者。

如今，六区干部员工面对严峻产量任务和环保要求，将继续弘扬抗洪复产精神，精心守护苇海湿地的一苇一木，用实际行动践行“原油产量是金山银山，绿水苇海也是金山银山”的环保理念。

（二）始终抓好“三个第一”

1. 始终抓好产量第一要务

原油产量是采油生产单位赖以生存的生命线，能否完成上级党组织交给的产量任务，也是检验一个班子执行力的标志。多年来，六区历任班子始终把原油产量作为第一要务，结合不同时期党建工作形势和生产经营中心任务，开展“三个讲清楚”形势任务教育，2022年领导班子、机关直线和班站干部三个层面开展宣讲26场次，集中研讨9场次，开展党员群众谈心谈话32人次，形成交流材料18份，引导全体员工认清新形势、明确新目标、扛起新责任，增强全区员工完成全年业绩指标的信心和决心。结合党员理论学习、中心组学习、提升党员政治素质，并通过开展党员承包、党员带群众、党员亮身份等活动，组织广大干部员工开展技术攻关保稳产，始终瞄准超产目标不放松，为六区实现连年超产稳产打下坚实基础。

2. 始终抓好安全环保第一责任

十多年来，六区历任班子始终严守安全环保红线底线不懈怠，通过在全体员工中扎实开展创建无违章无隐患示范岗（责任区）活动，开展党政同责系列活动和群众性安全监督哨，以及隐患排查整治等工作，在打造平安六区中发挥了战斗堡垒作用和党员的先锋模范作用，确保了六区连续多年安全环保形势持续稳定可控。六区也连续多年被评为辽河油田公司、曙光采油厂安全生产环境保护先进单位。

3. 始终抓好员工队伍稳定第一要素

六区始终把“我爱我家，我建我家”作为建区共享理念，在关心关怀关爱员工投入上下功夫，各基层站队以支部为家打造规范化特色支部建设，形成了六区独有的家文化理念和氛围。一是各站队党支部把缓解员工压力、提升工作能力作为支部做好群众工作的重点，确定了“稳定情绪送思想，解决困难送资助，发现问题送办法，技能提升送培训，做出贡献送奖励”的具体措施。二是构建沟通谈话平台，持续十年来坚持开展送关爱温暖活动，每年给有子女参加中高考的员工送慰问，给困难员工送温暖基金慰问，有针对性地开展解压、解扣、解惑、解困和解难的团队文体活动。三是每年利用油水井分析比赛、青工技能比赛、青工职业生涯展板、青年典型报告会，为年轻员工脱颖而出搭舞台、给阵地。尊重员工、关爱员工、凝聚队伍，使员工的归属感和荣誉感持续提升。

（三）独到的干部管理责任体系

六区始终把干部管理作为兴企之本。六区四楼走廊里的干部责任体系建设纲要展示牌，分为工作责任篇、工作态度篇、水平篇、方法篇、考核篇和原则篇等，写满了六区对干部的素质要求和工作指导，内容一目了然。“安全是红线，产量是业绩”“允许失误，但必须弄清楚失误在哪里”“落实比安排重要”“干部不能总讲观点，重点要讲解决问题的办法”“自己安排的工作要自己去落实”“吃不了辛苦不要干采油，耐不住寂寞不要干采油”“既要有完成业绩的热情，又要有完成业绩的底力”等，一句句六区干部耳熟能详的“经典名句”激励着他们立足岗位敬业奉献。

值得引以自豪的是，在不同时期，六区涌现出了门福信、孙林、王怀海、张健国、黄波、廖丹、徐梓艺等一批厂先进典型和辽河油田公司劳动模范、中国石油天然气集团有限公司先进工作者。冉杰、王卫东、王伟、宋福军、郎宝山等一批劳动模范也曾相继在六区任职。

三、主要效果

“三种精神”“三个第一”“一个体系”，是六区经过 15 年开发建设培育出的全体干部员工的共同价值取向，是百面红旗单位采油作业六区基本内涵，它在作业区全体干部员工心中生根、萌芽、生长，突出彰显了作业区文化的软实力。“三种精神”的弘扬，增强了干部员工的责任感和使命感，为六区实现 19 年连年超产稳产，安全生产无事故、员工队伍和谐稳定提供了强大的精神动力和精神支撑。

六区先后被授予全国“模范职工小家”、全国“青年文明号”、全国“创先争优先进基层党组织”、全国班组安全建设与管理优秀成果展室一等奖、中国石油天然气集团有限公司“百面红旗单位”、中国石油勘探与生产分公司“能效对标示范站队”、辽宁省“先进基层党组织”、辽宁省“模范职工小家”、辽宁省“先进基层党组织”等 30 多项油田公司级以上荣誉。

（一）“三种精神”的传承极大提高了员工队伍的战斗力和执行力

近年来，六区在成本紧张、产量任务严峻的条件下，克服了新井效果变差，资源接替不足等困难，广大干部员工狠抓老井管理，紧盯地质精细开发，为曙光采油厂产量的完成做出了突出贡献。

（二）抓好“三个第一”的工作理念有效激发了员工队伍的主动性和创造力

六区找准基层基础工作抓手，使基层力量向原油生产攻关，向安全生产发力，向队伍和谐稳定聚焦。全区干部员工凝心聚力，劲往一处使，心往一处想，全区实现了原油产量、安全、队伍的三个稳定。六区实现了无任何安全事故、员工违法犯罪现象。六区原油生产、安全环保、党建思想政治等各项工作均走在全厂前列。

（三）独到的干部管理体系将党员干部的工作责任充分压实到具体工作中

为六区各级干部注活力、压担子、鼓干劲、尽职责、敢担当，奠定了良好的基础，极大地激发了党员干部干事创业的热情。六区先后涌现出干事创业、敬业奉献的好站长张建国、黄波、董其军，中国石油天然气集团有限公司电工技术比赛金牌选手卜庆寒，钻研技术、不断创新、勇于攻关的青年技师赵伟等一大批典型。

撰稿人：臧旭峰　杨彧荣

曙光采油厂热注作业一区冬梅女子注汽站

一、背景起因

曙光采油厂热注作业一区冬梅女子注汽站（简称冬梅女子注汽站）位于盘锦市西北绕阳河东岸，2001 年建成投产，2007 年以中国石油天然气集团有限公司劳动模范周冬梅的名字命名。该站有 6 台蒸发量为 19.5 吨的注汽锅炉，担负着杜 84 块、杜 813 块等区块 500 多口稠油井的蒸汽吞吐任务，年注汽能力 80 万吨。现有员工 56 人，其中党员 12 人，大专以上学历 27 人，高级工 36 人，高级技师 1 人，技师 3 人。

多年来，冬梅女子注汽站继承发扬大庆精神铁人精神，秉承“为油井负责、为产量着想”的责任理念，用优质服务打造行业标杆，靠创新管理铸就服务品牌，用“管理六法”和“四度作风”夯实班站的基础管理，引导党支部党员干部攻难关、克难题，以组织有力、融合强基展现党支部堡垒力量，实现了班站管理水平持续攀升，让中国石油天然气集团有限公司标杆班组的旗帜更加鲜艳夺目。冬梅女子注汽站年接待参观人数达到200人以上，近年来获得了中国石油天然气集团公司“先进基层党组织”、辽河油田公司“红旗党支部”等荣誉。

二、主要做法

冬梅女子注汽站成立14年来，一直是曙光采油厂乃至辽河油田公司的标杆和品牌。该站先后经历周冬梅、李迎春和赵悦三任女站长兼党支部书记，她们一任接着一任干，一年接着一年干，聚焦弘扬冬梅精神接续奋斗，矢志不渝，在弘扬传承冬梅精神中强责任、攻难关、强管理，实现了冬梅团队力量更坚，品牌更亮，红旗更红！

（一）传承铁人精神，坚定信念攀阶梯

在冬梅女子注汽站建设发展进程中，站长周冬梅起到了不可磨灭的作用，在她的带领下，站上员工发扬大庆精神铁人精神再学习再教育，扎实开展了“为油井负责、为产量着想”的“责任热注”主题实践活动，树立责任意识，锤炼责任行为，打造责任形象。每一次的生产手段、设备条件和管理方式的转换和技术升级，每一项荣誉的取得，都成为冬梅女子注汽站新的奋进起点，激励员工向更高目标迈进。

曙光采油厂230万吨原油产量中稠油、超稠油占90%以上，稠油生产热注先行，生产任务能否完成与注汽质量息息相关。行为带动永远比语言鼓动更有效，基层干部最重要的就是凡事走在前，难事干在前。小站虽小，责任重大。周冬梅在工作中牢固树立“为油井负责，为产量着想”的大局意识。作为站长，一天24小时要随时应对、处理岗位上的应急问题。问题的降临是从不看日子不挑时间的，只要设备有问题，无论什么时间站长都必须第一个到现

场。大年初一的晚上停炉转注，由于干线上的80阀门内漏，管线长且弯头多，等到注汽检查时发现有一根活动管线冻堵了，后半夜一点多钟，站上员工把电话打到了站长家里，如果不马上解决，管线将会越冻越长。时间就是命令，就是任务，就是效益。周冬梅放下电话立即赶到站上，在刺骨的寒风中，扯起3捆长6分的胶皮管，接上蒸汽迅速解起冻来，等到锅炉开始平稳地运行注汽时，天已经亮了。

“工欲善其事，必先利其器。”设备故障停炉将会直接影响注汽效果。周冬梅根据站上日常设备运行的实际状况，制定了《“冬梅女子注汽站”站设备分片承包考核办法》，坚持“谁主管，谁负责”的原则，按照“十字作业”法和设备“4321”管理制度，实现了站区设备日常保养工作的程序化和标准化。她坚持落实设备巡检制度，引导员工做好设备的“望、闻、听、切”，坚决把隐患和苗头消灭在萌芽之中。由于奖罚分明，全站员工勇于发现问题的积极性得到提高，也进一步强化了停炉检修和设备的日常保养工作。

（二）传承冬梅精神，坚守责任固堡垒

制度优化升级，深化管理内涵，是近年来驱动该站基础管理在巩固中夯实，在创新中提升的经验法宝。冬梅女子注汽站党支部成立之初，怎样在工作中最大限度地消除性别差异，扬长避短，是摆在第二任站长李迎春面前的首要问题。为了消除姐妹们的畏难情绪，任何事情她都干在前，冲在前。她带领全体女员工凭借女性特有的不服输韧劲，克服各种困难，在努力提高岗位操作水平的同时，积极地投入到设备保养、隐患排查、站容站貌整改等各项工作中。注汽锅炉停炉后辐射段的检查是让男员工都头痛的工作，由于锅炉进出口小、炉内温度高，烟灰大，大家都不愿意进去检查。作为站长，她每次都第一

个钻进0.5平方米左右的炉口，进入炉膛，顶着高温，被烟灰呛得眼泪直流，但是她强忍着，认真检查炉管、瓦口、旋风板及炉卡子的运行情况。在她的带动下，员工们都陆续钻进炉膛，承担起认真检查的责任，保证锅炉的安全平稳运行。

在李迎春的带领下，冬梅女子注汽站大胆实践，总结提炼了一套独具特色的品牌管理六法，通过“管理小高招、节约小措施、安全小提示、工作小交流、成本小分析和技术小革新”创新班站管理方式，时刻秉承“不浪费一颗螺丝”的精细化管理理念，查找浪费现象，制定节约措施，抱起一个个精细化管理的“金娃娃”。

冬梅女子注汽站把细化日常用料、降低设备能耗、深挖注汽潜力作为精细化管理的重要工作。在冬梅女子注汽站，员工自制的小物件随处可见：供油泵长时间运转，造成油封漏油磨损严重，而更换时没有专业工具，会耽误很长时间，尤其冬季容易导致油管线凝堵，他们利用废旧的油封盒，焊进三个小钢棍，粗细以插入油封小孔为宜，就很容易将油封取出；站内很多阀门长年裸露在外，需要经常保养，既不经济也不环保。他们根据每个丝杠大小设计出不同尺寸的上百个防水丝杠压帽，并在全区推广使用，减少重复保养工作量。该站外排污水泵因超高污水温度极易造成阀门堵塞，他们根据阀芯内部结构，自制阀芯扳手，使用起来很方便，大大提高了工作效率。此外，点滴积累的“节约小措施”，随处可见的“安全小提示”，每天雷打不动的早、中、晚三次“工作小交流”，这些有着极强针对性和实用价值的小点子，正在生产一线中发挥着重要的作用。近年来，利用这些小点子，冬梅女子注汽站累计增气53.5万多立方米，节电7.2万千瓦·小时，避免天然气流失26万多立方米，修旧利废创效20万元。

该站利用安全管理“夯基”法，使上岗员工对当班存在的风险能够全面掌握并及时防范整治。截至2023年实现安全生产注汽已达到8000天。如今，冬梅女子注汽站紧密围绕注汽生产中心任务，以创先争优的实际行动，示范带动员工群众，让堡垒更坚、旗帜更红！

（三）传承冬梅精神，坚实稳固铸品牌

俗话说“三个女人一台戏”，建站容易兴站难，要唱好女子注汽站这台大戏，绝非易事。如今，作为兵头将尾的女站长，要带出具有凝聚力和战斗力的团队，不仅要有一颗良好的心态，更要有比管理普通班站还要包容的心。第三任女站长赵悦根据积累的基层班站管理经验，深知“家和万事兴”的道理，要想兴站，最首要的就是把大家的心拢到一起来，让大家对班站有“家”的归属感、自豪感和责任感。

为把党支部打造成攻坚克难的堡垒，赵悦带头做好站区内机泵、仪表、电路等设备的日常维护，定期对辐射段内部的瓦口、炉管、卡具及保温进行专项检查，对于损坏的设备，能自己修理的全部自己修理。尤其在2022年7月—8月有6台锅炉因洪涝停炉停注，从复工复产开始，她在洪水没有完全退去的情况下，主动请缨上站帮助清污和收拾锅炉房，连续七天不曾休息，上站清污、消杀、拆卸电机，一门心思扑在复产的工作中，以实际行动诠释了党员的责任和担当。

在2022年8月疫情期间，面对严峻复杂的疫情防控形势，赵悦全力做好员工核酸检测和生产协调工作。在抗疫过程中充分发挥大局意识、靠前意识和主动意识，不讲困难，不提条件，克服孩子年幼、路途遥远等重重挑战，冲上一线，主动担任采油厂防疫志愿者，在疫情防控最前沿诠释最质朴的初心使命

和最深厚的为民情怀，为服务“抗疫”大局、支援防控工作做出积极贡献。

冬梅女子注汽站结合热注区域化承包管理模式，坚持“抓生产从思想入手，抓思想从生产出发，生产难点在哪里，党建工作重点就在哪里”的工作理念，努力践行支部建设与班组管理的“思路融合”，使党建工作与热注业务思想统一、步调一致、齐头并进。他们主动服务乐干在前，精益管理实干在前，挖潜增效巧干在前，危难险重苦干在前，展示了热注人高效执行、勇争一流的岗位形象。

三、取得成效

多年来，冬梅女子注汽站经过不断实践，总结出了“三种精神、四度作风、管理六法”“三种精神”即为油井负责，为产量着想的责任精神；用优质服务打造行业标杆、靠创新管理铸就服务品牌的求实精神；爱站如家，敬业奉献的主人翁精神。“四度作风”即对待设备操作要有压力表一样的精度；对待注汽质量要有蒸馏水一样的纯度；对待体系执行要有柱塞泵一样的力度；对待身边的同事要有炉膛火一样的热度。“管理六法”即设备管理精细法、安全生产夯基法，岗位练兵互动法、注汽质量照镜法、节能降耗驾驶法、班站小家融情法。

围绕注汽生产、安全环保、服务保障、提质增效中心工作，积极探索党建与中心工作有机融合的有效途径，形成了以“为油井负责、为产量着想的责任精神，用优质服务打造行业标杆、靠创新管理铸就服务品牌的求实精神，爱站如家、敬业奉献的主人翁精神”为核心的冬梅精神内涵，使党建工作和中心工作的强大合力逐渐形成，党支部的战斗力、感召力、凝聚力都得到明显增强，全体员工的责任意识和综合能力明显提升，管理水平显著增强，通过创红旗、评红旗、夺红旗使标杆不倒、旗帜更红！

如今，冬梅女子注汽站不断打造一流班站的责任形象，多次荣获局级“红旗党支部”、厂级“优秀党支部”等多项荣誉称号。

撰稿人：李莹　杨菁

曙光采油厂集输大队曙四联合站

一、背景起因

曙光采油厂集输大队曙四联合站（简称曙四联）始建于1985年5月，是辽河油田处理工艺最全、体量最大的集输处理系统，堪称“航母级”联合站。现有在册员工84人，设有化验、加热、脱水、地衡、卸油等十二个主要生产岗位，管理着大小机泵162台，加热炉15台，各类油水罐38座，各类功能池8座。主要承担曙光采油厂采油作业一区、六区原油脱水、外输和污水处理等生产任务。设计处理液量460万立方米/年，处理原油115万吨/年。2022年处理液量达到734万立方米，处理原油143万吨，系统处于超负荷状态。

经过近40年的风霜历练，曙四联早已呈现出工艺老、人员老、设备老、负荷高的“三老一高”局面。员工数量逐年递减，处理难度逐年加大，要想始终保持安全平稳的运行状态，必须积极转变安全管理方式，实现员工由服从管理的“要我安全”向自主管理的“我要安全”转变。

近几年，在新冠肺炎疫情和低油价的双重压力下，曙四联按照辽河油田公司要求，积极开展自主安全管理班站建设。困难挑战面前，他们传承石油精神、大庆精神铁人精神，践行和弘扬敢挑重担、敢打硬仗、敢扛红旗、敢站排头的曙光精神，突出文化引领，坚持融合创新，全力实施了“党建＋自主安全管理”深度融合工程，以文化铸魂，以文化聚力，以文化赋能，为自主安全管理班站建设提供有效文化支撑。

二、主要做法

（一）以文化铸魂，凝聚自主安全管理共识

自主安全管理班站建设是一项长期、细致、复杂的系统工程，在建设实践中，曙四联注重发挥文化引领作用，通过“突出顶层设计、聚焦精神传承、深化对标学习”三个维度全面发力，凝聚全员思想共识。

1. 突出顶层设计，以点带面推进

聚焦“党建引领打造自主安全管理联合站”的奋斗目标，充分做好顶层设计和工作计划。为使员工达成自主安全管理心理契约，曙四联党支部牵头组织了“创建自主安全管理班站”启动仪式，员工自发编写了《自主安全管理倡议书》，由站长向全站员工发出倡议。围绕什么是自主安全管理、为什么推进自主安全管理、如何建设自主安全管理班站，组织全员大讨论，引导干部员工统一思想、深入探索。选取1#脱水岗、化验岗作为自主安全管理示范岗，岗长表态发言，签订了《自主安全管理履职承诺书》，实现示范带动的辐射效应。

2. 聚焦精神传承，深挖文化底蕴

曙四联运用文化载体强化理论武装，把党史、大庆精神铁人精神、曙光精神、安全知识等作为员工政治学习的标配，通过举办读党史接力赛、云走红色基地、主题教育宣讲、有奖问答对抗赛等形式，提升干部职工理论学习热

情。通过“三会一课”组织党员对习近平总书记关于安全生产重要论述和自主安全管理相关知识进行系统学习，并开展专题研讨。党支部还利用党员学习“三融入”的方式，将自主安全管理知识融入培训、融入党课、融入讨论。在每次学习研讨中，每个人都讲述了所学、所思、所感、所悟，做到活学活用。

3. 深化对标学习，汇聚思想合力

树立“学最好的别人，做最好的自己”工作理念，采取“走出去”和“请进来”相结合的方式，一方面组织队干部、岗位长到沈一联、锦州采油厂女子采油站进行调研学习，另一方面邀请辽河油田公司、兄弟单位安全咨询师进站讲授自主安全管理方法，通过学习，提高员工对自主安全管理的认知度和认同感。为增强员工参与自主安全知识学习的积极性和主动性，党支部寓教于乐，每半月在岗与岗之间组织自主安全管理知识对抗赛，根据团体成绩排名颁发奖品，经过 4 轮比赛，员工参与度达到了 80%，员工对自主安全管理知识的知晓度达到了 90% 以上。原曙四联站长王吉喆说：“虽然每次发的都是牙膏、香皂等一些小奖品，但鼓励作用非常大，现在员工工余时间刷手机的少了，看题库的多了，时常看见岗位员工互相提问安全题目，整个班站的学习氛围越来越浓厚。”

（二）以文化聚力，营造自主安全管理氛围

曙四联充分发挥企业文化的辐射导向功能，构建“宣传引导、阵地建设、典型引领”三位一体的环境体系，营造浓厚的自主安全文化氛围，促进员工在文化熏陶中转变思想。

1. 加强宣传引导，增强员工信心

通过支部书记集中宣讲、支部委员进岗答疑、党员谈心讲解等方式宣传自主安全管理理念。采取全媒体立体式传播，利用无线小广播、微信群，定期推送安全知识、事故案例、风险提示等内容，使班站员工无论走到哪里都能看到、听到、感受到自主安全管理元素。依托“网、报、微、视”媒体平台，全方位宣传自主安全管理班站建设成果，制作《前行中的曙四联》专题宣传片，在《中国石油报》《辽河石油报》专版、辽河油田公司官微刊发典型做法，激励员工的信心和动能。

2. 完善阵地建设，营造浓厚氛围

集中全员智慧和力量，调动善于书法的员工书写安全寄语，邀请擅长绘画的员工自绘“安全里程碑”文化墙，组织心灵手巧的员工制作安全桌面提示卡，营造出“抬头见、低头思、动时循、静时悟”的文化氛围。在1#脱水岗示范岗设立“龙虎榜”展示牌，包含“当一天岗长、做一次安全分享、排查一项安全问题”等9项任务，每季度按任务完成量评选“自主安全管理之星”，激励员工比学赶超。化验岗岗长王江华主动找到原曙四联党支部书记苏延东，提出想在操作间的一面空白墙壁上制作一个“安全树”展板，并将岗位员工对自己的安全提醒写在“树上”的想法。该想法得到了党支部的支持，没多久“安全树”便制作上墙，员工亲手将安全提醒卡粘贴到自己的照片下面。化验工孙颖说：“每次进入操作间看到‘安全树’，都会再次提醒自己，一定要按照规范操作，注意安全。”

3. 注重典型引领，激活内生动力

坚持用先进典型、优秀党员、好人好事弘扬正气、传递正能量，积极开

展“四联榜样”选树活动，分别从家庭美德、职业道德和社会公德三个方面树立榜样员工，广泛宣传孝老爱亲雷萍、爱岗敬业陈存慧等先进事迹，推动全站员工讲奉献、敢担当。充分利用标杆岗位的引领示范作用，通过班站小广播、微信工作群等方式对示范典型的亮点子、好做法进行宣传推广，以点带面，以面带全。召开“党建与自主安全管理”深度融合阶段总结会，交流典型做法，鼓励表彰先进，对未来工作进行部署。开辟“党建 + 安全”文化长廊，一侧介绍自主安全管理亮点做法，向员工展示；另一侧将日常安全生产要求绘制成漫画，供员工学习。

（三）以文化赋能，助推自主安全管理入心

自主安全管理要有实效，绝不能停留在纸上、墙上、嘴上。曙四联把企业文化融入“党建 +”载体，使自主安全管理内化于心、外化于行。

1. 创新“党建 +”载体，提升队伍士气

创新举办“党建 + 安全”演讲比赛，9 名员工走上演讲台，在思想碰撞中让自主安全管理的内涵和途径更加清晰，工作水平在潜移默化中不断提升。原 1# 脱水岗岗长国富强就是演讲比赛选手之一，他说，原本对自主安全管理的概念并没有很深的了解，在准备演讲稿的过程中，广泛收集相关资料，积极向队干部请教，时常与岗位员工讨论，在不知不觉中，自主安全管理理念逐渐扎根到他心里，自己对安全管理的理解也有了更深刻的体会和感悟。副大队长张书东说，这次演讲让他收获了“三个没想到”：没想到员工对演讲的反响能如此之大，没想到选手的安全意识能提升如此之快，没想到“党建 + 安全”的载体能如此之丰富。该演讲比赛得到辽河油田公司领导的高度赞扬，参照曙四

联演讲比赛的成功经验，辽河油田公司党委在全油田范围内开展“党建＋”演讲比赛，进一步拓宽党政融合新思路。曙四联党支部与兴二联党支部、洼一联党支部进行党建结对，围绕自主安全管理制定联盟联建目标，组织自主安全管理互学互查载体活动，实现角色互换，互相找出“灯下黑”问题。党支部牵头组织安全互检互查、安全参观调研等联盟活动 9 场次，借助联盟力量查找安全问题 36 项。

2. 坚持党员帮带，增强管理能力

党支部以“引领示范做表率，党员承包助安全”为主题，开展“党员安全承包评比”活动，党员与员工“1+3”结对子，安全责任同承担，安全工作同承包，安全考核同奖罚，营造“人人都是安全员、处处都是监督哨”的安全文化氛围。全年自行解决安全问题 68 项。坚持问题导向思维，深入开展党员立项攻关，设立“党建＋自主安全管理”党员工程，结合联合站安全管理的重点、难点组织党员进行立项，制定攻关阶段目标和攻关措施，党员组织攻克安全隐患问题 16 项。建立急难险重党员突击队，对班站出现的突发情况进行及时处理，保证以最快速度恢复平稳运行。

3. 注重全员参与，强化安全意识

在全站范围内开展“岗位安全小视频”“我的身边我来查”“隐患治理红丝带”等多种创新载体活动，并对活动中积极参与、上报问题突出的员工进行实时奖励，让每名员工都受到激励、得到鼓舞，全员安全责任意识、隐患排查能力显著提升。党支部还特别关注员工的身体健康，专门设立了健康小屋，配备了检测仪器、急救药品和健康书籍等。针对员工体检结果，建立了中风险和高风险人群健康管理档案，实施“一人一档、一人一案”的跟踪管理方式，邀请宝石花医院专家进站开展义诊服务 2 次，员工的健康管理意识普遍提升。

三、取得成效

经过不断探索实践，曙四联自主安全文化氛围日益浓厚，“党建＋自主安全管理”工程取得显著成效，曙四联连年保持安全平稳运行，累计解决安全问题百余项。2022 年实现提质增效 321 万元，干部员工工作士气和团队凝聚力明显增强。

曙四联合站被评为中国石油天然气集团有限公司“先进 HSE 标准化站队”，是辽河油田公司仅有的 6 个基层站队之一，并荣获辽河油田公司“优质低耗联合站”“质量安全环保自主管理站队”、曙光采油厂“质量安全环保先进站队”等荣誉称号；曙四联党支部于 2021 年被评为辽宁省“先进基层党组织”、辽河油田“红旗党支部”等荣誉称号，荣获曙光采油厂“十大优秀共产党员责任区”“优秀共产党员突击队”等殊荣。

截至 2023 年，曙四联合站已迎接辽河油田公司领导、处机关科室、二级单位团体、采油厂兄弟单位等不同层级参观交流团 20 余个，班站党员先后两次参与《辽河论谈》节目录制，分享文化创建工作方法。

撰稿人：王琳　王越　吴尚颖

曙光采油厂采油作业三区火驱注空气站

一、背景起因

曙光采油厂（简称曙光）采油作业三区火驱注空气站位于辽宁省盘锦市西部，地处辽河下游绕阳河畔东郭苇场境内。该站始建于 2014 年 3 月，同年 9 月 20 日正式投产，2016 年 8 月二期扩建，次年 5 月投入运行，占地 22000 平方米，日设计能力为 140 万立方米，主要由生产区、控制区和辅助区三个区域组成，共有往复式空气压缩机组 8 套、螺杆式风冷压缩机组 10 套、螺杆式水冷压缩机组 8 套、冷却水塔 2 座，是辽河油田首座自主设计、自主建设、自主运营的注空气站，主要担负杜 66 断块区火驱井组注空气任务。

随着设备老化，18 台螺杆机、8 台大型往复机变成了名副其实的“电老虎”和“油老虎”，一年的用电费用达到 5000 万元，占作业三区总电费的三分之一，往复机润滑油年耗 1.3 万升，再加上其他的配件及维护修理费，年度运行成本动辄数千万。对此，站党支部坚持把“党建带团建，根本在建，关键在带”这一理念作为工作的支撑点，真正做到方向上引导、思路上启发、工作上支持，大胆给员工压担子，进一步激发青年员工工作动力，焕发基层战斗堡垒作用。

2022 年是极度不平凡的一年，面对火驱产量低位起步、维修费用日益增高、安全监管趋严等诸多不利因素，火驱注空气站承压而上，逆势而进，战胜了几十年不遇的特大洪涝灾害和特大暴雪侵袭，他们在克服困难中取得新业绩、在负重前行中实现新进展，实现了火驱成本持续下降，安全形势持续转好，管理指标持续优化，队伍活力持续迸发，工作业绩持续增长。

二、主要做法

（一）自主运营，降本增效保稳产

自建站以来，该站始终把安全生产放在首要位置。针对站上人员新、设备新、环境新，员工中存在安全责任不清、操作规程不明、应急措施不会等实际情况，在全站实行了责任唯一属地化管理。将全站划分为配电室、压缩机、螺杆机、空冷机、储气罐和中控室六大属地责任区，每天每个区域指定 1 名责任人，负责对所辖区域设备的管理与危害因素进行排查，做到责任唯一，责任到人。由于站内的重要参数及设备均采取自动监控，实现了真正意义上的数字化和自动化，这对岗位操作人员的技能素质提出了更高的要求。为此，认真组织开展业务技能培训，做到“定期”即作业区每月组织一次，站上每周开展一次；“定时”即做到时间短、内容精，原则上每次不超过 10 分钟；“定人”即提前确定好业务培训的人员。强化全员参与，积极开展全员安全监督哨业务竞报活动，通过选拔，把思想素质高、业务能力强、工作经验丰富的优秀员工选聘为安全监督哨。在工作中，每名安全哨都能够在工作中做到“腿勤”按时定点巡查、“眼勤”随时发现隐患、“手勤”及时整改防范，从而及

时发现并制止工作中出现的各种不安全行为和调整设备的不安全状态。目前，每天有40万立方米的空气从这里注入到地下油层，为杜66块火驱开发提供充足稳定的气源，使杜66块91个火驱井组日产油较转驱前增加1倍以上。

（二）火炼真金，创建一流党支部

锤炼党性筑堡垒，铸造一流支部。围绕降本重点带头开展成本分析、围绕技术难点成立党员攻关小组、围绕操作要点带头传授工作经验。党员干部带头每班一次风险点源巡查、每天一次班前安全提示、每周一次安全隐患排查、每月一次QHSE体系检查、每季一次安全建议征集、每年一次工作交流评比。开展人文关怀行动，切实做到平时有人访、惑时有人解、难时有人帮、病时有人探。

锻炼素质强使命，打造一流队伍。坚持开展岗位练兵、导师带徒、职业生涯导航，扎实开展“双推优”，择优推荐共青团员、优秀青年入党，并依据青年自主创造力研发的“杜66火驱注空气站压缩机工艺优化”“除碳器应用及控油管理措施”等项目荣获辽河油田公司“金点子”、优秀青工“五小”成果。

熔炼团队聚合力，塑造一流形象。党支部认真落实“弘扬优良传统，重塑良好形象”活动安排，以共建“岗位建功的田园、民主和谐的家园、幸福温馨的乐园”为载体，着力增强凝聚力，提升战斗力，展示了曙光人的良好形象。

淬炼成钢加油干，创造一流业绩。紧紧围绕火驱平稳生产的目标，发挥员工思维敏捷、头脑灵活的优势，总结探索了“三调一控”用电管理法、压缩机变频器输出功率动态调整、螺杆机风冷改造等技术方法，踏实打造火驱示范基地。

（三）“党建＋团建”，激发青年新动力

强化思想引领，坚定信念明责任扛使命。组织团员青年认真学习贯彻习近平新时代中国特色社会主义思想，积极参与“青年大学习”网上团课，开展热点讨论。举办“青春践行二十大·不忘初心跟党走”读书分享会，撰写读书体会60余篇。按照上级团委关于开展“学党史、强信念、跟党走”学习教育的安排部署，通过召开主题团课、重温入团誓词、举行党史故事会等，促进团员青年爱党爱国和思想进步。坚持用石油精神和曙光精神激发动能，举办参观功勋井、请老党员讲创业故事等主题团日活动，组织“传承石油精神、汇聚青春力量”座谈讨论。针对站上大型进口设备多、操作维护难度大的实际，提炼形成了以“岗位精准操作，让标准成为习惯；设备精心呵护，让保养成为功课；效益精打细算，让节约成为风尚”为主要内容的“三精三让”理念，营造了奋发向上、苦干实干的浓厚氛围。

夯实基层基础，规范运行强功能增活力。团支部大力推进从严治团，严格规范团内组织生活，充分运用“智慧团建”“铁人先锋”，将线上线下有机

统一，认真开展“三会两制一课”、团组织关系转接等工作。加强对团员青年的教育管理，注重时代感和吸引力，利用“青春火驱”交流群开展交流学习9次，促进团支部的组织力、号召力、战斗力不断提升。坚持开展岗位练兵、导师带徒、职业生涯导航，扎实开展“双推优”，先后推荐3名优秀共青团员入党，推荐5名青年走上地质、管理等岗位。青年骨干张可、穆雨等研发的“杜66火驱注空气站压缩机工艺优化”“除碳器应用及控油管理措施”等项目荣获辽河油田公司“金点子”、优秀青工“五小”成果。2019年7月，团支部迎接辽河油田、西南油气田、长城钻探等企业联合举办的团干部培训班参观学习，受到高度评价。

服务中心工作，扎实履职建功业展作为。组建青年突击队，在急难险重新任务中展现自身价值，特别是每年2—4月为设备维修保养的黄金时期，认真对大到空气压缩机、干燥器等关键设备，小到一个螺栓、管卡都逐一排查、精心保养，在确保设备高效运行的基础上，圆满完成注气任务。针对火驱生产成本较高的情况，实施团员青年对重点设备“一对一”承包方案，出现故障时主动上手，能自己维修的绝不外委，几年来共节约维修费近300万元。火驱注空气站的压缩机是耗电“大头”，团支部带领团员青年讨论确立8大项32小项对标管理节点，通过优化注气参数、提升空压机运行时率、动态调控双机运行参数，实现年节约电费110万元，单耗降低5个百分点。

（四）干字当头，创效显真章

“过日子就得有个过日子的样。”经过摸索，老站长董志涛带领站区技术骨干研究出了三项用电管理法。一是“对标式”管理法，通过对压缩机温度、压力、电流等24项运行参数综合对比分析，制定了压缩机对标管理办法，含8大项、34小项对标节点，各项参数得到了合理优化，系统效率和能耗都得到了改善。二是“温控式”管理法，自制除尘装置，利用压缩机自产气吹扫散热器，有效降低压缩机运行温度，既降低了电单耗，又省下了外委费用。三是“变频式”管理法，站区螺杆压缩机没有配备变频器，不能根据系统气量需求，自动调节输出功率。为了达到节能的目的，通过电脑实时监测运行数据，根据供气压力人工调控螺杆机电流，动态调整压缩机输出功率，实现了“变频式”管理，单机日耗电减少 500 ~ 800 千瓦时。在取得显著效果后，他们并没有骄傲自满，经过设备调试，在润滑油的使用上，采取“少食多餐”的加油方式，总结出“4+1 润滑油管理法”，防止因温度过高润滑油乳化造成浪费。针对站区处于苇塘湿度大，干燥器脱水效果差，干燥剂粉化后堵塞管道脱水难等问题，董志涛提出对脱水工艺进行优化改造，同时，定期对干燥剂活性氧化铝进行筛除、清洗、风干，处理后二次使用，既保证了脱水效果，又避免了材料浪费。在一系列的措施下，连续两年全年节约成本近百万元。

全站生活实际用电量每天约 10000 千瓦时，但计算生活区电器设备、照明用电以及折损后发现远低于实际用电量，对此，现任站长陈治国带领相关人员对全站进行全面梳理，查找用电出入点。通过对外委单位安装电表、对站内路灯安装定时开关、严格执行生活区用电“峰谷平”管理，每天生活用电量降至 6000 千瓦时，全年节约电费 26.4 万元。压缩机使用的是美国寿力润滑油，单台理论油耗 17.5 升 / 天，日油耗费用在 4000 元左右，设备油耗大，运行成本高。陈治国主动请缨，经过多次研究、反复摸索确定了“三个合理、一个保证”的节油措施，通过一段时间的运行，单台往复机实际油耗降低了 1.25 升 / 天，累计节约油料费 22 万元。受 2022 年洪潮影响，平均单日运行设备仅是原运行设备的四分之一，同时由于前期节能改造，将风冷式螺杆机改为水冷，仅靠原来的供暖方式不能保证正常的冬季生产。对此，陈治国认真摸索论证，决定在空冷器热风扇上加装上部顶盖，通过集热腔将热空气顺着新建风管至厂房内，达到提高室温的效果。该装置改造将厂房内冬季室温由零下提升至设备运行所需的最佳温度 15℃以上，确保了设备的正常运行，提温效果明显，成功破解了冬季生产难题。

三、取得成效

成立 9 年来，坚持以“火炼真金，创造一流”为初心使命，针对每一道难题制定一套方案，由党员骨干牵头，团员青年开拓思维，形成群雁效应，实现了成本可控，安全无风险。2022 年共节约各项费用 48.4 万元，消除隐患 57 项，圆满完成全年既定目标。

曙光采油厂采油作业三区火驱注空气站于2019年7月被中央企业团工委授予中央企业五四红旗团支部，2019年6月被辽河油田公司授予先进基层党组织，2019年5月被辽河油田公司授予第七届十大青年优秀团队，2020年5月被共青团中央授予全国五四红旗团支部，2021年6月被辽河油田公司授予先进基层党组织称号，2021年7月被中国石油天然气集团有限公司授予先进基层党组织，2022年12月被辽河油田公司授予十大青年突击队，2022年12月被辽河油田公司授予安全先进班组，2023年2月被辽河油田公司授予红旗党支部等荣誉称号。

撰稿人：祁卓君

兴隆台采油厂兴 60 站

一、背景起因

兴 60 站，隶属于兴隆台采油厂采油作业三区女子采油队党支部。地处盘锦市兴隆台区陈家村，始建于 2008 年 11 月，占地 2600 平方米。现有员工 26 人，党员 11 人。年产原油 11 万吨，天然气 7300 万立方米。为贯彻落实集团公司“清洁替代、战略接替、绿色转型”三步走总体部署，兴隆台采油厂统筹规划了兴 60 站绿色低碳示范站建设工程，依托“光伏发电 + 空气源热泵 + 电热储能 + 绿色举升”等多能互补技术优势，兴 60 站已建设成为辽河油田首座绿色低碳示范站，为辽河油田新能源项目的推广应用起到示范引领作用。

兴 60 站自建成以来，先后荣获“全国工人先锋号”“中央青工委青年文明号”“集团公司 HSE 标准化站队”“集团公司质量信得过班组”“辽宁省优秀班组”等荣誉称号。2022 年入选辽河油田“企业文化建设示范点”。为了传承好、展示好兴 60 站文化阵地资源，兴采厂不断加强兴 60 站的保护管理工作。同时，作为辽河油田首座绿色低碳示范站，充分发挥教育和宣传价值作用，迎接油田内外不同群体参观考察，在传播企业文化、弘扬辽河精神、展现企业形象等方面发挥了重要的教育作用。

二、主要做法

兴采厂紧紧围绕《辽河油田公司文化引领专项工作实施方案》有关精神，严格落实《关于辽河油田公司企业文化阵地沿用更名、撤销及首批功勋井、石油精神教育基地和第三批企业文化建设示范点命名的通知》各项要求，认真研究确定文化阵地建设的方向和目标，不断丰富文化阵地建设的形式和内容，系统梳理兴采厂丰富的有型文化阵地资源，形成独具特色的文化阵地体系，打造“一地三井一园两馆”文化阵地品牌，充分利用文化阵地开展文化传播、丰富文化实践、巩固文化成果，促进企业文化企业精神落地落实，提高企业的知名度和美誉度，以文化建设推动企业高质量发展。

（一）历史沿革

伴随着兴古潜山油井的大规模投产，兴 60 站于 2008 年 11 月建站生产，坐落在兴隆台区陈家乡南 100 米。2011 年管理的 17 口油井，日产油最高达 1400 吨，日产天然气达 21 万立方米，为兴隆台采油厂重上百万吨，超越百万吨做出巨大贡献。

兴古潜山区块是辽河油田封藏了 40 年的未动用油藏，具有油藏最复杂、开采技术最先进、管理难度最大的“三最”特点及油井高产、地层高压、城区高危的“三高”难题，管理好兴古潜山油井是兴 60 站员工的首要任务。作为油田公司产量规模最大的基层班站，员工们在没有成型的管理经验可以借鉴的情况下，在一点一滴的生产实践中不断摸索，不断归纳总结管理方法，使油井全部处于最佳生产状态，一度成为当时辽河油田产量最高、效益最好、吨油成本最低的采油班站。2023 年，

为贯彻落实集团公司“清洁替代、战略接替、绿色转型”三步走总体部署，依托“光伏发电 + 空气源热泵 + 电热储能 + 绿色举升”等多能互补技术优势，兴 60 站作为辽河油田首座绿色低碳示范站建成投运。

（二）文化阵地轶事

1. 露天的计量间

在采油站里，计量间、配水间、泵房那是标配，对于新建站来说，那更得是高端大气上档次的标准了。随着班站建设的推进，员工们却发现，怎么只有值班室和小伙房呀，这么大规模的站计量间在何处？

“你瞧，新安装了两个分离器，这咋和以前的不一样呢？”“这一大排阀门又是干啥的呀？”“还不建计量间呢？”员工们心里疑惑重重。

原来的计量间都采用计量分离器，也叫玻璃管量油，需要员工使用秒表进行计量后折算数据。而兴 60 站使用的是翻斗计量，计量阀组也都建在了室外，这是辽河油田第一个没有计量间的班站，第一个使用了半自动化量油装置的班站。员工把需要计量的井导入计量分离器系统，在电脑上操作就可以实现量油了。

“计量时长可以设置，计量结束后自动生成结果，还能看到瞬时流量，数据可以永久保存。”大家在使用过程中发现太多好处。随着班站的建设升级改造，现在的兴 60 站已经实现了全自动量油，员工的劳动强度明显降低，安全系数大大提升。

2. 历史的记忆

对于兴 60 站的老员工来说，最自豪的当数井场上 5 台钻井机同时开钻的经典画面。有人疑惑，这么小的地方，打井这么密集，能行吗？殊不知，因为城区内打井，地理条件受限，只能充分利用现有的井场进行钻井。兴古潜山水平井技术的应用解决了地面条件受限的问题，地下水平段可以延伸至四五百米远。最兴奋的当数点燃火炬的那一激动人心的时刻。兴古潜山开发初期投产的新井，替喷时都先进钻井液池，等着钻井液替干净以后才能进系统生产。当时为了保证安全，需要把随着原油一起出来的伴生天然气点燃，俗称点火炬，这一刻也是油井投产成功的一个标志。最豪气的是大管径管线的铺设。正常油井

单井进站管线都是 ϕ73 毫米管线，而进兴 60 站系统的油井单井管线一般都是 ϕ108 毫米的，大管径的使用也预示着一口又一口高产井的诞生。兴 60 站共计投产了 12 口百吨井，那忙碌、欢呼的场景仍旧历历在目。

3. 一毫米的火眼金睛

高嵩蒿大学毕业参加工作，实习期结束来到了兴 60 站，成为该站的第二任大学生女站长。

兴古潜山油藏 2007 年大规模开发，产量高峰时，就有 17 口百吨井。由于液量高，压力高，每两天就要检查一遍油嘴，防止有刺漏的现象影响压力。

根据井的情况，油嘴的大小为 6 ~ 8 毫米，每两天需要把油嘴拆下来用游标卡尺检查大小。站内管理的水平井最多，产量最高，对待这项工作高嵩蒿不敢有丝毫马虎。油嘴是小了，会影响产量，大了会影响压力，只有严格按地质论证要求的油嘴生产才能实现合理化。检查一次油嘴，需要一口井关两个阀门，放压、拧丝堵、拆油嘴，看似简单的操作流程，也很费力气。用游标卡尺量得多了，也就练成了火眼金睛，她看一眼油嘴就能判定是否符合标准大小。

4. 用油井清蜡深度环绕地球

对于自喷油井的管理，最重要的一项工作就是清蜡，保证油管畅通无阻是稳定油井产量的关键一步。利用铅锤的重力作用把刮蜡片送到井下，在上提的过程中利用刮蜡片的自转将管壁上的蜡带出井筒。

针对油井的产量、蜡质等不同，清蜡周期也不同，大多数油井需要一天清蜡两遍。4 米高的清蜡平台要通过爬杆抵达，清蜡一次需要爬上爬下两次，一次清蜡下入深度为 1000 米。一年 365 天日复一日，年复一年，看似简单的操作，存在着安全、井控等多种风险，员工们操作时既要保证自身的安全，又要保证油井的安全。累计清蜡 131200 千米，可绕地球 3.2 圈。

5. 寒冬夜巡漏油点

那是发生在 2019 年冬天的故事。兴古 7–H231 井是兴 60 站的一口自喷井，日产油达 60 吨，产量非常高。临近下班时间，采油工张海英发现该井油压下降了不少，但测油产量没有变化，这引起了她的警觉。12 月的冬天，下午 5 点天就已经黑了下来，张海英叫上另外两名女工一同去井口检查，发现兴古 7–H231 井周围土地有漏油现象，初步认定可能是埋在地下的管线出现漏油情况。

冬天的夜晚寒风刺骨，即便是这样，三名女同志也丝毫没有畏惧，她们抱作一团，手里攥着手电筒紧张地在井场寻找漏油点。临到晚上七八点的时候，天色已经大黑，井场上只能看到三只手电筒发出的微光。此时，小队也派来一辆应急车帮忙，车头灯发出的两束强光瞬间将井场照得格外亮堂，集结了温暖，更驱散了寒意。在几经排查后最终确定了漏油管线位置，大家一同将它挖了出来，直到换完新管线才下班。冬夜里，姑娘们拿着铁锹干活的双手早已被冻得通红，几乎都已失去了知觉，尽管如此，脸上放心而归的笑容也难掩。这样的小故事在女子采油队里还有很多，美丽的渤海湾畔，脉动的兴古潜山，处处记录着新时期女子采油队姑娘们栉风沐雨的坚守。

6.“行走”的管线

由于兴古潜山油井的特殊性，在一个生产周期内需要对油井进行气举，起到排蜡恢复液面、增强自喷能力的作用。

连接气举管线既是力气活又是技术活，兴 60 站的姑娘们克服自身弱势，纤弱的身躯毅然挑起重任。油管沉，那就多上几个人抬；胳膊不给力，那就放在胸前抱着；上油管短接，这边用管钳卡着，那边用脚踩着；抡大锤，干不动，就轮流上，你几下，她几下。

由于气举管线和弯头等设备不能满足每个井口配备一套，每次气举，姑娘们就将设备从一个井场搬运到另一个井场，有时候这样拆装气举流程一周就要走 10 井次，但为了产量稳定，姑娘们没叫过苦和累，硬是用柔弱的肩膀扛出了一幅管线行走图。

（三）文化阵地建设

兴 60 站的文化阵地建设对于兴隆台采油厂和辽河油田的意义重大，一直是企业对外宣传、接待参观学习的重点班站。2022 年，兴 60 站被辽河油田公司命名为第三批“企业文化建设示范点”。该站以创建“一流标准、一流工作、一流业绩、一流团队”为目标，以“团结、协作、担当、作为”为核心价值，传承石油精神，争做时代先锋，打造绿色低碳示范班站。为了传承好、展示好兴 60 站文化阵地资源，兴采厂不断加强兴 60 站的保护管理工作。同时，作为辽河油田首座绿色低碳示范站，对外展示辽河油田绿色低碳发展成果的窗口，充分发挥教育和宣传价值作用，在传播企业文化、弘扬辽河精神、展现企业形象等方面发挥了重要的教育作用。

三、主要成效

兴 60 站作为辽河油田企业文化示范点、辽河油田首座绿色低碳示范站、兴采厂文化阵地之一和对外展示辽河油田绿色低碳发展成果的窗口，充分发挥教育和宣传价值作用。在班站自主管理、无杆泵举升、光伏发电、标准化班站创建等方面已经形成经验做法，起到了示范引领的作用，将其好的经验做法供其他班站学习，起到达标、树标、创标的作用。

兴 60 站努力营造浓郁的企业文化氛围，用文化激发干事热情，用文化引领使命担当，用文化凝聚奋进力量。创建石油花文化品牌，以基本组织为土壤、安全生产为根须、经营管理为茎脉、岗位技能为叶片、班站建设为花朵、产量效益为果实，将班站文化与生产经营管理深度融合，激励员工唯油必夺、效益必争、红旗必扛，凝聚起全员为班站建设贡献力量的强大合力。

撰稿人：李维祎　王兴岩　图片提供：曹艳　魏新宇

特种油开发公司采油作业二区六号平台

一、背景起因

特种油开发公司采油作业二区六号平台（简称六号平台），是贯彻落实中国石油天然气集团有限公司“四精”要求，按照辽河油田公司部署安排，特种油开发公司划小经营核算单元，建设的产量最高、效益最大的SAGD油井生产管理大平台。

六号平台始建于2005年1月，开采曙一区杜84块超稠油油藏。2007年转为SAGD开发，为中国石油SAGD项目试验基地，是辽河油田建设国家能源稠（重）油开采研发中心的重要支撑。六号平台管理人员2人，管理SAGD生产油井6口，累计生产原油157万吨，培养“百吨井”3口，单井最高日产油达到200吨以上。

2021年，推进建设“大平台”管理模式，2023年，平台日产液1736吨，日产油360吨，占特种油开发公司日产量的12.5%。

二、主要做法及效果

（一）发展历程

特种油开发公司是曙一区超稠油高效开发的典范，采油作业二区六号平台是SAGD工业化成功的典范，SAGD工业化的成功是辽河油田深刻践行“四精”要求的成功示范。

辽河油田以稠油开发为主，其中最稠的原油在曙一区，曙一区是一个亿吨级的整装超稠油油藏，含油面积为23.6平方千米，地质储量1.86亿吨，油藏主要有四个特点：油藏埋藏深、沉积体系多、油藏类型复杂、原油黏度高。

原油藏工程方案设计蒸汽吞吐采收率仅为23.4%，且到2014年油田开发就结束了，区块生存发展压力较大。2005年，特种油开发公司成立SAGD先导试验项目。

SAGD（Steam Assisted Gravity Drainage）技术的全名为蒸汽辅助重力泄油，是加拿大开发浅层超稠油及沥青的一项成熟技术。它的开采机理是用蒸汽给油藏“蒸桑拿”，传统方式是部署一对水平井，由上方的水平注汽井向油藏中连续注入高干度过热蒸汽，蒸汽与稠油接触加热原油，降黏后的原油在重力作用下向下流动，被下方水平生产井采出。该技术的主要特点是波及体积大、驱油效率高、采收率高、单井产量高，取心资料显示驱油效率可达90%、最终采收率一般可达60%。

国际上应用最广的是双水平井SAGD组合井网，即上水平井注汽、下水平井采油，但辽河油田根据油藏特点，技术上“精益求精”，独创了直平组合SAGD井网，即采用直井注汽、水平井采油的模式，并根据物模、数模研究结果，确定了直平组合SAGD最佳井网、注采等参数。直平组合SAGD先导试验取得了巨大成功，推动SAGD开发效果不断提高，实现辽河油田陆相沉积油藏高效泄油。

2006年，馆陶组SAGD先导试验区馆平10井组、馆平11井组、馆平12井组和馆平13井组获得成功，工业化推广势在必行。2007年3月11日，六号台第一口SAGD井馆平14井组满足转驱条件，井组直井连续注汽，标志着馆平14井组成功转入SAGD生产，日产液量244吨，日产油量73吨，初期效果之好大大激励了技术人员，在馆陶组五个井组成功的基础上积极总结转驱经验，并提出了早期转驱三要素，即有空间、要降压、热连通。

成功之路，道阻且长，馆平15井组、馆平16井组和馆平17井组，并没有像馆平 14 井组一样一帆风顺，水平井水平段井温较低且动用不平衡，经过 3 ~ 4 周期吞吐之后，温度场才形成，温度由 45 ~ 50℃上升至 100 ~ 120℃，且地层压力下降至 3 ~ 4MPa，转驱时机已成熟。2009 年 1 月 1 日，3 个井组全部成功转入 SAGD 生产。

2011 年 11 月，位于兴Ⅵ油组 SAGD 汽腔边部的兴平 41 井组和兴平 42 井组转驱。至此，SAGD 工业化一期工程 48 个井组全部转入 SAGD 开发，六号台进入了 SAGD 工业化生产的全新时期。

SAGD 工业化推广以来，六号台 6 个井组（馆平 14 井组、馆平 15 井组、馆平 16 井组、馆平 17 井组、兴平 41 井组、兴平 42CH 井组）于 2007 年开始陆续转驱，其中馆平 14 井组、馆平 15 井组、馆平 16 井组、馆平 17 井组是特种油开发公司 SAGD 工业化推广最成功的 4 个井组，年产油 13.2 万吨，采油速度为 2.8%，效果好于方案设计，产量及采收率大幅提升。

（二）技术革新

超稠油特殊的油藏特点和油品性质，对开发工艺技术要求高，因此，曙一区超稠油的开发史，既是一部不畏艰难的创业史，更是一部科技进步的创新史。

辽河油田创新发展的超稠油开发技术，直平组合 SAGD、组合式蒸汽吞吐、多元复合吞吐、超稠油蒸汽驱等，在世界超稠油开发领域技术体系最全，技术水平国际先进、国内领先，其中 SAGD 方式转换助力特种油开发公司百万吨以上规模稳产 23 年。

2008 年，特种油开发公司高温集输系统建成投产，这是 SAGD 规模实施的重要保障，也是地面建设的核心组成部分，SAGD 3 号计量接转站承担了采油作业二区 SAGD 井组的高

温高压集输任务。六号平台全部油井均导入 3 号站计量取样，保障了油井提液安全，减少了热损失。

2010 年，辽河油田建成了国内最大的 600 万节点全油藏热采数值模拟系统，纵向精度达到 0.5m，更加真实地刻画了 SAGD 蒸汽腔发育状况，为动态调控提供了准确依据，保障了 SAGD 工业化成功实施。

2011 年，六号平台馆陶组 4 个井组成功实施“低物性段射孔改造技术”试验，突破 630 米低物性段影响，经过 3 年时间，馆陶组油藏上部油层动用厚度增加了 30 米，日产油由 240 吨升高到 430 吨。

2013 年，馆平 15 井组更换为高温电潜泵生产，成为辽河油田公司首个使用高温电潜泵的生产井，最高日产液量达到 800 吨，日产油高达 200 吨，一跃成为国内首屈一指的 200 吨井。

从地下研究到现场实施管理，六号平台成功培育了 3 口 SAGD“百吨井”，从效果较差到成为功勋井，承载着超稠油开发技术创新的历史。

（三）管理创新

建设好六号平台，具有非凡的重大现实意义和历史意义。一直以来，特种油开发公司采油作业二区无论是管理者还是操作员工，始终把这几口 SAGD 井当成宝贝呵护，在管理上坚持“精雕细刻”，很多经验从这里发源，然后得以推广运用。

在开发管理上，“腾空间、降压力、热连通、高干度、防闪蒸、控压差、等注采、匀动用”“二十四字”调控方针汇集了特油人的智慧，尽显不同阶段的动态调控技术，实现全过程严密控制，提高了开发效果。例如在“防闪蒸”上，实行分阶段 Subcool[①] 控制，将稳定泄油井组准确控制在 5℃，汽腔形成阶段井组温度控制在 25℃，规避了汽窜及闪蒸问题。

在油井日常管理上，建立日跟踪、周分析、月评价和年总结管理制度，专人实时跟踪，重点井组 24 小时现场调控，及时发现问题、精准解决问题，保障油井生产平稳受控。根据现场异常情况，分析原因、总结形成了 SAGD 管

① Subcool 指生产井井底处压力对应的饱和蒸汽温度与流体实际温度的差值。

理的“17 项操作规程”“4 个管理制度”“3 个应急预案”“10 项标准”，并且随着生产实际的需要将这些制度、规程不断改进、完善，形成了一套科学、合理的 SAGD 管理方法，为 SAGD 油井的现场管理树立了标杆。

在经营管理上，划小经营核算单元，推进单平台单井核算，探索建设“大平台”管理模式，将成本指标细化分解到单井，通过对标分析，确定挖潜控降目标。通过精细管理、修旧利废、外活内干，延长材料使用寿命，降低运行成本等措施，实现效益最大、效率最优。坚持全生命周期管理理念，优化顶层设计控投资，升级配套工艺降成本，推动 SAGD 效果不断提升，达到经营上“精打细算”的要求。

（四）典型人物

从 2006 年 SAGD 先导试验，到 2008 年工业化推广，SAGD 承载着产能接替的重大历史使命，关系到特种油开发公司百万吨持续稳产的命运。为此，一批又一批辽河石油人前赴后继，例如杨立强、于天忠、周大胜、王国栋、孟强、唐亮、孙玉环、胡新正、姚军等，他们有的是 SAGD 技术在辽河油田运用和推广的统筹组织者，有的是 SAGD 先导试验、规模实施和综合管理的具体负责人，有的是基层 SAGD 技术的管理者和操作工。六号平台作为 SAGD 建设的缩影，正是一个时代、一批人才共同奋斗的见证。

“辽宁青年五四奖章”“中国石油天然气集团有限公司十大杰出青年”获得者，现任辽河油田勘探开发研究院副院长的王国栋于 2007 年毕业后，开始接触 SAGD 技术，2011 年开始担任特种油开发公司地质研究所 SAGD 室主任，挑起了中国石油天然气股份有限公司“十大科技项目”SAGD 工业化实施“大梁”。在 SAGD 工业化推广过程中，王国栋潜心研究复杂的油藏条件，不仅高效完成转驱方案，还攻关形成驱泄复合开发、气体辅助 SAGD、低物性段射孔改造、SAGP 等技术，成功解决了制约持续稳产的一系列难题，完善了中深层超稠油 SAGD 开发技术序列。

针对 SAGD 开发过程中隔夹层上方储量难动用等问题，他主导研究并在六号平台开展低物性段射孔改造实验，实施后监测资料显示，低物性段上部油层得到有效动用，增油效果明显，并迅速得到推广运用，为提升 SAGD 开发效果寻找到一条新的路径。六号平台馆平15井，在转入SAGD开发初期，这口井平均日产油仅为13吨，远低于SAGD井组的平均日产水平。为了改善生产效果，王国栋积极组织开展精细地质研究，对该井储层发育规律和油藏开发效果进行了分析

和比对，查找影响开发效果的主控因素，对注采参数进行优化，并通过轮换注汽增加泄油井点数量，使日产油量提高到了80吨。为进一步提高单井日产油量，王国栋等诸多专家经过多次专题论证，详细调研，反复试验选井，并借鉴国际上先进的大排量举升技术，首次引进SAGD高温电潜泵，让这口井顺利踏上百吨井的彩虹桥。2013年6月10日，随着辽河油田第一台高温电潜泵在馆平15井顺利投产，该井排液能力大幅提升，一举跃居百吨井行列。

特种油开发公司采油作业二区副经理胡新正，他视每一口SAGD井为掌上明珠，他最爱说的一句话就是“SAGD产量动一动，公司产量就会跟着动”，针对SAGD井组高产、高温、高压，维护管理难度大的特点，他充分发挥自身专业优势，潜心研究技术，有针对性地实验SAGD井提液问题，科学合理调控生产参数，延长大泵生产周期，实时跟踪高产井生产情况，总能第一时间发现高产井泵效低、泵脱等影响产量的问题。为了将产量影响降到最低，作业施工现场无昼夜，创造了“32小时驻井指挥，馆平15井更换电泵顺利起抽”“8小时提前收送管杆解决夜间倒运，馆平16井克服工序复杂顺利起抽”“30小时连续作业克服换抽等多工序难题，馆平17井高效检泵”等佳绩，成为特种油开发公司采油二区守护SAGD井第一人。

再如六号平台所属5站站长姚军，从六号平台第一口SAGD井转驱开始，16年来他始终担任该站站长，可谓对每口井的“脾性”了然于胸。从预热阶段到蒸汽腔形成、扩展阶段，SAGD生产调控难度大，生产井闪蒸频出，需要

一线班站及时控压调控冲次生产，以避免温度过高，造成外输温度压力升高。如果翻斗等设备出问题，录取的参数就不准确，就会给注采参数调整前后的分析带来困难。为解决这些问题，姚军每天盯在现场，调控阀门，摸索数据。阀门开几圈压力有什么变化、冲次上提多少液量有什么变化，密密麻麻的数字记了两大本。在大平台管理模式下，他发动全员力量，将动力费、材料费、维修费等可控成本分配到单井，实行“一井一策”精细管理油井，通过开展自主维修、调控电流、优化加盘根方法等有效措施，六号平台 6 个井组单位的基本运行费用，远远低于特种油开发公司平均水平，检泵周期、机采系统效率、吨液耗电等采油技术指数远远优于特种油开发公司平均水平，实现了单井效益最大化。

（五）效果

16 年的历史沉淀，16 年的风吹雨打，六号平台已经成为了一个特油人不屈不挠的符号、一个特油人勇攀技术之巅的象征。我们坚信，世上无难事，只要肯攀登，特油人将继续发扬“油稠人不愁，担当创一流”的特油精神，依靠技术创新，不断挑战超稠油采收率极限，续写六号平台的传奇。

撰稿人：江隆拯　张孝燕

欢喜岭采油厂集输大队欢二联合站

一、背景起因

欢喜岭采油厂集输大队欢二联合站（简称欢二联合站）建立于1978年，现有员工74人，其中党员13人。党支部于2020年4月完成换届，现设支部委员5人。设有输油、化验、注水、污水、卸油台等五个生产岗位，主要承担欢喜岭采油厂采油作业二区的原油计量、脱水、稳定、外输及污水处理回注等任务。曾荣获全国“安全标准化示范班组”，中国石油天然气集团有限公司“先进基层党组织”、基层建设“千队示范工程”，辽河油田公司“先进党支部”“安全生产示范岗”“基层基础建设及企业文化示范班站”等多项荣誉。

习近平总书记高度重视能源安全，强调能源的饭碗必须端在自己手里。党的二十大报告指出，要“加大油气资源勘探开发和增储上产力度”，确立了能源行业未来发展的行动指南。辽河油田公司围绕“三篇文章”布局，规划了“两个阶段三步走”发展路径，欢二联合站也走在了改革创新的前沿，通过强化“三个引领”即“示范”引领、“情感”引领、“争优”引领，使队伍更加和谐高效，为企业建设注入源源生机与活力。

二、主要做法

（一）强化“示范”引领，持续提升队伍战斗力

提高员工素质，是抓好思想政治工作的落脚点，欢二联合站以“每日十分钟”“名师带高徒”活动为有效载体，积极开展“三教”活动，量身定做“培训套餐”和“技术便当”，满足不同员工培训需求。

1. 党员干部带头教，营造浓厚学习氛围

创新开展“每日十分钟”微课堂活动，微课堂定在每天午饭结束后，增加十分钟学习时间。由党员干部轮流带头分享理论知识、事故案例等，进而引发思考，促进学习和工作。有效调动全员学习的积极性和主动性，营造人人学、天天学的浓厚学习氛围。

2. 技术人员现场教，注重执行实际成效

针对转岗员工和后进员工在实际操作中遇到的各项问题，该站把技术培训课堂搬到了罐区、泵房、生产现场上，派出有经验的技术人员根据员工在管理过程中遇到的难题和疑问，亲自动手，当场演练，解疑释惑，确保每名员工熟知操作风险、掌握安全措施，遇到突发事情能够进行正确的应急处置，有效增强了员工学知识、练技能的针对性和实用性。

3. 师父徒弟结对教，搭建成长成才桥梁

为了加快推进高技能人才队伍建设，培养高素质青年员工，该站大力开展“名师带高徒”活动，由岗长、技能专家、技师等生产骨干担任师父，每名师父带 2 名青年，精心设计“每周一题”“每天一练”等培训环节，每天结合实际工作随时对徒弟进行提问，为其成长搭建快速通道。几年来，欢二联合站

共培育了1名辽河油田公司技能专家、1名首席技师、2名高级技师、7名技师。涌现出辽河油田公司级技术比赛金银铜选手3人，厂巾帼杯技术状元2人，小站多次获得采油厂班组对抗赛第一名。

“勤能补拙。”跟着师父朱孔飞干了五年多的李霞始终铭记着师父的这句教诲。

李霞刚工作时，就听说过朱孔飞，年纪轻轻就成为高级技师、辽河油田公司技能专家，并取得一批国家实用新型专利和技术创新成果奖，成为新员工争相结拜的“名师”。恰巧，李霞有幸和朱孔飞结为师徒，在师父的帮助下，李霞很快适应了岗位，也得到站长的多次表扬。渐渐地，李霞觉得这份工作没什么难度。

一次，师父来到罐顶问她：“你说说储罐量油的危害因素有哪些？”

她自信地说：“护栏、梯子腐蚀、开焊不牢固；上下梯子打滑；未使用防爆手电；未使用铜制重锤量油尺；在罐顶使用不防爆工具；在含有硫化氢浓度的罐区未按要求戴防护口罩或面罩……”

“说完了吗？还有呼吸阀、安全阀失灵，阀门、法兰、管线泄漏、流程憋压。你怎么忘了？要知道联合站是甲级要害场所，容不得半点疏忽，勤能补拙，你要学的东西还多着呢！”

师父的话让她警醒。从那以后，她更加主动学习专业知识，很快获得工人技师、高级技师资格，并在各级技术比武中摘金夺银。2019年，在辽河油田公司第十届员工职业技能竞赛中，她摘取了集输工金牌，并被授予“辽河油田公司巾帼建功技能标兵”荣誉称号。

（二）强化“情感”引领，持续提升队伍凝聚力

关心一线员工冷暖，坚持为员工办好事办实事，是理顺员工情绪、凝聚员工队伍、激发员工岗位建功热情的有效措施，通过拓展“三种文化”，以情暖心，情感建“家”，该站的向心力和凝聚力得到有效提升。

1.“政治文化”稳人心

把政治理论学习和形势任务教育作为党建工作重点，以此作为各项工作的“助推剂”，密切内部关系的“黏合剂”和构建和谐队伍的“催化剂”。结

合全年工作目标和阶段性重点工作任务，建立以宣讲为主线、以网络学习答题、岗位座谈讨论、班车广播等为辅线的“1+X”教育模式。通过创新学习载体，强化学以致用，促进全员自我净化、自我完善、自我革新、自我提高，呈现昂扬向上、奋发有为的崭新气象，形成“人人思发展、抓发展、促发展”的良好氛围。

2.“家园文化”暖人心

“上班看脸色、工作看劲头、吃饭看胃口”，“三看”工作法让党支部委员承担起了思想政治工作的第一知情人、第一报告人、第一帮助人，党支部委员抓住与员工个别接触的机会观察动态，见缝插针，协调解决员工的困难，疏通化解员工思想上的疑虑。一年来，党支部委员通过各种方式与员工谈心 38 人次，看望生病员工及员工家属 11 人次，为员工解决工作生活问题 40 多项，使集体更有家的氛围，促进了员工队伍的和谐稳定。

3.“典型示范文化”聚人心

为了实现树起一面旗，带动一大片的目标，该站开展了“红旗责任区”创建活动，每个责任区以党员为首，做出了“技术创效、岗位创标、工作创优”和“无违纪、无违章、无事故”的“三创三无”公开承诺。一年来，责任区党员用高一格的标准带动和影响员工，营造了“人人争一流”的浓厚氛围，相继涌现出全国安全标准化班组长路勋、辽河油田公司先进个人张波、厂优秀女工薛静等典型。

欢二联合站党员刘柏林是该站有 34 年工龄的“老人儿”了，站上每一根管线的走向、位置他都一清二楚，是站上有名的“活地图”。

在长期巡线过程中，他发现管线在有跨越、胀力弯的地方，以及出入地面的部位极易腐蚀，每一次巡线他都把这些地方作为重点，逐一认真巡查，他说这些地方即使是掉了一小块漆皮，他也能第一时间看出来。

有时为了巡查一个跨越或一个胀力弯，他需要绕到很远的路，特别是夏秋季节，为了检查苇田深处的弯头跨越处，他必须忍着蚊虫叮咬，踩着坑坑洼洼的水渠，深入到苇海中。

刘柏林说“一个人去巡线，荒郊野地的，到底有没有巡、有没有认真巡，谁能知道。但是我的心告诉我，这份责任很重大！”

因为及时掌握了管线的腐蚀情况，刘柏林提出了在原油外输至首站管线的几个跨越弯头处加护管的建议。由于采纳了他的建议，这条管线安全运行至今，从未发生过泄漏。

提到大队在生产会上对他的表扬，刘柏林憨憨地一笑说：“领导平时说过那么多安全形势的事，想不当回事都难，用心走好脚下的每一步，绝不因为自己的失职而给集体造成损失。”

（三）强化“争优”引领，持续提升队伍创造力

有责任才会有担当和作为。该站通过建机制、抓考核增强党员在各项工作中的引领力，采取亮身份、亮责任、亮业绩的方式实施目视化管理，实现生产、党建工作双促进、双创优。

1.“考核评价”励耕示范引领园地

针对个别党员“不创”，即工作缺少创新思路和办法；“不勤”，即工作拖拉、不抓落实；“不高”，即工作标准低的“三不”现象，他们在党员中开展“六带头、六达标”创先争优活动，引导每名党员在讲政治、主动学、保安全、

降能耗、勇创新、讲道德六方面带好头。制定达标内容、考核细则和标准，每季度由支部、员工按照百分制打分共同进行评比考核、月度评比通报，并作为全年推选先进的依据，使党员发挥作用有“平台”，履职有“方向”，监督有“标准”，考评有“依据”，转变“三不”作风，增强了党员责任意识，将党建工作优势发挥具体化，党员先锋模范作用实效化。党员张波凭借自修加药泵 2 台、及时清理过滤器、主动加班处理生产突发事件等优异表现，在去年年终“六带头、六达标”评比中获得优秀等次，并被推选评为辽河油田公司先进个人。

2.“先锋工程”筑牢建功创效要地

以攻克经营的难点为己任，组织全体党员带领岗位员工共同参与到共产党员提质增效先锋工程中来，选准目标，定岗定责，发动群众，集思广益。今年以来，共实施挖潜措施 3 项，累计创效 50 余万元。针对装油管由于折叠经常损坏的实际，他们不断摸索试验，研制出了可折叠的“可调式油料装车管”，不仅每年节省材料费 4 万元，还避免了漏油风险。他们还上网自主购买二极管和三极管等相关配件，完成柴油消防泵充电模块的修复，创效近 8000 元。针对加药泵故障率高、维修费用高的情况，党员及生产骨干认真分析研究对策，

从资产库找来废旧加药泵，集中拆取可利用的配件，进行加药泵自主维修，今年以来共维修加药泵 4 台，创效近 2 万元。

3.“强化执行”严管安全生产属地

本着“安全第一，以人为本”的理念，该站深入落实“党员无违章、党员身边无违章”活动。党员带头学习安全知识和岗位操作技能，全面掌握安全规程，通过群众监督考核，实现全体党员自主安全管理，杜绝自身违章行为。党员带头开展交叉排查活动，每月由党员带领各岗一名员工，深入各岗属地进行交叉排查活动，对照检查标准及注意事项，逐项核对检查，及时发现问题隐患，发现一项整改一项，堵塞管理漏洞，确保安全生产形势持续稳定。他们还编制下发各岗安全“三字经”，将各个岗位的生产流程、危险隐患、注意事项及违规操作所造成的严重后果编成好记易懂的“三字经”，如“擦设备，要防范，长发卷，手指断”“轻质油，违章用，起静电，火灾现”等，通过在员工中开展熟记“三字经”活动，指导员工严格按标准化操作，确保属地生产安全。活动开展以来，员工习惯性违章和不安全行为明显减少，全员自主安全管理能力显著提高。

2022 年 6 月 10 日上午，在欢二联合站的院里，到处都是员工忙碌的身影，有人拿着纸笔记录数据，有人拿着样桶量取油样，有人拿着拖布打扫卫生，呈现一片繁忙的景象。而正在准备自己修泵的白忠久是这院里已有 39 年工龄的老党员，临近退休年龄，但工作热情不减反增，今年还被评为采油厂优秀共产党员。

用他的话说：“关键时刻，要做出样子，起到一个老党员的榜样作用。”

白忠久用工具将坏的加药泵进行解体，加药泵泵体小、零部件多，拆起来很费时费力。

为了避免安装出错，他聚精会神地把部件一个一个拆下，再一个一个按顺序放好，蹲久了就站起来活动活动身体。

经仔细检查后发现加药泵的膜片损坏了，他立即联系小队负责人，经小队协调从资产库找来旧加药泵上的膜片，将膜片更换后，进行试运，加药泵恢复了正常。

三、取得成效

在强化“三个引领”的过程中融入了石油优秀传统和理念，引领员工拼搏进取、团结协作、争创一流，目标激励促使每名员工将站队、岗位、个人的发展目标根植在心中，在全站形成“人人不甘落后、事事奋勇争先”的局面。“示范”引领，促进员工勤学苦练强素质，不断提升业务本领。“情感”引领，使员工传承“石油人是一家人”的理念，在队伍中形成“友爱互助攻坚，团结协作克难”的好风气，从而增进员工对单位的感情，在员工中形成视岗如家、爱岗敬业的良好氛围。“争优”引领，促进员工看住每一个现场，锁定每一个设备，紧盯每一项安全环保指标，切实做到“我的岗位我负责，管理提升我有责”，形成“人人讲管理，人人抓管理”的氛围。

通过强化“三个引领”，党员与员工之间比技能、比管理水平等现象逐渐增多，广大员工以站为家的奉献意识逐步提升。尤其是在深化改革的关键时期，面对安全环保形势日益严峻、经营管理形势日益复杂等困难，全站上下统一目标、责任共担、创先争优、规范管理、深挖潜力，队伍的凝聚力和执行力不断增强，形成了一支勤学善思、团结奋进、能征善战的队伍，党支部的战斗堡垒作用和党员的先锋模范作用得到有效发挥，创造出持续、稳定发展的良好业绩，为辽河油田可持续发展作出了自己的贡献。

撰稿人：孙明明　邓宁华

锦州采油厂采油作业二区采油 33 号站

一、背景起因

班组是采油单位的“细胞”，是采油单位最基本的生产单位，也是作业区安全管理的最终落脚点，班组的文化建设是否取得成效，直接影响着作业区各项任务指标的完成。锦州采油厂采油作业二区 33 号站（简称 33 号站），占地 2500 余平，现有员工 22 人，年产液 63.98 万吨，年产油 3.2 万吨，先后荣获辽河油田公司先进基层党组织、铁人先锋号、青年文明号等荣誉称号。独特和优美的地理环境，孕育出了晶莹剔透的“水滴”文化。该站要求职工做“一滴水”，能够和大家融在一起，能够在平凡中享受快乐，能够在细微中展示精彩。

二、主要做法

该站始终坚持“文化引领、文化育人、文化强企”，积极探索基层党建工作的着力点、结合点和落脚点，寻找生产经营潜力增长点，将文化的凝聚力有效转化成发展的内动力，助推作业区管理升级，凝聚作业区高质量发展的强大合力。

坐落在画卷中的33号站，绝美的自然景观与这个滨海小站交相辉映，站上的员工把美丽小站当作自己的家，用朴实而积极的思想引起“站友”的共鸣，逐日的工作还是那些工作，小站却更加有活力，大家紧密团结，勤奋做事，一点一滴，为小站生产经营贡献自己的力量，实现自身的价值，孕育出晶莹剔透的“水滴文化”。33号站全体干部员工在“聚是大海、散能击石”理念的基础上，用实际行动赋予了“水滴文化”丰富的内涵。

透明、融合、坚韧、活力是水的特质，也是“水滴文化”的内涵。在33号站，每种特质后面都蕴含着一种管理思想，采油小站在“水滴文化”理念的基础上，用实际行动打造出“水滴文化”金字招牌。

（一）“透明”管理，打造和谐班站建设

透明是水的第一种特质，因为透明，水滴显得晶莹；因为透明，水滴可以映射整个太阳的光辉。33号站把透明引申到干部队伍和班子建设上，提出了“做个透明的管理者”的思路，目前这个队的管理层普遍有一种认识：“党员干部身正、行为透明，职工心中无疑义，班子的公信力和战斗力就会在无形中得到增强”。

“我认为咱们支部应该拍摄一个学习‘党

的二十大报告’的视频，仅靠传统的学习模式，已经不能很好地调动大家学习的积极性了……”2022 年 10 月 28 日，33 号站党员初宇在党员大会上提出了建议。这个建议得到了党支部的高度重视，党支部书记梁玉增在接受建议 3 天后，组织拍摄了视频《喜迎二十大 奋进新征程》，并在党支部即时通群和作业区云平台上展播，掀起了学习党的二十大精神热潮。

始终秉承着“生产经营主战场延伸到哪里，党建工程就开展到哪里”的思路，结合水滴晶莹透明的特质，把透明引申到了干部队伍和班站建设上，在 33 号站，有一个被职工称道的干部管理办法，大家称为“双镜互评”管理法，首先让干部以职工为镜，每季度组织一次“职工点评干部”民主评议活动，发动职工围绕“思想品德、业务技能、廉洁勤政、工作业绩”四个方面，对干部“谈一谈、指一指、评一评”，让干部在职工的“直言进谏”中自励自省。其次让干部以班子为镜，半年举行一次干部“三述”互评互促活动。“三述”就是让干部依据岗位述职、结合职能述廉、围绕业务述学，以其他班子成员为标尺，荣誉面前找差距，不足之中谋发展。“双镜互评”管理法实施以来，干部职工围绕班子建设查找并整改解决了各类问题 8 个，结合队务公开，干部的工作被职工明明白白地看在眼里，班子的公信力明显增强。

（二）“融合”管理，倡导“党建 +”队伍建设

水滴遇到水就会迅速融于其中，不留痕迹。易于融合是水的第二种特质。一滴水也只有融入溪流，才能产生奔腾入海的动力。

33 号站准确把握“融合”的管理宗旨，以“个人融入集体、党建融入生产”两个融合的思想为指导，助力各项工作稳步推进。他们把每个职工都比作一滴水，反复倡导要有一颗融合的心，一个人的力量是有限的，要实现自身的价值，就要让自己很好地和岗位融合、和集体融合、和环境融合，融合造就和谐，融合产生力量。有了这种意识，小站员工工作起来都非常认真，上密封圈、紧螺丝、设备保养一丝不苟，整理报表、填资料字迹工工整整，工余闲暇，班站成员间其乐融融。

“生锈的法兰连接螺丝千万别扔掉，我给你支个招。第一步用锉刀钢锯刮掉铁锈，第二步放在机油里进行浸泡。这样处理完的螺丝光亮如新，可以再次

利用。”每天传授利旧经验，已经成为33号站的“规定动作”。

2022年，33号站秉承“小事不出站，尽量自己干”工作理念，利用废旧配件自主维修机泵3台次、仪表5台次，利用废旧法兰片制作全封闸板21个，节约成本8.3万余元。

与职工座谈时，职工朴实地说：“我属于我的岗位，也属于33号站；每天把工作做好，心里踏实；和同事默契相处，心情愉快；归于集体，融入工作，我能体会到一种幸福”。33号站还积极倡导人和环境的融合，推行“四色管理法”“目视化管理法”和“绿色施工管理法”，非常注重保护环境，这个站所管理的井场每个都是干干净净，井井有条，融合的思想让这个队上下充满了和谐氛围，队伍的凝聚力不断增强。

（三）“坚韧”管理，实现班站全面提升

水滴虽小，却恒久坚韧，正所谓“恒久石必穿”，33号站短短几年内实现由优秀班站到名牌班站的跨越，先后被评为中国石油天然气集团有限公司青年文明号、辽宁省优秀班组、辽宁省团员先锋队等荣誉称号。他们以“三标”建设为载体，始终坚持抓机制、强根基，通过思想上树标、制度上建标、行为上对标，让标准化理念内化于心、外化于行，用他们的话说就是“瞄准大目标，做好细小事——坚持不懈”。

33号站通过“双定一超前”管理法，即把全站所有设备、资料、产量、成本等各项任务分解落实到人头，把工作标准细化到岗位，以事前预防、掌握工作主动性为目标，实行“超前管理法”，从班组到个人，从每一个岗位到每一个环节，都要制定出目标。集体目标的实现需要职工的共识和对既定目标的不断强化。在不断探索中，他们结合班站管理实际和日常操作，编制《日常工

作程序指导书》，内容以岗位工作程序、工作内容、工作标准、检查考核“四个规范”为重点，涵盖生产运行、油藏管理等四大系统 300 多个节点，用图示化的表述使员工明白岗位标准有哪些、工作流程是什么，做到易懂、易记、易推、易用和易评。

针对工学矛盾突出的实际，积极开拓思路，开展形式多样、职工喜闻乐见的岗位练兵活动，促使职工操作“对标”，行为“合标”。提炼“操作小口诀”，把量油、取样、化验、调平衡等日常操作内容，总结提炼成各种浅显易懂、通俗易记的操作小口诀，组织职工学习掌握，有效促进了职工操作的规范化和标准化。如，对油井取样总结出“取前放一放、取时晃一晃、取后等一等”的操作小口诀，让职工轻松快捷地掌握了工作流程和操作要领。

（四）“活力”管理，点亮班站文化品牌

水滴转瞬即逝，却在运动中显示出活力。活力也是水滴的特质之一。33 号站充分调动职工主动性、积极性和创造性，促进履职水平不断提升，积极探索队伍建设新路径，多点发力激发队伍活力。

为了让队伍“活”起来，33 号站实施“积分制”考核，以基础岗位积分为起点，依次累加有效工时积分、业绩绩效积分与特殊贡献积分。“奖金拿多少，积分说了算”，该站将考核明细定期在即时通工作群公布，严格考核，充分调动员工的积极性、主动性，营造争先创优、比学赶超的工作热潮。在党建管理上大胆尝试、自主创新，推行“节日 +*N*”模式。通过开展主题党日、党员会战以及沉浸式、体验式特色活动，积极打造特色班站文化品牌，充分发挥党支部战斗堡垒和党员先锋模范作用。通过建设党建室、文化墙、围栏角等，不断用“红旗”精神引领员工，积极投入到实现“继承创新，红旗更艳”的奋斗目标中来。

33 号站要求职工不能甘做死水，要充满激情，善于学习，敢于创新，活出自己的精彩。他们为职工学习铺路搭桥，充分发挥岗位“小练兵”基地作用，全面推出了“点、线、面”立体学习模式。点，即以技师为辐射点，开展导师带徒活动；线，即以岗位竞赛为主线，引导职工争创学习型团队；面，即发挥点、线学习效力，广泛营造“人人学习”的学习氛围。结合“技能提升

年”，开展“咱们工人有技术才能更有力量”大讨论活动和技术大比武活动，“上班钻业务，下班搞革新”在全站蔚然成风。

近两年来，33号站将“智能采油站”作为规划方向，充分利用物联网协调运行、数据分析、生产预警、远程监控等功能，在实践中摸索制定出油井“511”“一查、二改、三调整”等多种管理方法，打造出“监测+预警、智能+联控、互联+监督”等运行模式，形成“高度集成、整体优化、安全高效”数字化小站。2022年，紧扣“实”和“新”两个关键点，不断拓展“生产监控、参数汇总、功图分析、趋势分析、报警管理、报表管理、设备管理”等方法，调整油井生产参数80余井次，累计增油70余吨，让职工的“活力”成为推动33号站发展的驱动力。

三、主要成效

一滴水可以折射太阳的七彩之光，“赤橙黄绿青蓝紫”。2020年以来，33号站在这七种颜色中提炼了职工的品格，七色分别对应忠诚、激情、荣誉、进取、创新、责任和认真。这是33号职工追求的品格，也是辽河油田公司对新时期高素质职工队伍的期望。用卓有成效的水滴精神为班站管理提供了坚强的思想保障和精神动力，33号站职工用团结和拼搏打造出“水滴”文化的金字招牌，大力推动班站和谐稳健发展，共建温馨幸福班站。

撰稿人：孔令艳　吴双　丁昱

锦州采油厂采油作业一区女子采油站

一、背景起因

锦州采油厂采油作业一区女子采油站（简称女子采油站）于2008年6月建成。自组建以来，该站以“家”文化为统领，发挥女性“自尊、自信、自立、自强”的四自精神，塑造出了一支“全员参与、全员动手、全员感受”和“能思考、能实践、能总结”的团队。该站从实际出发，遵循“精于事、敏于行、行于范”的工作理念，坚持文化与管理相融合，全心全意培育“六化”特色文化（基础管理规范化、安全环保标准化、节能挖潜效益化、技术技能全面化、家园建设人本化、团结协作一体化），通过文化引领，使文化力转化为凝聚力、向心力和战斗力，实现了企业文化建设在示范过程中有内容可看，有经验可学，有方法可操作。

2016年，锦州采油厂采油作业一区在辽河油田公司和锦州采油厂的指导帮助下，以女子采油站为试点单位，务实攻关、聚智创新，成功探索出安全自主管理的发展之路。先后荣获中华全国总工会工人先锋号、辽宁省五一巾帼“十佳”集体、辽宁“五一”奖状、辽河油田公司铁人班组、企业建设文化示范点等荣誉称号。这个班组在成立的十五年时间里荣获了国家级、省级及辽河油田公司各类荣誉19项，走出了辽宁省劳动模范张萍、辽河油田公司劳动模范陈安宁、辽河油田公司十大女杰赵娣等一大批基层优秀管理者。

十几年来，女子站先后迎接上级领导调研、兄弟单位参观学习、岗位责任制检查近百次，并在辽河油田公司安全自主管理示范班站建设评比中得到了各级领导和专家的高度认可。

二、主要做法及效果

（一）人本文化增强队伍凝聚力

2007年8月，作为巾帼建功活动的展示平台，锦州采油厂将采油2号站更名为“女子采油站”。为了能够探索出一条全新的、独具特色的示范班站，这个站提出了“以人为本”的企业文化核心理念，用“以人为核心”代替“以物为核心”，通过“三心工程”“蒲公英EAP管理”等举措，念活“请、出、结、享、亮、育”六字诀，在人才培养、文化理念上重视员工、关心员工、发展员工，让员工切身感受到企业的温暖，全身心投入到工作岗位中。

1. 请进来指导，走出去学习，扩展文化建设范围

先后三次邀请锦州采油厂党群部门领导，对班站员工进行理念培训，并多次邀请兄弟单位班站长深入现场，针对存在的不足和偏差进行指导，并加以改进。女子采油站先后到東滨霞采油站、冬梅女子注汽站和兄弟单位文化示范班站进行参观学习，借鉴学习兄弟单位先进的管理思路、方法和经验，以兄弟单位为镜子，站在锦州采油厂发展的高度，认真分析差距，拓宽了思维，开阔了眼界，为班站文化建设提供了营养和动力。

2. 结示范对子，享共建经验，促进文化建设完善

为了完善女子采油站的文化建设，该站与具有深厚文化底蕴的采油四号站结成示范对子，通过开展结对晋级活动，加强了班组之间的“相互沟通、相互支持、相互帮助”，拉近了班组之间的差距，使班组之间能够资源共享、取长补短、携手进步，大力提高了生产管理水平。同时，给班站员工提供了一个学习交流平台，班组成员利用平台找不足、寻差距、传经验，促进了员工技术素质、综合素质全面提升。

3. 特色互动，育品牌互建，助推文化教育建设

多次组织开展经验交流会、座谈会、现场观摩会、阶段推进会活动，把典型先进认识转化为员工的共同思想，把典型的先进经验转化为基层的普遍实践，把典型的先进做法转化为大家的自觉行动，做到以文化引导人，以文化教育人，以文化感染人。先后组织班站长、资料员、入职大学生等百余名员工来到女子采油站开展创建经验现场观摩会，彼此交流经验、展示做法、畅谈体会、分析不足，相互借鉴，不断提升了基层班站建设水平，营造出浓厚的文化教育氛围。

女子采油站充分利用好教育基地的作用，把学习教育开展在日常，融汇在点滴，保证宣传教育长效开展。在建设特色文化活动阵地，传播企业文化，弘扬企业精神，展示企业形象，推广企业核心经营管理理念等方面发挥了积极作用。该站自制了《家人故事汇》，编印了《苇海之家》文化简报。2020 年，辽宁省电视台以女子采油站为原型，组织拍摄微电影《苇海中的红玫瑰》，荣获第八届亚洲电影节“金海棠”摄影奖和优秀作品奖，第四届社会主义核心价值观主题微电影三等奖。

站上姐妹员工们的精诚团结、相互关心关爱是这个集体凝聚的法宝。该站始终坚持用“情”建家、用“爱”暖家，她们围绕“情感”建家，同心孕育一棵亲情树，齐力浇灌“花满枝头香自溢”荣誉树，共同谱写“快乐小鸟 铿锵玫瑰”站歌，建立了情感沟通平台《家人故事汇》，收集并制作饮食、美容、心理解压等方面的健康小提示，开展“亲情寄语”活动，营建了“平安高产、好学上进、温馨和谐、民主畅言”的特色小家。

（二）制度文化激发队伍创新力

1.“六化”管理法

为了让所有固化于制的东西都能内化于心，女子采油站针对现有问题和管理的薄弱环节，以“精于事、敏于行、行于范”的工作理念为引领，设立“规范墙”、套上“制度锁”，聚众智创新提炼出符合班站实际的“六化”管理法，即基础管理规范化、安全环保标准化、节能挖潜效益化、技术技能全面化、家园建设人本化、团结协作一体化，女工们围绕“六化”管理法，加强班站文化建设。

2.“四定”管理

将各项工作指标量化、细化，实施定标、定岗、定人、定责“四定”管理，实现基础管理升级。安全环保标准化，以“两书一表”对标操作，追标管理，实现安全生产和谐发展。节能挖潜效益化，采取“加减法”管理，精打细算。技术技能全面化，以“一岗精、二岗通、三岗会”为该站员工的学习目标。家园建设人本化，注重人文关怀，用“情”建家、用“爱”暖家。团结协作一体化，岗位责任明确、思想统一、目标一致。

3. 节点管理法

该站立足自主管理，不断探索井站管理新途径，创新实施了“节点管理法”，即把每项日常工作按照工作性质、工作重点、管理难点进行分割细化，形成工作节点，做到目标分解到节点、运行管理到节点、责任落实到节点、考核兑现到节点。按照节点管理思路，该站推出了点“实”成金、岗位连连看、长停井巡检牌等独具特色的管理看板，确保了日常工作执行规范、运行有序，也为班站管理注入了新内涵。

4.“五多”执行法

为营造安全文化氛围，提升班站安全生产能力，该站着力推行安全目视化管理，目前已经形成了遍及整个生产区域的可视管理系统，实现了安全风险可见、隐患管理直观、操作行为可控。该站加强对员工安全技能的培养，总结出“五多”执行法，即交接班时多说一句，巡回检查多走一步，录取资料多看一眼，保养设备多想一点，岗位练兵多学一招。为了保障安全、清洁、文明生产，姐妹们根据站内不同区域内设备设施的安全程度不同，制作了三色安全提示图，将小站划分为红、黄、绿三色区域，红色代表重点要害区域，黄色代表一般要害区域，绿色代表安全区域，使外来人员一目了然，起到了安全警示作用。她们还发挥自己的特长，在泵房、计量间处以浅显易懂的漫画形式，进行安全提示。

5.“加减法”管理

该站以女性特有的勤俭持家为出发点，总结出“加减法”管理，做到油井挖潜用“加法”，节能降耗用“减法”。围绕“人人都是经营者，岗位就是效益源”的管理理念，该站从经营指标的可控性和可操作性方面下功夫，动手制作生产经营走势图，将全站 4 项重点生产经营指标进行分解，实现月度指标可视化动态管理。推出“班站三十六计”管理板，搭建小改小革、合理化建议、慧心建家等活动平台，实现群策群力挖潜增效。

6.“五位一体”管理法

在人才培养上，该站以“一岗精、二岗通、三岗会”为人才培养理念，将创建学习型班组工作作为整个班组建设的立足点和推动力，根据不同岗位特点制定了 9 项“核心技能”，自组建至今，该站先后培养出劳模 2 名，辽河油田公司、采油厂优秀技术能手 8 名，为采油厂输送优秀女工 20 余名。

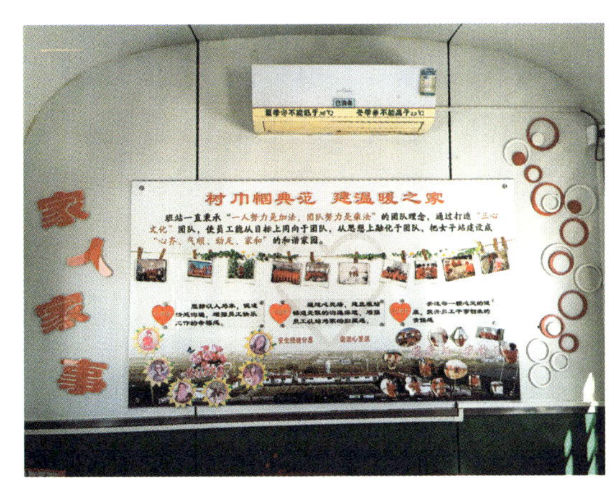

7.“四定一包”管理模式

在“低老坏”问题整顿中，该站坚持“当下治”和“长久立”相结合，将“点”上的问题整改上升为“面”上的制度机制建设，用制度思维和制度方式补短板、堵漏洞、固根本，班站管理水平走在采油厂前列。为了提高工作效能，由员工自主设计的《平衡块移动装置》《皮带四点一线检测尺》等12项成果充分应用于生产管理中，成功解决班站生产难题5项，累计节约成本19万元。该站还采取“四定一包”管理模式，分别对原油生产、油井管理、安全目视化等工作实施责任承包制，先后设立巾帼示范岗4个、巾帼示范项目8个，提出合理化建议400余条，油井挖潜338井次，增产原油2800吨，全面提升了岗位员工工作执行力。

（三）安全自主文化提升队伍战斗力

2016年，女子采油站作为唯一一家采油班站顺利通过辽河油田公司第一批安全自主管理班站验收，这也标志着班站安全管理正向自主管理阶段迈进。

1. 探索晋级之路

开展安全自主管理班站建设以来，锦州采油厂采油作业一区领导干部、基层员工多次参加辽河油田公司和锦州采油厂组织的学习培训及现场指导，并以“交作业”的形式，定期完成外聘专家对女子采油站建设提出的具体要求。机关干部结合班组职能，对员工进行“一对一”指导，帮助基层加快落实建设方案。女子采油站创新实施“1+1+N”学习模式，强化员工理论知识培训，同时编写工作周报，定期对实施进度、存在问题进行总结和梳理。通过开展季度岗位轮换，让员工从各个方面掌握安全生产管理要领，进而加深对自主管理的理解。

为确保建设工作有力推进，锦州采油厂采油作业一区成立领导小组，根据相关标准编制《女子采油站安全自主班站建设实施方案》，系统地指导班站建设，定期组织机关班组召开专项例会，总结分析实施进度和存在的问题，理清思路，保障各项措施有效落实。

总结出一套“学习、实践、分析、完善”的循环整改模式。经过一年时间的潜心钻研，干部员工对安全自主管理的含义、意识理念、工具方法有了更加深刻的掌握，在问题上报、隐患整改、责任追究等环节上的安全意识也有了进一步增强。

2. 解码“进化基因”

实行“332”实践法，通过三大创新升级管理意识，利用三项工具加强环境和过程管理，实现了班站员工识别风险和执行措施的两个主动。

为了进一步提高员工实践自主管理的积极性，创新实施安全管理“三个承诺”，让安全意识内化于心。在女子采油站开展“安全里程碑”活动，激励全站员工不断挑战月度、季度等阶段性目标，让员工共同关注和积极参与安全管理工作。该区创新实施“女子采油站经济责任制度”，对员工进行“执行讲评”，并纳入绩效考核，激励员工自觉实现岗位安全。

为了规范对生产环境和生产过程的安全管理，将“安全管理工具”运用到生产实际，组织员工对操作现场进行工艺安全分析，建立工艺信息清单，在规范工艺设计基础、设备设计基础等 26 项工艺信息的基础上，完善了地下管线图、井站电缆图，并新建工艺报警清单和工艺变更管理台账，为环境安全提供全面可靠的管理依据。通过“工作循环分析”检验员工安全技能，反向检验操作规程的实用性，通过赋予员工管理者和执行者的双重身份，实现对生产过程的自主管理。班站员工根据事故事件案例，对生产环境和过程进行“系统安全分析”，追溯事故事件的根本原因，提高了对风险隐患的判断和管控能力。

随着安全管理工具的逐步应用，员工工作理念从“被动遵守规定”转变为“主动使用工具”，形成了主动识别风险、主动落实整改的自主管理格局。

为了让攻关成果惠及基层，促进整体提升，锦州采油厂作业一区编制并印发了《女子采油站安全自主管理班站建设指导手册》，在规章制度建设、软件资料建立和现场规范管理三个方面详细介绍自主班站的建设标准和管理

经验。班站员工在工作循环分析中受到启发，根据外输泵停运应急处置程序，找出外输流程的关键环节，自行编制了《女子采油站倒直输操作流程》，并在9座计转站推广应用，显著提高了应急处置效率。

2016年5—10月，锦州采油厂采油作业一区承办了采油女工“巾帼文明岗”轮训活动。结合女子采油站季度岗位轮换制度，策划了轮岗实习机制，带领受训女工在女子采油站各个岗位学习安全自主管理。该项措施让受训女工对采油站日常管理有了更为全面的掌握，既锻炼了安全技能，也增强了她们落实安全自主管理的主动意识。受训女工回到本岗位后，将女子采油站的安全文化建设、目视化管理等成果运用到生产管理当中，为基层班站的安全发展发挥了积极的作用。

2018年，该站第三任站长陈安宁站在了中国石油天然气集团有限公司安全环保会议的讲台上，同各大油田进行个人典型经验交流，将女子采油站经验做法进行推广。女子采油站也先后荣获中国石油天然气集团有限公司“标准化示范队”、辽河油田公司“自主安全管理示范站队”荣誉称号。

一枝独放不是春，百花齐放春满园。锦州采油厂女工委在女子采油站开展女工岗位轮训活动，通过“一岗带一人”的形式，3年间培训女工75人次，扩大了安全自主管理的实施范围，站长、副站长定期到锦州采油厂其他班站指导安全自主班站创建工作。将女子采油站“安全自主文化”在采油厂进行传播，锦州采油厂采油作业一区是首批通过辽河油田公司安全管理自主作业区验收的科级单位，全厂有8个班站通过验收，充分发挥了女子采油站品牌引领作用。

撰稿人：孔令艳　吴双　应亮

锦州采油厂热注作业二区晓庆注汽站

一、背景起因

锦州采油厂热注作业二区晓庆注汽站（简称晓庆注汽站）始建于 1986 年 2 月，占地面积 4000 多平方米。管理着 4 台排量为 23 吨的大型注汽锅炉和长达 15 千米的注汽管网。每年生产优质蒸汽 40 万立方米，创产值 3430 万元。现有员工 12 人，其中男员工 7 名，女员工 5 名，包括党员 3 名。2005 年锦州采油厂在晓庆注汽站正式挂牌成立“培训基地”。该站先后荣获中国石油天然气集团有限公司“先进班组”、辽河油田公司学习型优秀班站、先进集体等荣誉称号。“晓庆注汽站”是以辽河油田公司劳动模范、首届员工技术比赛热注

红色引擎添动力

技术状元王晓庆的名字命名。为整合团队力量，打造新型班站文化，晓庆注汽站以学习为重点，以共同愿景为目标，逐渐形成了“注汽先注热情、开采先采知识、爱己先爱他人”的团队文化。

二、主要做法

该站坚持以班组文化建设为主线，将“以人为本、关爱员工、健康安全”的管理理念融入生产经营，把企业文化建设、创建学习型班组、创建自主化管理班组、岗位争先创优等活动有机结合起来，着力打造“注汽先注热情，开采先采知识，爱己先爱他人”特色品牌文化，把班组营造为一个令员工倍感温馨的家园，一个朝气蓬勃的家园，一个积极进取的家园。

（一）注汽先注热情，充分调动员工主观能动性，打造一个积极向上的先进集体

“热情”一词，是指人参与活动或对待别人所表现出来的热烈、积极、主动、友好的情感或态度。而在工作中，热情就如同生命，可以使枯燥的工作变得生动有趣，可以使自己充满活力，更能感染身边的同事。

该站提出“注汽先注热情”工作理念，就是要求每名党员干部以饱满的热情做表率，以实际行动博得员工的认可、信服和支持，从而将这股“热情”传递。他们把这股“热情”比喻成注入井底的“热蒸汽”，它的能量可以让“死油”起死回生并开采出来，恰如“热情”可以让工作中存在的“死水”活起来，将整个团队的精气神提上来。

对待工作的热情，可以在工作中感染身边的人，而在这个过程中，党员干部就要做好切身表率，扮演好热情传播者这样一个关键角色。工作中要做好排头兵，当好带头人，要以服务生产、服务员工为宗旨，做到吃苦在

前，享乐在后。1999 年冬天的一场大雪，导致采油厂大面积停电，锅炉油、水管线被冻得一塌糊涂，党员干部蹚在很深的积雪里处理锅炉下面的管线，经过 7 小时的连续奋战，终于顺利启炉投井。

在晓庆注汽站连续 10 年没有回家过春节的党员不在少数，运行三班班长李才恒，上班 29 年了，有 28 个春节都是在站上过的！从上班到现在，他不仅经常 24 小时连轴转，还总是把别人的事儿当成自己的事儿，其他站有个急活难活，他总是二话不说，第一时间蹬上自行车去查个究竟，就像锅炉的“流动保姆”，随叫随到！

2023 年 3 月 12 日晚上 21：30，6 号站夜班员工黄海燕巡检时，发现蒸汽换热器入口管线焊口有一处砂眼，立即报给调度室，当时锅炉正在运行，管线压力已达 12 兆帕。班长李才恒、副站长李伟接到通知后立即赶往站上，经停炉、卸压、高压焊等紧急处理，在 2 小时内完成补漏工作，直到 23：30 启炉投井正常运行后，他们才从站上离开。2023 年 4 月 2 日 13：15 分，该站站长在巡井检查时发现 23–K281 井注汽管线连接器上 2 个卡瓦螺丝各丢失了 2 条，这口井已经投注，压力达到 9 兆帕，卡瓦处正在漏气，情况非常紧急，他马上汇报调度，并及时掐断两侧管网阀门，在井口平稳泄压，避免了一起重大的管线崩开事故。

在党员干部的带领下，员工的工作热情快速升温，大家更爱想事儿、更爱干事儿了，党员的切身表率真真正正成为了班站管理提升的“助推器”，队伍的凝聚力和战斗力也得到最大化激发，更多的党员和群众将“热情”二字根植于心中、付诸行动上。

（二）开采先采知识，突出员工技能水平提升，锻造一支高水平的技能工人队伍

该站不断挖掘技能培训新方法、新途径，着力提高岗位员工整体素质，力争打造一支技艺精湛、勇于创新的高技能人才队伍，为班站全方位管理上水平打下扎实基础。

注汽锅炉的原厂说明书大多是英文，员工大都看不懂，王晓庆就找来有关书籍，进行学习和对照，结合查阅英文词典，编写出简单的中文本说明书，

以帮助大家学习和使用。现在设备出现的部分故障，站上员工都能够自主处理。通过多年的实践摸索，王晓庆总结出一套创新教学培训模式，率先在全厂热注系统开发出了以 Auto CAD、3DS MAX 等软件制作的三维动画教学软件，这种培训模式突破了传统的平面教学瓶颈，真实再现了设备的内部构造和工作原理，其直观、形象的培训内容激发了员工的学习兴趣，有效提高了员工的学习效率，增强了技术培训工作的实效性。

晓庆注汽站培训基地内设有“三一五”硬件系统、多媒体教学软件、五小成果展示及各种学习的相关资料。“三一五”硬件系统，即：三张原理示意图、一个锅炉模拟操作台和五个实物展示柜。三张原理示意图包括仪表工艺原理图、电器线路控制图和固定管网流程图，他们将三张挂图分别做成窗帘，日光照射下会产生“灯箱”的效果，既便于保管存放又方便观摩学习。热注系统涉及热工、仪表、电工和自动化等多门学科，普遍为高温高压设备，为了保护进口精密仪表电器和人员安全，热注作业二区对锅炉操作盘采用了模拟仿真操作方式，可全面进行锅炉启动点火、十八项报警排除方法的操作。五个实物展示柜包括管阀、机泵、仪表、电器、工具共 5 种实物，员工通过三维立体实物进行实际演练，可以全面掌握机泵、仪表、电器的工作原理结构性能和检测方法，练就基础本领，增强动手能力，实现了学、练、比一体化。通过规范运作、悉心经营，“晓庆注汽站培训基地”已经形成了独具特色的“基地文化”，实现了“两个转变”，即：由单向授课向双向互动式转变；由单元化教育向多媒体转变，逐步形成了由平面模拟动画向三维立体教学转变的培训新格局。

在创新培训方式的同时，王晓庆更注重把积极的学习理念灌输给员工们，帮助他们打通“任督二脉”，修炼成岗位“全能超人”。他们充分利用“晓庆注汽站培训基地”

培训资源丰厚的特点，全面推广“五式练兵法”和“四个一”学习法，使“晓庆注汽站培训基地”成为全厂热注系统的精兵“孵化站”。“五式练兵法”，即理论学堂互动式、模拟操作仿真式、软件应用开放式、实际演练对手式、综合培养捆绑式。自“五式练兵法”推行以来，全站逐渐形成了自主学习、互相促进的浓厚氛围。这种有针对性的理论与实践结合的培训方式，大大促进了员工技能水平的提升。通过积极推行“一本、一台、一卡、一角”即“四个一”学习法，加快了青年员工由一岗通向多岗通的转变。截至 2023 年 6 月，该站参加专家讲堂的员工已达 180 人次，制作答题卡 280 余张，设立 2 个读书角，配发各类实用书籍 300 余册。

“晓庆注汽站培训基地”近年来共为热注系统培养出技能专家 1 人、技师 6 人、技术能手 11 人、高级工 32 人。其中，有 6 名技术骨干已经走上了班长、站长等岗位，有 65 名转岗工人经过培训后顺利顶岗。

（三）爱己先爱他人，关注员工身心健康，营造一个温馨舒适的幸福家园

用心待人，关爱溢于细节。员工是班站建设的主体，创造舒适贴心的工作环境，是调动员工工作积极性的关键因素。该站把每个员工的生日按照生辰年月排成序列表，张贴在小伙房的墙壁上，每当有员工过生日，班站员工都集体会为他订做生日蛋糕，送上诚挚的祝福，并鼓励他继续努力干好工作。这种方式不仅增进了员工之间的情感，也使小伙房成为了站上员工第二个温馨的港湾。

班站领导不仅关心员工的身体健康，更关注员工的心理健康。在员工家庭有困难的时候，都积极伸出援手，到困难员工家中走访慰问，为员工解除后顾之忧，使员工能全身心地投入到工作中来。

2011 年，站上一名男员

工不幸去世，家中只剩下没有收入来源的老母亲独自艰难生活，运行三班班长李才恒一有时间就会去看望老人，还经常在班站、作业区发起志愿帮扶行动，逢年过节，他还会自掏腰包买上米面油和生活用品给老人送去，多年来从未间断。在李才恒的影响下和作业二区的大力支持下，晓庆注汽站成立了“爱心志愿者团队”，截至 2023 年，志愿者成 员已经达到 40 余人，并定期组织定点志愿帮扶活动，而这位老人就是最大的 受益者之一。

用心待家，浓情端上餐桌。一个站就像一个家，看着一家人在一起其乐融融地吃饭，是一件特别幸福的事情。为了让大家尽可能多地吃上绿色菜、放心菜，晓庆注汽站组织员工在站区后院开辟了一片空地，建立占地面积大约 300 平方米的“小绿地”，每年可产蔬菜 200 千克以上。为了在春天提前吃上新鲜蔬菜，员工们还特意盖了个大棚，种出来的蔬菜能从春天吃到入冬，还利用种植的蔬菜养殖了鸡鸭鹅等家禽，形成了一个小的“生态园”。在小伙房，员工们餐桌上经常出现的黄瓜、豆角、白菜、茄子、土豆等各类应季蔬菜，都是员工自己种植的，属于真正的纯绿色食品。小绿地的开发与利用，既美化了站内环境，又丰富了员工菜篮子，使员工收获了健康与愉悦的身心。

三、主要成效

晓庆注汽站始终秉持“注汽先注热情，开采先采知识，爱己先爱他人”的文化理念，积极调动员工主观能动性，高度关注员工身心健康，实现了员工思想不断进步、技能水平有效提高和班站管理持续创新与突破。几年来，该站先后获得中国石油天然气集团有限公司荣誉 1 项，辽河油田公司、采油厂荣誉 10 余项。

撰稿人：孔令艳　吴双　张杰

冷家油田开发公司采油作业三区采油 16 站

一、背景起因

冷家油田开发公司采油作业三区采油 16 站（简称采油 16 站）始建于 1995 年，现有员工 20 名，其中党员 7 名，管理油井 59 口，水井 2 口，平均日产液 450 吨，日产油 60 吨，年产油 2 万余吨。建站以来，先后荣获辽宁省先进基层党组织、辽河油田公司“红旗党支部”“质量健康安全环保先进站队”“安全自主化管理班站”等荣誉称号。

工匠精神是中华民族精神的重要组成部分，是根植在中华民族灵魂深处的优良品质。党的十八大以来，习近平总书记多次提到工匠精神，并深刻阐释了工匠精神的内涵。采油 16 站深入学习贯彻习近平新时代中国特色社会主义思想，坚守“我为祖国献石油”的历史使命和责任担当，以“传承工匠精神，凝聚全员智慧，共享创新成果”为目标，着力打造“匠心工坊”特色小家，发扬“团结奋进、以站为家、共建共享”的团队精神，广泛开展创新创效活动，引导干部员工自觉将文化理念转化为工作追求、行为规范。

二、主要做法及效果

2023 年，采油 16 站紧紧围绕原油生产中心任务，将企业文化建设作为凝聚员工队伍、创造一流业绩的重要载体，做好文化建设与中心工作深度融合工作，为“建设规模效益型作业区”提供了生生不息的精神动力和价值引领。

（一）搭建“三个课堂”，提升技能素质

新时代是高质量发展的时代，也是属于高素质石油工人的新时代。采油 16 站高度重视员工的素质提升，聚焦人才队伍建设，精心搭建“三个课堂”，

锻造过硬本领，努力打造一支技术争先、岗位当尖、素质争优的人才团队。

1. 搭建“流动课堂”，上好“专业课”

在班站设立授课点，精选技术过硬的技术骨干轮流讲课培训，从技能操作、设备结构、业务知识、安全技能方面开展攻坚创效交流培训。全年共完成各层级授课 52 学时，涵盖采油、制图、工艺、设备设施以及安全风险知识。他们还采取“每周三题”的模式，督促员工学习形成常态化，全面提升操作员工职业技能素养，确保技术学习全覆盖。

2. 搭建“实操课堂”，补好“实践课”

每月选定一个主题组织现场实操，结合操作规程手把手教学，反复练习，不断夯实基本功。通过岗位练兵、技术比武、班组对抗赛等形式开展员工“岗位大练兵”和“技术大比武”等活动以练促学、以赛促学，并把各项急、难、险、重任务作为员工的练兵台，内容涉及油井对标管理、天然气综合治理等多方面工作，通过现场教学检验员工学习成效。

3. 搭建“师徒课堂”，修好“经验课”

发挥技术能手的传帮带作用，选拔技师、技术骨干与员工结对子，签订师徒合同，开展培训指导和经验分享。师父要利用深厚的理论知识和丰富的实践经验，帮助徒弟提高业务能力和技能水平，培养好新一批业务骨干；徒弟则要按计划完成既定的培养任务，在师父的指导下显著提高业务能力和技能水平。几年下来，该站形成了“以老带新、以优促新、互学共进、教学相长”的“传、帮、带”常态化人才培养模式，先后培养采油各岗位技术能手、技师和高级工29人，为班站奠定了坚实的人才基础。

该站的“80后”技师高峰拥有14年的采油工作经验，曾获得辽河油田公司技术比赛一等奖，是作业三区唯一的“80后”党员技师。他技术能力过硬，勤于钻研，善于理论联系实际，乐于带动身边人一起学习共同进步。正是看中他身上这些“闪光点”，冷家油田开发公司采油作业三区安排他与“90后”青工刘帅结为师徒。

面对初来乍到，对一切都很茫然的新员工，高峰毫无保留地将自己多年的实操操作经验倾囊相授，耐心手绘工艺流程图，还翻出自己的工作手册总结出重点，归纳成思维导图，带着他一遍遍跑井位、现场录取资料、平整维护井场，教他怎样通过基础数据诊断油井问题。为了帮助刘帅尽快适应岗位需求，每次巡井的时候，高峰都会让刘帅随身带着笔记本，发现问题就记下来，回去后及时查缺补漏，还经常利用午休时间交流学习。面对师父高峰的倾囊相授，刘帅也付出比别人更多的努力和汗水，积极地在理论中学习操作岗位职责、在操作中熟悉设备设施，不久就能独立承包采油平台了。

（二）实施“三类工程”，助推质效双升

采油16站坚持推动党建和业务深度融合，把党建价值体现在增储上产、管理提升、提质增效、抗洪抢险等领域之中，让每个岗位、每名党员都自觉成为党建工作的参与者和党建价值的创造者，使党组织活动真正融入生产经营的各个环节，实现两者双促双赢。

1. 实施“成本挖潜节降”工程

细化成本指标，选取由班站使用支配的“材料费、动力费、修理费”三大项11小项费用，同步深化班组精准对标管理，有针对性地采取管控措施，确保各项节能降耗措施落到实处。

2. 实施“提质增效全员创优”工程

将天然气挖潜、动力费挖潜等提质增效重点、难点工作，对接为共产党员工程核心项目，成立3个党员攻关小组，明确职责分工、时间节点、实施路径和预期效果，以“五个一”机制狠抓项目推进落实，累计降本增效320余万元。

3. 实施“生产管理亮旗攻坚”工程

依托党员示范岗、责任区、服务队，推行“划井定人包产量、划区定责保产量”，党员带头承包油井45口，连年超额完成产量任务。在防洪防汛重要区域、重点时段开展宣誓动员、抗洪突击等活动，实现了干部员工齐上阵，攻坚克难保稳产。

2023年3月16日，冷家油田开发公司采油作业三区采油16站69台冷43-48-664井流程炉子需要大修，为了节约成本、提高生产效率，采油16站站长蔡峥、党支部书记王登带领4名员工自己动手拆卸火管炉法兰螺丝，随后与维修班配合对火管炉进行维修，仅这一项就为作业三区节约零星工程费用5000元。

“能自主维修，绝不叫外委。既可以节约维修费用，又能减少加热炉停运时间，保障生产高效运行。”站长蔡峥介绍道。采油16站积极推行“自主维修”模式，成立电控系统故障、柱塞泵维修等技术攻关小组，深挖“自主动手、自主维修”潜力，自己动手拆装电机、维修机泵零散部件，探索维修变频器等项目。

“只要我们动手又动脑，办法总比困难多。”除了自己的活自己干，员工们还从废料堆里“淘宝”，把原来废弃的电机、旧闸门、机泵等收集起来，拆下完好零件，保养后让它们重新组合二次上岗。

采油 16 站干部和党员发挥“头雁”作用，采取管理挖潜“承包制”，设立节气、节电、管理增油、挖潜降本工程承包板块，开展日常动态分析与精细措施研究工作。全站员工树立“节约、利旧、控本”的新标杆，积累了丰富的挖潜经验并落实到工作中，切实将提质增效理念深入到生产管理的方方面面。截至 2023 年 5 月底，采油16站以“管理挖潜”为重点，实现月节气3.5万立方米，措施增油45.8吨。

（三）推进“三个创新”，持续激发活力

为持续以工匠精神提升班站核心竞争力，采油 16 站最大程度地维护、保障员工创新创效“沃土”，激发员工动力，使班站能够长久保持创新活力。

1. 成立创新工作室

秉持“创工作之最、展群众之睿，挖技术之潜”理念，创建了冷家油田开发公司采油系统首个职工技术创新工作室。工作室以技师曹志平为带头人，汇集了 11 名想干事、能干事、懂专业的技术骨干，从解决生产实际问题和现场难题出发，集思广益开展创新攻关、技术革新和成果研发等活动，先后研制“井口冷凝集气装置”“移动式蒸汽发生器”“光杆防断脱装置”“抽油机减速箱

堵漏技术改进”“油井碰泵操作平台”等创新成果15项，其中“井口冷凝集气装置”在全区22个平台74口油井推广使用，年回收套管气367.7万立方米，创效798万元；“移动式蒸汽发生器”应用于油井井口清洗、管线解堵等操作，既操作便捷，又能保证生产时率。

2. 推广“六小”创新载体

以“管理小高招、安全小建议、技术小革新、节约小措施、成本小分析、工作小交流”六小创新活动为载体，围绕四个“小修不出站”工程，举办党员创新“擂台赛”，每期确定一个微主题，开展学习交流、建言献策、攻关比武、积分打榜等竞赛活动，推出加密封圈辅助装置等管理小妙招10个，解决光杆磨损断脱等生产难题15项。党员主动创新意识明显增强，涌现出一批当先锋打头阵的“闯将”、破解生产难题的“能将”，急难险重冲在前的“干将”，以典型示范带动全员创新创优。

3. 创建数字建设试点站

2022年初，站长蔡峥带领员工骨干连续扎在现场学习新知识新工艺，采取班站干部包责任区、大班包群众的方式，帮助员工转变思想观念，快速适应信息传输新常态，配合搭建各类变送器、高清视频及监控系统65台（套），先后在8个平台、13口油井实施应用物联网数字信息技术，全力推动采油站向“井站一体、电子巡护、远程监控、智能分析”的智能管理模式转型，为辽河油田公司全面完善数字化油田建设迈出了先行一步。

曾经，油井光杆断脱的问题一直困扰着采油16站的技师曹志平。作为创新工作室的带头人，他带领党员骨干们跑现场、翻资料、分析井况数据，集中把脉会诊，建立了技术攻关创新小组。他们发现部分边远井由于井口回压高、光杆载荷大、不对中等原因，光杆容易发生磨损断脱，严重时会因抽油杆弯曲变形而导致检杆、检泵作业。

如果在光杆悬绳器上再加一个防断脱卡子，能不能避免光杆断脱？一个大胆的想法油然而生，曹志平下定决心要去除这块心病。

说干就干，他找来了旧悬绳器、方卡子、钢板和小型电焊机等材料和工具，进行组装改造，有时一忙就是一整天，经过一个月的反复摸索试验，“光

杆防断脱装置”研制成功。这一改造有效降低了光杆断脱的风险，延长了光杆和悬绳器的使用寿命，同时也降低了检泵和污染处理费用。截至2023年11月，该装置已在全区 45 口井推广并安装试用，效果良好。

如果说创新是源于对工作和生活的热爱，那么不甘平庸的人就一定从日常生活里得到创新的启发。曹志平因为经常要值夜班，不能一直照看家里生病的老人，他就在手机上下载了实时监控 APP 软件。沿着这样的思路，他大胆联想到了如果可以将手机举升到驴头的高度就可以清晰地观察到驴头内部。他反复研究实践，利用废旧抽油杆焊制可伸缩的自拍杆，再通过两部手机，就完成了远端驴头智能检查系统，这个发明既避免了停井，又节约了一笔工程车费用，提高了工作效率，实现了一举多得。

撰稿人：宋雨峰　王亚男　王家辰　赖丽

高升采油厂采油作业二区张一井

一、背景起因

高升采油厂采油作业二区坐落在辽宁省台安县桓洞镇东 2 千米处，距离厂区 35 千米，共开发牛心坨油层、牛心坨潜山油层和坨 33 块三个区块，俗称“张一块”。截至 2023 年 5 月，高升采油厂采油作业二区成为辽河油田公司首家采油集输一体化运行作业区，作业区管理框架由“5+12”的管理模式精简为“3+5”的管理模式，构建形成“两室一中心 + 五大班组”的新型高效作业区组织机构，实现作业区直管班组运行模式。目前共有员工 244 人，党总支下设 5 个党支部，共有党员 98 人，管理 217 口油井、48 口注水井。自 1988 年 5 月第一口“张一井”喷出工业油流后，高升采油厂采油作业二区在多年工作实践中不断地摸索尝试、总结提炼出“四位一体”成本管控、“七新七字”对标管

理、“五精十化”管理模式等管理机制，打开了管理有方法、干事有措施的局面，促进了党员干部的执行力和战斗力竞相迸发。

“张一块”因油而建，缘油而兴，牛心坨油田也正因张一井压裂投产获得高产油气流从而拉开勘探开发序幕。张一井于1987年6月17日开钻，1987年8月26日完钻，完钻井深2103.26米，1987年9月4日完井。开采30多年来，张一井共产油4.6083万吨。一口井荣耀一座城，自此张一井成为张一人心中的“图腾”。

高升采油厂采油作业二区党总支为了纪念这口功勋井，同时探索党建文化阵地融合建设，大力打造张一井党建文化品牌。2020年，在庆祝高升采油厂采油作业二区成立30周年之际，在张一井井场内建设了党建文化阵地。寓意着从张一井开始，“张一”人开拓进取，奏响了“我为祖国献石油”的激昂旋律。张一井打开了牛心坨油区石油宝藏的大门，奠定了高升采油厂采油作业二区开发建设的第一块基石，见证了这个坚守、担当、奉献、创优的采油作业区持续发展壮大的历程。张一井虽然已经退出辽史舞台，但它依然是一座不朽的精神丰碑，被镌刻在高升采油厂采油作业二区发展史册的第一页，激励着一代又一代的“张一”人发扬“坚守、担当、奉献、创优”的“张一”精神。

二、主要做法

（一）聚焦“三个传递”，实现活动广泛开展

1. 高举红色旗帜传递党味

以高举习近平新时代中国特色社会主义思想伟大旗帜为指引，激励大家“心中有信仰，脚下有力量”。张一井党建文化阵地主要以图文并茂的展板从15个方面展示了高升采油厂采油作业二区开发建设30年来，从无到有，从小到大的发展史和奋斗史，同时也展现了张一井员工不畏艰难、坚守担当、争站排头的时代风采，构筑起一道亮丽的“红色风景线”，提升了基层党组织党建文化内涵，有力促进了党建文化宣传，党员群众在耳濡目染中让初心薪火相传，把使命勇担在肩，党建的引领作用得到充分彰显。

2. 讲好“张一”故事传递情怀

共同回顾党的光辉历程，把爱党爱国热情转化为爱企爱岗爱“张一”的实际行动，以更加昂扬的精神状态向着率先实现高质量发展的目标迈进。“小故事”诠释“大情怀”，以“微党课”传递“巨能量”。举办“精品党课”比赛，以历史情景再现、党史故事演绎、讲述身边优秀党员等方式展开讲述，深情回顾党的光辉历程，热情讴歌党的丰功伟绩，倾情讲述身边党员的故事，用“小切口”讲清“大道理”。用职工群众喜欢听、听得进的党课、宣讲等载体，开展专题宣讲、微党课，构建起“横向到边、纵向到底”的宣讲格局，使党史宣讲更加通俗化、大众化。为奋战在稠油老区生产一线的广大员工加油鼓劲，鼓舞斗志，用“张一”故事激励广大“张一块”党员干部群众接续奋斗。

3. 紧贴职工需求传递温度

深化职工文化建设，必须把坚持党的领导，把党的要求、生产的需要与职工的意愿统一起来，这样才能更好地发挥党建文化阵地的作用。巩固“我为群众办实事”长效机制，聚焦员工群众反映强烈的问题，创新形式开展员工关爱、“五好十有”志愿服务活动，坚定不移把好事办好、实事办好，把服务做到群众心坎上。广纳青年技能人才参与推进省级创新工作室即“吴成军劳模工作室”建设，力争实现技能人才发展有空间、上升有通道、创新有动力。充分发挥党建带团建、工会组织联系服务员工的纽带作用，全面实施青年员工“业务 + 思想”双导师制度，开展“大师现场课”活动 21 场次，不断提高员工的事业获得感和生活幸福感。

（二）紧扣“三个融入”，实现作用有效发挥

1. 融入形势任务教育

将形势任务教育作为解决员工思想问题的第一要务来对待。通过开展领导干部带头讲、支部书记重点讲、劳模榜样专题讲、党员干部普遍讲“四讲”活动，推动站队、岗位、现场分组联动，实现“三个讲清楚”，确保人人知目标、人人明形势、人人有压力。把拓宽员工诉求渠道作为做好一人一事思想政治工作的重要环节，掌握员工思想动态，逐步消除员工心理上的顾虑，打破观念上的“壁垒”，为新型作业区改革的顺利推进奠定了坚实基础。

2. 融入企业文化建设

党建工作最具特色的功能是教育培养职工的主人翁精神和责任意识。将党建工作融入企业文化建设之中，充分体现“以人为本”理念，强调尊重与信赖，坦诚与沟通。充分利用企业文化形象展示党建文化。如张一井党建文化阵地的建设，将张一井文化与党建文化落地到员工看得见，摸得着的具体形象上，使党建文化与张一井文化有活力有温度，使员工在感受企业文化氛围时感受到党组织的堡垒及引领作用，使党建文化更接地气，更具象。充分发挥张一井党建教育基地作用，弘扬张一精神，凝聚奋斗力量，持续激发员工队伍的创造力。

3. 融入精神文明创建

将党建的理论宣贯工作与精神文明创建紧密结合起来。通过生动的案例及活动培养员工正确的世界观，为广大员工提供精神动力。通过举办“一封家书”“十典九章”等活动，广泛开展“四德”教育，将党建理论在活动中用精神文明建设的形式加以宣传，并将精神文明建设取得的成果与党建紧密联系起来，使其中蕴含的共同价值观转化为员工的行为准则，引导员工增强自我约束、自我激励的意识，从而有效解决员工的行为规范问题。这样可以把“张

一”人的优良传统、先进精神深植广大干部员工心田，实现个人梦、企业梦、国家梦同频共振。

（三）落实“三个到位”，实现运行有力保障

1. 组织到位

高升采油厂作业二区把党建文化建设工作纳入到全年运行工作重点，成立党建文化工作领导小组，负责高升采油厂作业二区党建文化建设工作的指挥协调、督导检查等工作，派专人负责党建文化建设日常工作，从而形成了“党建领导、行政主导、工会搭台、各方协同、全员参与”的党建文化建设工作格局。

2. 制度到位

建立党建文化建设相关例会制度，在职代会、政工例会、务虚会等会议上定期研究部署党建文化建设工作，纳入作业区日常重点工作督查范畴，推动工作落实。聚焦新型作业区改革，开展物联网建设、光伏风能发电、数智化转型、举升工艺创新等重点工作，明确党建文化建设工作的目标要求、方法步骤、保障措施等内容，为持续深化老油田转型升级，保持原油高质量稳产、低成本开发，提高作业区管理效能、展现更大担当和作为，再立新功。

3. 考核到位

高升采油厂作业二区将党建文化建设与精神文明建设双促双融，实现同部署、同检查、同考核，激发广大干部职工参与党建文化建设的热情。将党建文化建设工作纳入目标管理考核，坚持与职工奖金挂钩，不断完善考核评价体系，做到年初有计划，年中有检查，年底有考核。设立专项奖金，鼓励广大干部员工投身党建文化建设。

三、主要成效

（一）筑牢党员群众身边的战斗堡垒

张一井将企业文化和党建文化进行优化融合，充分结合辽河油田公司“五个融合”创新机制，全力打造“五型党支部”品牌工程。实施凝心聚力工程，打造“团结型”党支部。通过严格落实民主决策制度、开展“践行式”中心组学习 24 次、实施“三分法”形势任务教育 72 学时，以及“张一”文化引领活动 8 次，进一步凝聚全员思想，为作业区发展奠定思想基础。实施管理提升工程，打造“效益型”党支部。通过党员带头大力推行全员对标管理、物联网建设应用和新型作业区改革，有效落实辽河油田公司、高升采油厂总体部署要求，努力实现产量效益双提升。实施深度融合工程，打造“活力型”党支部。坚持党建工作与生产经营深度融合，开展党员先锋工程 4 项，开展“五好十有”志愿服务活动 12 次，真正把服务做到群众心坎上，用实实在在的党建措施助推生产经营工作，用沉甸甸的生产经营成果验证党建工作成效。实施民生保障工程，打造“幸福型”党支部。将群团工作和党建工作充分融合，开展“时光的剪影”追忆活动。以“记忆的站区、记忆的工作、记忆的生活、记忆的青春”老照片，回忆流逝的岁月，感受如今的变化。持续巩固“我为职工办实事”长效机制，近年来解决了员工饮用水质超标、值班淋浴等问题，进一步提升了员工的归属感、幸福感和获得感。实施和谐稳定工程，打造“平安型”党支部，扎实开展职工法治教育、深入开展矛盾风险排查、广泛开展党建 + 安全活动，持续强化安保维稳工作，为作业区稳产上产营造了平安和谐的人文环境。

（二）拓展了党员群众满意的服务阵地

张一井党建文化阵地作为作业区党性锤炼、思政教育、文化活动和宣传展示等重要场所，大力推动各支部更有效、规范地开展党建活动，受到广大党员群众的欢迎，综合利用率逐步提升。以“功能完善，一地多用”的原则，按照整洁美观、设置合理的要求，整合现有资源，有效调动广大党员群众参与活动的积极性，自愿到党组织活动阵地来，自觉接受党先进思想的洗礼和红色文化的熏陶，进一步增强党员群众的认同感，推动基层党建工作更具仪式感，更具影响力、更具创新力。近年来利用阵地开展主题党日活动 32 次，迎接兄弟单位参观互动交流 17 次。丰富成果展示功能，打造政治认同窗口。将 30 年“张一井”党建成果、党建特色做法集成一体，从“政治引领坚强有力”“组织建设持续加强”“队伍活力显著增强”等方面展示“张一井”党建工作取得的新进展和新成效，深度提炼“五知五会”“五好党员”等党建特色做法，充分发挥党建品牌效应，有效发挥党组织的服务能力。丰富引领示范功能，辐射带动争当先进。坚守型、担当型、奉献型和创优型“四型员工”展示在应急抢险、新井投产、疫情防控、暴风雪等急难险重任务中勇于担当、攻坚克难的先锋形象。通过党员风采上墙、事迹展播等，将先进典型的优秀品质具体化、形象化，把先进作风转化为可触摸、可感知、可学习的鲜活样本，营造出了崇尚荣誉、奋勇争先、干事创业的良好氛围。

（三）激发了党员群众争先创优的内生动力

张一井党建文化阵地的内容建设突出基层党建“三基本”建设和“三基”工作有机融合，探索“一张网”整合，注重基层工作好经验、身边榜样好典型，深化推动作业区党员干部争先创优，激励职工奋力拼搏，营造了崇尚先进、学习先进、争当先进的良好氛围。在张一井党建品牌引领下，新型作业区改革的影响力全面提升，充分发挥了张一井精神的吸引力、感召力，引导广大员工树立见贤思齐的价值导向，主动投身新型作业区建设。

顺利推进新型作业区改革工作，实现党建工作与业务工作同谋划、同部署和同推进，截至 2023 年 6 月已完成管理单元压缩 47%，岗位员工压缩 22%，劳动效率提高近 30%，高升采油厂作业二区平均日产油连上 3 个 10 吨台阶，实现“作业区集中监控、中转站单人值班、计量站无人值守”的采油集输一体化运行新模式，为辽河油田公司提速数智油田建设、打造云上作业区提供了“张一井”方案。

撰稿人：赵强

金海采油厂集输大队洼一联合站

一、背景起因

金海采油厂集输大队洼一联合站（简称洼一联合站）成立于1993年10月，现有员工66人，其中党员16人。多年以来，该站不断深化、发展基层站队特色文化，坚持文化引领，把“文化引领是核心、情感融合是灵魂、创新载体是手段、共建共享是目的”理念融入生产管理全过程，不断推动管理上水平、工作创一流，实现了安全管理科学规范、生产运行平稳有序、工作组织高效快捷。

洼一联合站成立以来，先后荣获共青团中央“青年文明号”、一星级全国青年文明号、全国雷锋站、全国安全管理标准化示范班站，中国石油天然气集团有限公司先进基层党组织、先进HSE标准化站（队）、百优示范站队，辽河油田公司百优班站、先进联合站、基层建设暨企业文化示范班站、十大杰出青年创业团队、模范职工小家、优质低耗联合站、先进集体、先进基层党组织等荣誉。

二、主要做法及效果

（一）以加强党支部建设为抓手，听党话、跟党走

洼一联合站党支部严格落实“第一议题”制度，深入学习贯彻习近平新时代中国特色社会主义思想和党的二十大精神，扎实推进政治理论学习，构建永葆基层党组织先进性的长效机制。洼一联合站党支部在工作中认真落实总支委员考核规定，合理确定考评内容和指标，不断细化考评标准。在生产中发挥党员模范带头作用，工作上分工不分家，团结协作，形成合力，带动和鼓舞了员

工，也增强了班子的向心力。同时，工作中还归纳了班子“六心”工作理念，即：工作上要用心、作风上少一点贪心、以员工为重心、围绕输油中心、引导员工增强责任心、让领导放心。

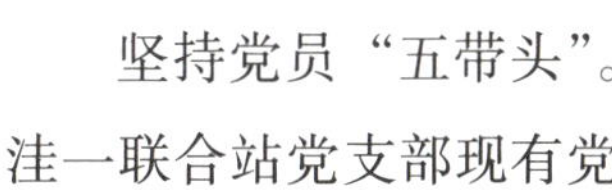

坚持党员“五带头”。洼一联合站党支部现有党员 16 名，占全站员工总数的 24%。党支部健全了长效机制规定 5 项，创“三优”活动形成了横向到边、纵向到底的网络，要求党员“各岗有一个、左手带一个，右手带一个”，党员的责任到位率达到了 100%。积极开展党员“五带头”活动，一是带头构建企业文化，包括安全文化、廉洁文化和“五小”文化；二是带头不计得失，发扬奉献精神，不能把自己混同于普通群众，充分体现党员的先进性；三是带头为生产经营排忧解难，落实各项规章制度，增强责任心，提高执行岗位责任制的能力；四是带头做群众思想政治工作，维护队伍稳定，及时化解矛盾，做好一人一事的思想政治工作；五是带头为完成生产经营指标而努力工作，每个党员要结合各自岗位的工作目标、技术技能要求和先进性的具体要求，进行岗位公开承诺，每个党员能够主动在本职岗位上做到“在技术业务上创一块牌子、在遵守章程上做一个样子、在品德风范上树一面旗帜”，展示党员的良好形象，使党员队伍成为最优秀的人力资源和广大员工看得见、摸得着的岗位示范群体。

推行党员积分制管理。党支部为每名党员建立了《党员积分管理手册》和党员承诺书。承诺内容主要包括：身为党员要带头学习提高、带头担当奉献、带头爱岗敬业、带头创优创效、带头遵纪守法、带头服务群众。在实际工作中，党员做到什么程度，达到什么标准，由党支部进行审查。每个季度党支部都要对党员承诺纪实情况进行考核，每半年党员要对自己哪些做到了，哪些没

有做到，进行一次自我总结，由党支部进行一次评议，并提出下半年的努力方向。从目前运行的情况来看，这种积分管理的形式，是建立永葆先进性的有效载体，能够比较准确地考核党员在工作中的先进性。采取这种积分管理的形式，对党员发挥先进性起到了积极作用。

（二）突出载体依托，继承传统，提升特色

企业文化既要秉持传统大庆精神铁人精神的“根脉”，也要结合自身实际，选择符合队伍特质、彰显鲜明个性的特色载体为依托，拓宽企业文化宣传渠道，促进特色文化拓延。

洼一联合站创建了辽河油田公司第一个基层党建工作室，2014 年 9 月又对党建工作室进行完善。工作室归纳展示了洼一联合站党支部“五字五法五品牌”工作法：“五字”即突、硬、红、响、活；“五法”即搭平台、强班子、育明星、树品牌、建和谐；“五品牌”即创四好班子品牌、创先锋模范品牌、创科学管理品牌、创第一资源品牌、创凝心聚力品牌。该工作方法荣获辽河油田公司党的基层组织建设创新奖二等奖。

2014 年 9 月，鹿元首劳模创新工作室在洼一联合站内建成，工作室立足于解决现场实际问题，截至 2023 年 6 月，有成果 23 项，国家专利成果 3 项，推广应用 11 项，创经济效益达 500 多万元。2020 年，鹿元首劳模创新工作室与孙洁技能大师工作室“双室”融合，搭建技术创新平台，吸引更多的技能人才参与到现场技术攻关，还在厂内掀起了学技术、比技能、肯攻关、勤创新的热潮。

（三）找准切入点，倡导争创一流的企业精神

企业文化是一种信念和行为准则，能够增加职工向心力，保持职工队伍稳定。构建具有集输人特色的企业文化，是洼一联合站的重要工作之一。

在落实文化建设工作中，以“用文化凝聚人心、用制度驾驭人性、用业绩成就人生”为工作理念，将理念与行动联系起来，打造安全文化、廉洁文

化和“五小”文化。在安全文化上，通过全员风险识别、班前安全小故事等活动，增强了员工的安全意识，通过“党建 + 安全”演讲比赛，增进了员工对安全知识的掌握。岗位上放置安全提示警示语、安全三字经，使 QHSE 理念进一步深入人心，达到了在工作程序上要安全、在防护设备上要安全、在员工生活和操作习惯上要安全的目标，实现零事故、零污染、零伤害。在廉洁文化上，加强党员的廉洁警示教育，在思想上树立防范意识，做到廉洁文化进岗位。在重要岗位实行轮换制度，形成浓厚的廉洁文化氛围，拓展廉洁文化内涵，党员自觉遵守廉洁从业“五要五不要”，将团队的“创新、求实、奉献”精神渗透在各项经营管理活动与员工日常行为之中，不断增强员工意志，形成团结一心、努力奋斗、真抓实干的浓厚干事创业氛围。

（四）建设家园文化，推动管理水平提升

洼一联合站着力开展“我爱我家”活动，以建设温馨家园为主旋律，提出“让你的智慧燃烧起来”理念，引导全员参与建设家园文化。在建设温馨家园之初，征求员工意见的时候，员工们纷纷提出了好的建议，如“家”中应设立小药箱、添置健身器材等，党支部将意见建议总结分类，合理采纳，调动员工的积极性。员工们还捐献了学习的书籍，建立了读书角，制作“员工笑脸墙”“我爱我家，我家爱我”的牌匾，营造出“我爱我家”的浓厚氛围。

小练兵是“五小”文化建设的主要内容之一。根据洼一联合站实际情况，结合专家工作室的工作，优化练兵内容，使员工练兵项目更加趋于合理，更能适应员工实际技能和生产的需要，达到了每日一题、每周一练、每月一考、每季一赛，增强了“为生存而学习的”意识，认识到学习是终身的，是无止境的。通过建立练兵室，为员工提供一个学习的场所，向“学习型”班站的目标努力，不断提高员工学习的自主性，增强了针对性、实效性，进一步提高员工的技能，从根本上杜绝违章指挥和违章操

作行为，真正实现个人无违章、岗位无隐患、班组无违纪、联合站无事故的安全生产目标。

同时，通过组织全站员工游艺联欢，开展踢毽球、跳绳、掰手腕和打扑克等文体活动，不断增强员工凝聚力、向心力，营造家文化、人性化管理的氛围。

（五）薪火相传，青春之力助推前行

洼一联合站积极推动党建带团建，以“打造特色青字号品牌”为总体思路，抓好青年思想领航，抓实青年建功成才，抓严团的自身建设。

一是坚持素质提升。坚持将学习贯彻习近平新时代中国特色社会主义思想、习近平系列讲话作为根本政治任务，制作《洼一联之歌》和《奋进的洼一联》宣传片，开展“寻找最美身边人”等特色活动，引导青工坚定信念，增强增储上产的主动性。

二是坚持岗位创效。引导团员青年发挥自身优势，立足生产、开拓创新、潜心钻研、突破难题。近年来已完成专利成果 7 项、五小成果 11 项，开展专家巡诊解答各类生产难题 47 项，创效 55 万余元。青年员工义务献工，以志愿服务、青年突击队等形式，积极参与精细管理，自主完成站内各项零星维修工作，创效 10.2 万元。

三是坚持实干为本。在全厂夺油上产劳动竞赛中，洼一联合站青年突击队在保路拉油、抢险补漏、设备检修、小改小革工作中积极奋战。积极投身马 19 储气库建设，完成 1560 个班次的高危作业监护。面对油水处理系统异常，每天多次上罐分级取样，确保数据精准。污水处理厂建成之际，加班加点学习细菌驯化方法，按时摸排各段水质情况，保证了生产运行安全平稳。围绕中心工作开展志愿服务活动，全年累计保养设备 803 台次、参与污水改扩建施工监护 430 天、卸油任务 150 小时，完成桥架防腐 12 座、管线防腐 12000 米，大小机泵防腐 104 台。开展“春暖三月”站容站貌整治、标准化站场建设、为值班员工送餐。组织废旧衣服“爱心捐赠”、图书交换等志愿活动 15 次。

撰稿人：肖磊　陶晓明　图片提供：杨昱

油气集输公司坨子里输油分公司

一、背景起因

辽河油田油气集输公司坨子里输油分公司，成立于辽河油田艰苦创业的火红年代，作为辽河油田原油储运老站，原油集输的重要枢纽，从坨子里泵站、坨子里首站到坨子里输油分公司，伴随着近半个世纪发展壮大的历程。全体干部员工以高度的责任心和强烈的使命感，大力弘扬以“苦干实干”“三老四严”为核心的石油精神、大庆精神铁人精神，聚焦安全平稳受控和高质量发展、将“脚步沿着管线走，工作沿着管线做”的精神融入骨血，将责任、奉献、担当和深情倾注于每一条输油管道和每一座储油罐，孕育了以“站排头”“捡芝麻”“传帮带”为核心的班站精神。以抓基层打基础为导向，塑造了以“效益型、智慧型、学习型、自主管理型、低碳环保型”为重点的班站文化，不断激发基层队伍的战斗力、创新力和向心力，并凝聚成为全体员工干事创业的强大力量。

坨子里输油分公司先后获得“中共辽宁省创先争优先进基层党组织”“辽宁共青团‘青年文明号’”“中国石油天然气集团有限公司基层建设百个标杆单位”“中国石油天然气集团有限公司先进基层党组织”“辽河油田五型五好班组创建活动‘标杆班组’”“辽河油田公司企业文化示范点”“辽河油田公司铁人先锋号”等多项荣誉称号。

二、主要做法及效果

（一）聚能精益管理，建设效益型班站

本着“一切成本皆可降”“省一分钱就是挣一分钱”的经营理念。坨子里

输油分公司发挥集体的力量与智慧，打响节支创效的“金算盘”，捂紧企业的“钱袋子”，激励班组员工提高政治站位与企业一起打赢效益保卫攻坚战。

1. 攻关输油业务难点

坨子里输油分公司班组党员攻关项目以坨石线为试点开展峰谷平输油，结合不同时间点峰谷平电价和计划输油量编制坨石线峰谷平输油方案，试行期间每输送 1 吨油日节约费用约 0.49 元。配合辽河油田公司开展锦沥线、坨石线降温输送，严格生产参数调控，做出对比分析，锦沥线日节约天然气约 700 立方米，进一步节约了输油成本，提高了输油效益。

2. 加强设备节能管理

每月对设备运行参数、设备能源消耗、设备运行效率进行分析，以设备状态分析和设备状态诊断为关键点，及时调整系统优化运行方式，保障设备运行处于最佳工况，促进设备高效运行，有效提高机组运行效率。加强设备运行参数监测，每周一、周四利用手持监测设备对输油泵振动和温度进行监测，及时发现设备运行异常。一季度开展设备监测 6 次，形成评估报告 6 份，依据报告合理开展设备维护保养工作 3 次，以延长设备使用寿命，节约更换费用。

3. 完善节能考核机制网

坨子里输油分公司建立了由分公司考核站区、站区考核班组、班组考核个人的三级量化考核与监督机制。全员签订《节能降耗责任状》，将指标分摊到个人，保证节能降耗工作每天有安排、每周有分析、每月有考核、每季有汇报。每月开展“员工节支创效台账”、小改小革、修旧利废班组评比，定期组织台账“晾晒”，加强班组间优秀做法互学互用，最大限度利用群众智慧。举办“我是理财小能手”班组成本分析大赛，查找班组效益出血点，挖掘效益增长点，激发员工创新创效主动性。

（二）聚力素质提升，建设学习型班站

坨子里输油分公司以“增强专业意识、提升专业素养”为理念开展班组员工技能教育培训工作。瞄准培训方向，从基本素质、业务能力、工作业绩等方面，提升管理人员业务水平和岗位员工操作能力，为公司培训储备人才打下良好基础。

1. 对症培训，助力人才成长

坨子里输油分公司面对员工年龄偏大、转岗人员多等实际情况，有针对性地制定培训计划，引导员工系统学习岗位制度、操作规程和相关工艺及设备知识，以“金牌师徒”“岗位技能大比拼”等活动为载体，提高员工对突发事件的准确判断和应对能力，达到熟练掌握操作技能，全面提高员工综合素质的目的。为提升班组长业务能力，坨子里输油分公司每月指定一名技术人员分享一项专业标准，借助班前学习会，大家共同学习共同进步，以达到一专多能，岗位互补的目标。

2. 深挖师资，发挥传帮带作用

坨子里输油分公司目前工人技师 8 人，其中高级技师 1 人，班组长 17 人。为充分发挥技术人才带头作用，坨子里输油分公司升级了“金牌师徒”方案，在技师带徒弟的基础上，充分发挥班组长业务能力较强、生产实际经验丰富的优势，积极参与到 QC 小组活动、职工技术创新等工作中。以坨子里输油分公司实际生产中遇到的痛点难点为题，提出“金点子”合理化建议、建立“金果子”典型经验总结评比机制，实现群策群力解决难题，为提质增效、安全管控能力提升提供支撑。

3. 强化考核，保障员工技能提升

为打破以往员工固有思维想法，以实现坨子里输油分公司各站岗位人员轮换目的，为公司业务多元化发展提供专业人才保障。坨子里输油分公司综合

考量岗位实际特点，优化统一应知应会题库并完善培训考核方案。每月组织班组岗位员工分批次进行应知应会理论考核。利用班前会、月度班组考核期间进行岗位实操“碎片化”提问，并统计分析考核结果，作为下步培训重点依据，确定培训方向。建立管理人员考核机制，每季度实施履职能力评估，其成绩作为评先选优重要依据，正向激励管理人员践职履责、成长成才。

（三）聚焦安全管理，建设自主管理型班站

安全是企业发展的命脉。安全文化是一种安全意识、安全观念和安全态度，能激发员工安全行为的认知感、约束性和向心力。多年来，坨子里输油分公司一直把班组安全管理发展作为第一要务，结合公司《QHSE 工作计划》和工会群众安全监督活动，制定《无隐患班组创建方案》。将“设备设施无隐患、生产操作无隐患，制度落实无隐患，人员意识无隐患”四个“无隐患”与“关注员工身体状态、关注员工心理状态”两个关注融入自主管理型班站安全建设。

1. 设备设施无隐患

紧密对照国家相关标准，以“四分类、四查找”为指导，通过分区域、分专业、分岗位、分风险类别的方式，在班组开展“金哨子”全员设备设施、防暴电器、消防系统、安全设施四类隐患排查。落实设备日常管理，主动强化专业管控水平。

2. 生产操作无隐患

结合各站设备共通点及流程切换不同点，编制工艺流程操作方案 25 项，创新“一令一图加防控”模式，方案内容包含调度指令、流程切换示意图、风险及防范措施、操作步骤等，确保员工熟知流程切换内容及风险，有效规避班组员工在操作过程中存在的不规范行为。

3. 制度落实无隐患

不断修改完善各项生产安全管理制度 38 项，确保坨子里输油分公司班组安全管理开展的各项工作有章可依。从消除“低老坏”现象入手，以“安全自主管理型”班组建设为目的，借助“风险管控平台”工具，搭建安全信息分享平台，杜绝重复性问题发生，不断完善现场管理标准。

4. 人员意识无隐患

组织“全员、全过程、全方位、全天候”的危害因素辨识活动。制定教育计划定期对岗位员工开展安全知识培训。结合公司领导承包点活动相关要求，坨子里输油分公司各层级管理人员每周开展安全联系点活动，深入班组宣贯上级 QHSE 文件精神，进行安全经验分享、事故事件通报、EAP 亲情促安康等活动。制定《安全生产记分实施细则》《安全生产记分标准》，从劳动防护用品使用、参与应急演练、“三违”行为等方面，对岗位操作员工进行记分检查，拧紧员工安全意识“防范阀”。

5. 关心员工身体状态

为响应辽河油田公司“健康辽河 2030 行动”，坨子里输油分公司将员工健康管理纳入全年安全重点工作，依托健康小屋平台，开展“三康进班组”活动，即健康档案进班组、健康指导进班组、健康文化进班组，打造健康工作环境和生活方式，着力提升员工健康素养，树立“自己是自身健康第一责任人”的理念。在健康小屋内，岗位员工可以自助检测体重、身高、血压、体脂率等，随时掌握自身健康状况。实现对血糖、血压、血脂等涉及高血压、糖尿病类慢性病指标的有效观测，并由健康管理员设立电子健康档案，定期开展“健康指导进班组”随访干预，跟踪健康措施，落实提供基础数据，持续完善66名高风险员工基础健康数据收集。借助健康小屋“墙面科普课堂”，坨子里输油分公司健康管理员向员工详细讲解了健康小屋使用制度、各项器材的使用方法及现存药品领取制度，确保全员科学、有序使用健康资源，每季度开展一次糖尿病、高血压、高血脂等疾病预防健康讲座。

6. 关心员工心理健康

员工心理健康才能呈现出积极向上的工作态度，才会拥有“敢担当、能成事”的气魄。坨子里输油分公司近年来，积极开展心理健康行动，为员工心理健康提供全方位、多维度、有温度的关怀呵护。针对大龄员工家庭负担重、工作压力大的实际，坨子里输油分公司从人文关怀和心理疏导入手，进一步实施EAP项目，加大心理健康科普宣传力度，提升心理健康素养。建立重点人群心理问题主动筛查机制，早发现早疏导。疫情期间，加强对抑郁症、焦虑症等常见精神障碍和心理行为问题的疏导，提高突发事件心理危机的干预能力和水平，缓解释放员工的工作、生活压力，切实提高心理健康水平。通过“线上EAP微课堂”为员工讲授《积极心态应对企业变革》《心理压力调试》，连同“云端聊天室”“班组谈心会”等活动，线上线下双端联动及时帮助员工疏导家庭问题、工作问题带来的精神压力，守护员工的心理健康。

（四）聚智技术创新，建设智慧型班站

运用科技平台为班组科学化管理赋新能，激发员工创新、创优、创效的积极性和主动性，提升老站、老管线、老设备等生产硬件的科技含量，全方面建设智慧型班站。

1. 加快技术创新步伐

坨子里输油分公司本着精打细算，增加内生动力的工作思路，凝聚全员智慧，打响技术攻关主动战，开展科技立项研讨会，组织班长、技师、技术人员对坨子里输油分公司现有问题进行分析讨论，汇总科技项目12项，并从中确定安全环保节能科技项目1项、QC项目课题2项、职工技术创新项目2项。

2. 推进数字化站场改造

针对 49 年老站场如何实现数据一体化采集，减少人工操作量，提高生产管控能力，增强站场安全性等问题。坨子里输油分公司通过岗位收集意见、现场实地调研等方式，收集群众意见建议 86 条，编制完善《数字化站场改造》方案，为推进坨子里输油分公司站场数字化改造，打造公司数字化站场样本奠定基础。

（五）聚行绿色发展 打造低碳环保型班站

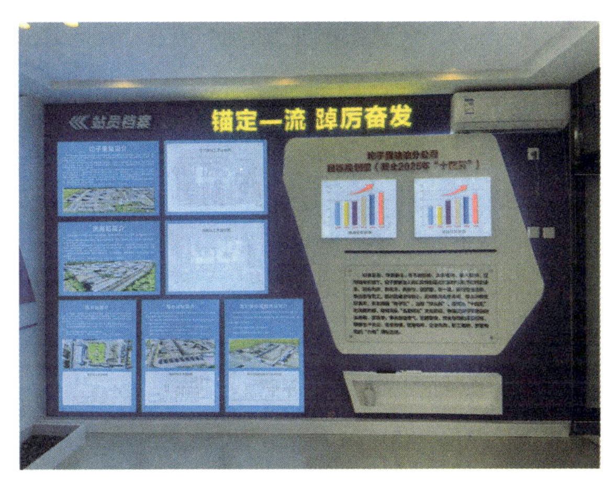

全面实施绿色发展战略，以打造低碳环保型班站为工作理念，提质增效，积极践行“节能减排从我做起”，营造文明、绿色、节能、低碳环保工作氛围，将节能指标落实到班站和岗位，最大限度降低水、电、气等能源消耗。同时，发挥风力发电和光伏发电等新能源替代优势，推动形成绿色低碳的生产方式和生活方式。

1. 建设风光一体绿色站区

在辽河油田公司面临绿色转型重要时期，坨子里输油分公司聚焦降耗降碳，在风能、光伏新能源项目推进与节能减排方面同向发力。现已建成年设计发电量 30 万千瓦时风力发电装置与年设计发电量 31.7 万千瓦时光伏发电区，坨子里站实现 20% 用电负荷清洁替代，坚定走好绿色低碳发展道路。

2. 建立上下联动节能网格

成立以坨子里输油分公司领导、各专业部长、各站区站长和班组长为成员的节能领导小组。通过坨子里输油分公司生产例会总结分析前一时段成本消耗，查找存在问题。另一方面，根据各班组专业特点，由各专业部长指导各站区站长进一步健全节水、节气、节电管理体系，实现“上下互动”，完善不同岗位节能管理制度和工作标准，统一管理人员、设备、材料、环境等因素，形成了从坨子里输油分公司到站队、班组节能信息传递的横向网格。

3. 搭建管理平台提升分析能力

搭建精细化管理平台，录入维护设备生产参数，累积原始数据，为工艺改造后深入分析生产、环境等因素变量，以及生产运行成本的影响提供有力数据支持。对耗能量大、较为陈旧设备实施重点分析监管，加大数据分析力度，及时根据生产任务、环境因素调整温度、压力等生产参数，形成从个人到班组，从班组到部门层层保证节能目标实现的良好局面。

基层班站是基层建设的源头活水，每一位员工都是班站文化的践行者和代言人。坚定文化自信、增强文化自觉、培育榜样力量，是每一位坨子里输油人的责任和使命。站在新的起点上，全体干部员工将以昂扬斗志扛起“我为祖国献石油”的责任担当，助力辽河油田公司和辽河油田油气集输公司高质量发展目标追求。

撰稿人：王珏程　图片提供：王珏程　张欣欣　周青

勘探开发研究院勘探开发试验中心储层观摩室

一、背景起因

勘探开发研究院勘探开发试验中心储层观摩室（简称储层观摩室）位于辽河油田勘探开发研究院试验中心，始建于 2002 年，2003 年试运行，2005 年正式建成。

辽河油田地质条件的复杂性推动了储层观摩室的建设。辽河油田是一个地质条件十分复杂，油气储量丰富，具有多套含油层系、多种储集类型、多种油气藏的复式油气区。表现出四个方面的特征：一是含油层系多、储层岩性复杂、非均质强，从太古宇、中—新元古界、古生界、中生界到新生界共发现 19 套含油层系，储层岩性以各种类型的砂岩为主，其次为各种类型的火山岩、碳酸盐岩和变质岩；二是断层多，构造复杂；三是油藏类型多，油气富集程度差异大，深度变化大；四是油品类型多，原油物性变化大。

截至 2000 年，辽河油田勘探已近 40 多年，积累了 3300 余口钻井取心，累计钻井取心总长度 14 万余米。这些岩心按井号、取心时间等顺序储存于岩心库中。但岩心存放并不具有岩石学分类性和系统性，也缺乏储层地质微观分析测试资料与其一一对应，不利于石油地质工作人员快速了解和系统掌握油田地下的岩石类型、储集地质特征等规律。

为了解决这一难题，自2000年开始，辽河油田公司、勘探开发研究院各级领导多次到岩心库、试验中心考察、调研，与勘探开发研究院勘探开发试验中心储层研究人员沟通讨论，最后给出了问题解决方向，即建设储层观摩室，并明确了储层观摩室的建设理念：成为辽河油田的地质之“家”、学习园地、交流平台。

地质之“家”——辽河油田公司企业“家”文化的组成部分，是油田地质技术人员研究之“家”，是地质研究人员开展工作的场所，为快速高效开展地质研究，及时进行现场跟踪诊断建立基础数据，提供类别齐全，集实物标本及配套资料于一体的储层地质平台。

学习园地——充分发挥地质资源优势，利用储层地质资源，以最快捷和最直观的方式，为广大地质人员和专家全面熟悉和掌握辽河油田储层提供学习场所、标本和资料；为非专业人员普及石油地质科普基础知识提供丰富资料。

交流平台——搭建为各方专家研究的载体。通过这一交流平台，为地质人员与国内外相关技术专家、学者交流提供场所，大力促进辽河油田地质人员技术水平的提高。

二、主要内容

秉持建设地质之“家”、学习园地、交流平台的理念，自2002年开始，勘探开发研究院勘探开发试验中心地层岩矿室分析测试人员便开始了长达3年的观摩室建设之路。按照岩石学分类的原则，对辽河油区三大储集岩（沉积岩、火成岩、潜山基岩）进行了系统梳理，投入大量人力和时间，在14万余米岩心中精挑细选有代表性的岩石样品，并对每一块样品进行系列分析测试，把这些样品所包含的岩石学和储集空间微观数据图片资料与实物进行宏观微观对照，制作成样品分析总结图件。与此同时，也对古生物化石、沉积相、油品等进行筛选，寻找代表性的古生物化石样品、典型沉积相标志样品及各种油样，制作古生物图版、沉积相图，对岩相、油品特征进行总结。

观摩室分6个展厅，包括综合陈列室、火成岩陈列室、潜山基岩陈列室、沉积岩和古生物化石陈列室、岩相及油品陈列室、图件展厅，展厅面积为800余平方米，展示的样品总计1112块，配套图件及图像资料总计658幅。

（一）综合陈列室

陈列和展示国内露出的各类典型造岩矿物标本、典型岩石标本、典型岩石结构构造标本、典型化石标本，以及典型宏观与微观地质现象照片等。共五个陈列区，陈列各类典型的矿物标本70件、标准岩石及结构构造样品415块、典型古生物化石标本60块，典型宏观、微观地质照片192张。

（二）沉积岩和古生物化石陈列室

陈列和展示采自辽河油区典型沉积岩储层岩石标本及配套的微观特征、储层物性特征和毛细管压力曲线特征等资料。陈列储层标本107块、古生物化石标本30块，以及典型微观照片210张。其中碎屑岩类96块、碳酸盐岩类11块。沉积岩储层是辽河断陷储层的主体，分为陆源碎屑岩和碳酸盐岩两类，其中碎屑岩储层占绝对优势。在数千米厚的砂岩、泥岩沉积剖面中，发育多套具有以粒间孔为主要储集空间的砂岩储层、砂砾岩储层。仅在局部地区（如西部凹陷高升地区）的个别层段（沙河街组四段）发育了碳酸盐岩储层。

（三）火成岩陈列室

陈列和展示采自辽河油区火成岩储层岩石类型标本及配套的微观特征、储层物性特征和毛细管压力曲线特征等资料。陈列各类火成岩标本123块及典型宏观、微观照片108张，其中酸性岩类16块、粗面岩类11块、安山岩类30块、玄武岩类39块、脉岩类15块、火山碎屑岩类12块。辽河断陷是位于郯庐断裂带上、油气资源十分丰富的裂谷型坳陷。构造运动频繁，火山活动强烈是辽河坳陷的重要特征之一。新生代以来，辽河断陷所发生的六次构造运动均伴随有强度不等的火山喷发，尤其以新生代早期最为发育。火山活动有规律地沿断裂分布。控制火山活动的断裂以北东向为主，南北向和东西向次之。断裂活动不仅控制了凹陷的边界和古近系的沉积范围，也控制了辽河断陷火成岩的分布及其储集空间特征。在火山活动的中心地区，喷出形式以裂隙式溢出为主，火山岩呈面状分布。在远离主干断裂地区则以中心式喷发为主，火山岩多

呈不规则蜘蛛状分布。各期火山岩多以薄层状夹于各组砂泥岩之中。

（四）潜山基岩陈列室

陈列和展示采自辽河油区典型潜山基岩储层岩石标本及配套的微观特征、储层物性特征、毛细管压力曲线特征等资料。陈列各类潜山基岩标本 124 块及典型微观照片 120 张，其中古生代、中—古元古代石灰岩、白云岩 27 块，硅质岩 3 块，石英砂岩 12 块；太古宙区域变质岩 40 块，混合岩 13 块，混合花岗岩 22 块，碎裂变质岩 7 块。

辽河断陷潜山勘探已有三十多年的历史，在辽河断陷内发现了兴隆台、齐家、欢喜岭、牛心坨、茨榆坨、东胜堡、前当堡、静安堡、曹台、曙光、杜家台和三界泡等太古宙变质岩潜山，以及古生代和中—新元古代石灰岩、白云岩、石英砂岩潜山，在各潜山中均具有丰富的油气资源。1972 年辽河油田首先在兴隆台太古宇片麻岩及混合岩潜山获得工业油气流，此后又相继在各潜山发现大量石灰岩、白云岩、混合花岗岩等潜山油气藏。钻遇的潜山地层各井的试油结果及开采情况表明：古生代、中—古元古代和太古宙潜山储集体不但具

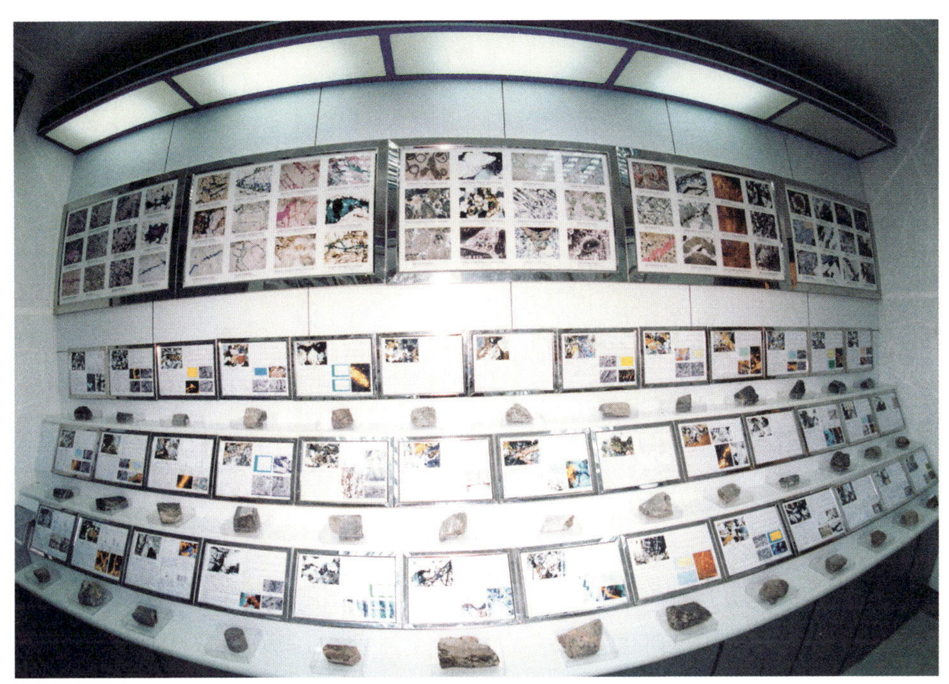

有工业油气流，部分井还获得了高产。潜山地层中探明的石油地质储量占有一定的比重，特别是近年来的勘探开发实践更加证明了潜山地层具有相当规模的石油生产能力。

（五）岩相及油品陈列室

共展示辽河油区各类沉积岩岩相标本 95 块、火成岩岩相标本 24 块、变质岩岩相标本 29 块、油品样品 14 瓶。

辽河断陷含油气丰富，自太古宇至新近系共发现了十几套含油层系。油品性质多样、差异大，除正常稀油外，还有高密度、高黏度的稠油，高含蜡、高凝固点的高凝油，此外还有凝析油和天然气。

原油性质在纵向上的分布主要受埋藏深度所控制，总的特点是油层埋藏深度大，原油性质好；油藏埋藏深度浅，原油性质差。平面上各种油品的分布具有明显的分区性，三个凹陷的原油性质以东部凹陷为最好，西部凹陷原油性质差异较大，其中蜡含量、凝固点都比较低，稠油资源丰富；大民屯凹陷原油中的蜡含量、凝固点都明显高于其他两个凹陷。外围盆地以稀油为主。整体而

言，辽河断陷的原油属于低含硫，低钒/镍比值、高含蜡的石蜡基石油，具有典型的陆相原油特点。

辽河油区稠油资源十分丰富，稠油储量居全国各油田之首，目前已申报储量占探明原油储量的一半以上，探明的稠油储量中96.6%分布在西部凹陷，3.4%分布在东部凹陷。辽河油田稠油油藏具有4大特点：一是油藏埋藏深、厚度变化大；二是储层物性相对较好；三是原油物性差，密度高、黏度大，胶质沥青质含量高；四是多种油藏类型并存。

辽河油田高凝油为高含石蜡、地蜡的石蜡基原油，含蜡量大于30%，凝固点高达40 ~ 69℃，是常温条件下不能流动的、成熟的原生未氧化原油。辽河油田高凝油主要产于大民屯凹陷，在西部凹陷北部牛心坨油田有少量。纵向上分布在大民屯凹陷的太古宇，中—新元古界，新生界古近系沙河街组四段和沙河街组三段等含油层系。大民屯凹陷高凝油的形成本质上与陆相高等植物密切相关，特别是植物蜡、孢子花粉和树脂是形成高凝油的重要母质来源。

（六）综合图件展厅

陈列各类地质图件20幅，便于了解辽河油区和区域地质概况。

三、主要效果

储层观摩室的建立大大方便了地质人员尤其是刚参加工作的地质研究人员快速系统地了解和掌握辽河油区地下岩石学特征和储层地质发育特征，同时为现场钻探疑难岩性及储层地质特征的快速诊断、学术交流，以及油气地质科普教育提供了一个直观、系统的观摩交流和学习平台。

20 多年来，储层观摩室一直发挥着重要作用。

一是为快速高效开展地质研究，及时进行现场跟踪诊断建立基础数据，提供类别齐全、集实物标本及配套资料于一体的储层地质共享平台。

二是以最快捷和最直观的方式，为油田广大地质技术人员和专家全面熟悉和掌握辽河油田储层情况提供标本观察和资料收集，以及学习和交流平台。

三是为地质人员与国内外相关技术专家提供交流场所，促进地质人员技术水平的提高。

四是为非专业人员普及石油地质科普基础知识提供丰富资料。

每年接待国内外，不同层次观摩人员 20 余批，达 300 人次，包括辽河油田公司各级领导、专家和技术人员、中国石油大学博士生考察团、德国大学生实习团队、辽宁科学技术大学实习团队等多个观摩考察团体，接待中国石油、中国海油、中国石化、大庆油田、巴西、伊拉克等人。将辽河油田第一高中、辽河油田实验中学优秀学生、暑假中小学生夏令营等团员、青少年引入科学的殿堂，普及地球科学和石油地质知识，以辽河油田科技窗口形象和科普园地的形式展示给企业和社会。

储层观摩室不仅是石油科技工作者学习的园地，也是辽河油田青年安全示范岗、辽河油田青工培训基地、辽宁省爱国主义教育基地，获得辽宁省团委青年文明号等荣誉。2009 年成为辽河油田企业文化示范点。

撰稿人：崔向东　郭鹏超　图片提供：崔向东　刘玉婷

勘探开发研究院岩心库

一、背景起因

勘探开发研究院岩心库（简称岩心库）位于盘锦市高新技术开发区开发技术研发中心，于2014年建成投用，拥有自然资源部实物地质资料委托保管资质，是国内石油系统自动化程度最高、功能最齐全的岩心库，2016年获得中国石油“十佳库房”荣誉称号。

存取自动化、操控网络化、保管与开发利用一体化是勘探开发研究院岩心库的最大特点。管理人员只需要点击鼠标，中控室监控终端屏幕上就会立刻显示出岩心库内的实时画面和设备运行动态参数。

辽河油田勘探开发50多年来的岩心，岩屑和井壁取心等地质资料，已集中在工作人员的鼠标控制之下。

以前岩心入库、观察和取样的每个现场都要派专人值守，现在1台电脑，1个工作人员就可以实现岩心入库、观察和取样全流程监控。目前，可以实现岩心自动上架、数据自动上传、生产状态实时监控、重点设备远程自动启停等措施。

自动化岩心库的建设源于大量岩心保存和管理带来的难题。取自地下的岩心是油田勘探开发过程中宝贵的“物证”和资料样本，它不仅承载着油田的历史，更是认识和评价地层地质特征最直观、最真实的第一手资料。多年来，在自然条件下，出于不可避免的风化作用和氧化作用，岩心的含油特征、表面颜色、表面结构、理化特性都会发生变化。随着时间的推移，这些岩心越来越难以真实地反映原始地层特征。由于岩心取出成本高，具有不可再生性，对岩心的保护和管理显得尤为重要。

辽河油田的旧岩心库始建于20世纪90年代，存在设施陈旧且库容量不足等问题，到2012年，已几乎没有容纳新增岩心、岩屑等地质资料的余地。加之库房与观察区混为一体，每次观察取样都不可避免地让岩心暴露在外部环境中，难以做到防光防尘。

旧岩心库属于人工库，取放岩心和记录数据全靠人力。存放岩心靠一个大型货架，共四层，每层2米多高，取放岩心需梯子辅助。要看一口井或一小层的岩心，需要在库内反复翻找、搬运。每盒岩心轻则几十斤，重的有一百多斤，一次观察取样就得搬上十几盒，费时又费力。而且还容易造成岩心顺序混乱，甚至破损。

二、主要内容

勘探开发研究院从2007年起就着手进行新岩心库的设计工作。为了增加库容、改善岩心保存环境，提高管理水平，设计人员对大庆油田、青海油田、长庆油田和塔里木油田等国内油田的岩心库房现状及建设趋势进行深入调研和细致研究。2010年，勘探开发研究院正式启动新岩心库的建设工作，专门成立岩心库建设工作小组进行全面管理。

勘探开发研究院从自动化程度、操控难度、方便利用和安全性等角度出发，力求建立全自动数字化岩心库，使岩心库管理的科学化、精准性和可靠性达到质的提升。

创新设计推动岩心库软硬件升级

历经4年的建设，新岩心库于2014年投入使用，建筑面积达10600平方米，分为库存区和功能区两部分，可存放岩心58万米，相当于旧岩心库库容的2.3倍。岩心库采用国内最先进的高架立体存储和自动物流技术，是石油系

统内自动化程度最高且功能最齐全的岩心库。目前已储存 16 万米岩心，以及大量的岩屑、井壁取心等勘探开发实物。

秉承“设计独特、功能齐全、配套完善、自动操作”的理念，实现岩心存取全过程自动化、操作程序化、全程视频监控、岩心管理规范化与开发利用一体化。岩心从存储货位到观察台的全过程自动完成，无需手工操作。设有接收区、暂存室、资料室、中控室、岩心扫描室、岩心照相室、观察大厅和岩心处理间等，配备相应的配套设备设施，资料接收、验收、整理、入库、查阅、利用、数字化存储和网络化应用等均设置了充足空间。

岩心自动化存取装置包括两台堆垛机、一台转轨车、一台转轨式轨道输送车。岩心出入库作业可全程调度设备自动完成。

以往岩心出入库动辄“出动”四五位管理人员，现在只要一个按钮就能自动入库，工作效率大大提高。更重要的是，自动化搬运精准度高、稳定性好，避免了搬运不当对岩心造成的破坏。

新岩心库的设计不仅提高了工作效率，还从科研需求的角度对种种细节进行了优化。

新岩心库在普通岩心观察台的基础上增加了一个记录台。传统的岩心库没有专门的观察台，岩心观察、记录只能在昏暗的货架间或者空地上完成。而国内现有的自动化岩心库则采用自动化观察台，也没有做记录的场所。

新岩心库在每个岩心观察台侧面增加了宽0.5米的记录台。以往蹲在地上才能做完的观察、记录工作，现在坐在观察台边就能轻松完成。

在优化货架设计方面，也下足了功夫。与一般岩心库一间货位两个托盘的设计不同，新岩心库采用牛腿式货架的设计，每个托盘都占据独立货位，稳定性与承重大幅提高。

新托盘设计减去底部支架，与普通托盘相比，约减少10～15厘米高度。按货架16层、总高度15.25米计算，共可节约1米以上的空间高度，相当于又多出两层货位，提升了岩心库的存储能力。

考虑到对岩心的保护、密封和研究便利，新岩心库划分为存储区和功能区两大区域。存储区实施严格的密封管理，最大程度减少岩心损耗。功能区增加试验设备，力图实现“岩心取样、分析不出楼”，由单纯的库房升级为保管、处理一体化的研究中心。

截至2022年底，岩心库共存放岩心5284口井82394盒，岩屑5284口井41045盒，井壁取心约6500口井75000盒，占库容量的45%。每年平均接收100口新井岩心（岩屑）入库。

三、新技术构建数字化管理新体系

自动化岩心库带来了岩心管理方式的转变：以提升岩心存储能力为中心，强化功能分区，实现数字化管理，优化人力资源。如今，这一方式带来的成效已初步显现。

岩心库的设备运行实施数字化管理，并配备一套视频监控系统，共16个监控点，库内所有情况和设备的各项运行数据都将在中控室监控终端上实时显示。一旦发现安全问题，工作人员可以立即做出响应，既做到了事故隐患和突发情况的及时发现、处理，又减轻了工作人员的劳动强度。

岩心库有效实现了人力资源的优化配置，通过先进的仓库管理系统实现自动化管理，对岩心出入库记录和基础数据进行采集、记录，并随时上传至岩心数据库，工作人员只需定期对数据库表参数进行核实。现在，仅需一位工作人员即可以兼顾岩心出入库记录、库房监控、设备调度等多项岗位，由一人一岗变为“多面手”。用工人数得以精简的同时，数据记录的准确率也由 90% 提升至 100%。

四、主要效果

功能区的拓展让管理向精细化转变。管理人员对老岩心进行规范化整理、高分辨率图像采集等，将数据更新细化到每一块岩心。经过鉴定、归位、整理、标识、固定保护、换盒等程序后，更新数据库信息。截至 2023 年 6 月，勘探开发研究院累计整理岩心近 2 万米。

岩心库推动了管理制度的更新。勘探开发研究院勘探开发试验中心修订了岩心管理相关的各项规章制度，除以往的入库验收、观察利用等管理条例外，还对岩心扫描图像规格、取样数据上传程序、存放架位数据格式等进行了明确的要求，以确保每项环节可控，为岩心库数字化管理打下基础。

岩心库建成以来，经过多年精心打造，各项功能日益完备，与行业内其他岩心库对比，有以下五大特点。

（1）库存规模大。自动化岩心库建筑面积 10600 平方米，建有 6 条巷道，设置 11 排、138 列、16 层货架，共 24288 个货位，可储存岩心 29 万盒、58 万米，落成时是国内石油系统最大的单体岩心库，预计还可满足辽河油田未来 30 ~ 50 年的存储需求。

（2）岩性类型多。辽河油田经过 50 余年的勘探开发，共积累了 16 万米岩心、4 万盒岩屑，以及 7.5 万盒井壁取心，库存岩心涵盖了沉积岩、火成岩和变质岩三大岩类，储层岩性以各种类型的碎屑岩为主，其次为各种类型的火山岩、碳酸盐岩和变质岩，以及非常规的混积岩，直观地再现了辽河储层岩性复杂真实的状态。

（3）采集范围广。库存岩心共有5284口井，主要采集自辽河坳陷、滩海和外围，也有的采集自鄂尔多斯、内蒙古通辽钱家店铀矿床，以及海外阿尔巴尼亚。

（4）自动化程度高。采用现代仓储物流技术和信息化管理，通过由堆垛机、转轨车、输送机、中央控制服务器、调度监控管理系统、视频监控系统、设备监控系统和配电系统等八大系统，实现岩心存取自动化、控制操作程序化、安全监控规范化、岩心管理与开发利用一体化。

（5）利用效果好。取得自然资源部实物地质资料委托保管资质并承担保管任务，每年接待辽河油田内科研所室、高校、科研院所岩心等观察1300人次，调取岩心（岩屑、井壁）17000余盒，岩心常光、荧光成像采集10000张，钻切样30000余块次，实现高效运转。

先进的功能与良好的使用效果也吸引大庆油田、华北油田、中国海油、中国石化等多家油田和企业先后前来调研，并给出了“设计独特、功能齐全、管理精细、安全可靠”等评价，在2016年获得中国石油“十佳库房”荣誉称号。

勘探开发研究院岩心库坚持以“珍存企业记忆、提升公司价值、构建知识平台、实现信息共享”为核心，以“加快实物地质档案信息化建设”为发展方向，以“地质档案保管与开发利用一体化、岩心实物观察观摩与科学研究相统一”为建库目标，实现了作业自动化、实物数据化、管理网络化、安全常态化、服务社会化。

撰稿人：董晓东　王菁　图片提供：程远忠　郭军

燃气集团公司天然气压缩分公司
盘锦 CNG 母站

一、背景起因

燃气集团公司天然气压缩分公司盘锦 CNG 母站（简称盘锦 CNG 母站）2011 年建成投产，主要负责天然气压缩、充装和销售工作，是“气化辽宁”工程实施以来，辽河油田投产的首座 CNG 母站。盘锦 CNG 母站始终围绕生产经营中心工作，以特色企业文化助力企业高质量发展。建站 12 年来，以文化树品牌、以文化赢口碑，在保供、安全和服务等工作中，逐渐总结形成了“三知三会”安全文化、“七个一”服务文化、助人为乐“雷锋”文化，有力推动企业稳定发展，成为享誉辽河油田内外的明星站，也为企业高质量发展提供了强有力精神动力和文化支撑。近年来，先后荣获“中国石油先进基层党组织”“辽宁工人先锋号”“辽宁省学雷锋活动示范点”“辽河油田公司青年文明号”等 20 多项荣誉。2022 年，盘锦 CNG 母站共销售天然气 4927 万立方米，实现销售收入 1.137 亿元。

二、主要做法及效果

（一）打造特色安全文化，牢牢把握安全生产第一红线

安全对于天然气场站来说是至关重要的，因此盘锦 CNG 母站每名员工上岗前必须进行安全教育培训。为更好地提升员工安全意识，提高员工安全能力，达到“只有规定动作、没有自选动作”要求，经过多轮打磨，精心打造安全教育培训阵地，形成了“三知三会”特色安全文化。

“三知”就是知道“安全为了谁”，知道最大的安全隐患在哪里，知道有效

的安全保障是什么。“三会”就是会逃生、会用安全工作法、会识别不安全行为。通过“三知三会”安全教育培训，提升员工的安全意识和安全能力。

为了让安全培训更加直观、更易理解、更有效果，时任安全员的梁海峰想到了手绘安全漫画的法子。他结合安全生产实际，汇总 123 种不安全行为，以漫画这种寓教于乐的形式，将盘锦 CNG 母站的不安全行为图例展示出来。安全漫画墙成为直观学安全的最好教材，也是日常工作中随时可以查阅的“安全字典”。近年来，盘锦 CNG 母站接待外来参观学习百余次，这面漫画墙俨然成为燃气集团公司安全生产教育的“金名片”。

在“三知三会”安全教育培训阵地的基础上，盘锦 CNG 母站党支部以全员重视安全为出发点，严格执行燃气行业标准和中国石油天然气集团公司安全生产禁令，设立安全工程师岗位，将安全专职化岗位设立为党员先锋岗，形成由站长、党支部书记、安全工程师组成的安全监督组，坚持每天与当班班长、安全员一起对站内重点设备、重点区域、要害岗位进行安全评估、持表检查，对 37 个设备设施风险点源制定了 152 条风险防控措施和 202 条生产作业活动防控措施，确保设备和人员的安全。为强化每名员工的安全意识，还开展了“流动安全哨”活动，使每名员工都成为安全管理的行家，培养和增强员工的责任意识和安全风险意识。

（二）打造特色服务文化，坚持把品牌发展意识刻在心中

盘锦 CNG 母站是燃气集团公司的主力母站，下游用户全部为社会企业。近年来，随着“气化辽宁”战略的大力推进，各地区 CNG 母站如雨后春笋一般拔地而起，产能过剩问题逐步显现，CNG 下游市场竞争异常激烈。面对困境，天然气集团公司及时转变思路，通过把服务水平提上去，把燃气品牌树起来，打造特色服务去抓客户的心，从而赢得市场。

通过细致入微的市场调研发现，负责运输 CNG 的管束车司机常年奔波在母站与用气企业之间，工作危险性高、劳动强度大。而作为运输危化品天然气的管束车只能在环城路上行驶，司机很难找到吃饭和休息的场所，不仅增加了安全隐患，还导致大部分司机患上了胃病等慢性病。从关心司机入手去关注客户、关注市场，盘锦 CNG 母站组织开展了以免费提供“一杯热水、一顿热饭、一张床铺、一台电视、一个 Wi-Fi、一间活动室、一条绿色加气通道”为主要内容的“七个一”特色服务，不仅让本站司机还让来加气的司机有热水喝、有热乎饭菜吃，有舒适的休息环境，体验“安全加气、舒畅工作”的感觉，受到了司机和客户的一致好评。

“七个一”特色服务开展以来，不仅受到了司机师父广泛欢迎，用气企业也十分认可，CNG 销量也随之稳步提升。一些用气企业慕名而来，专门体验

盘锦 CNG 母站的“七个一”服务，一些企业还当即表达了合作意向。

2021 年冬天的一个傍晚，员工刘莹发现一名司机师父迟迟没来吃饭，便主动过去询问，得知他是因胃病犯了，吃不下饭后，就为司机师父下了一碗热腾腾的爱心面，还在里面多加了一个荷包蛋，这位司机深深地感动，连声称赞盘锦 CNG 母站就像家一样温暖。像这样的暖心服务也让很多“头回客”变成了“回头客”。

2022 年疫情反弹期间，许多前来加气的司机下高速手续繁琐，休班员工就自发轮岗，在高速路口 24 小时协调指挥。在一次接车过程中，一名司机因为防疫需要，中途无法下车，降压药又用完了。副站长佟刚立即驱车十多里路为他买来降压药，解了燃眉之急。

盘锦 CNG 母站面向辽宁省内及赤峰地区加气，用户满意程度直接关系到用户的稳定，该站在提高服务水平的同时，不断完善服务方式方法。2021 年以来，在与用户沟通中得知，有时由于加气过程衔接不紧凑，延长了司机等待时间，部分司机表现出急躁情绪，容易产生矛盾。为了解决这一问题，该站全面梳理各环节可能产生的漏洞，从进一步提质增效、升级服务质量出发，进行了认真的分析，总结梳理出从安全检车到开票离站的 5 个环节，将其细化为“5 个 3 分钟”服务，即加气车进站前，门卫 3 分钟内完成检车；中控室 3 分钟内安排撬车入位；充装工提前 3 分钟做好充装准备；充装结束后 3 分钟内完成卸加气枪、上报加气量；中控室 3 分钟内完成开票，确认气量。该站还根据用户不同需求，在一台加气柱上可以选择单枪充装也可以选双枪充装，着急返程的司机最快 45 分钟就可以充好一车气，大大提高了充气效率。

对于该站“5 个 3 分钟”服务，盘锦一家用户的司机李师傅连连点赞，他所在单位规定，司机收入与加气效率挂钩，该站“5 个 3 分钟”服务不仅节约了时间成本，及时补充了用户气源，同时也使他个人的收入增加了。

（三）打造特色“雷锋”文化，助人为乐意识深入干部员工心间

雷锋精神和石油精神都是伟大建党精神的重要组成部分，盘锦 CNG 母站一直以石油人的独特担当精神教育引导广大干部员工将雷锋精神体现在端好能源的饭碗上，体现在保供稳供大局上，体现在助人为乐的日常行动上，通过热

心公益、服务群众、奉献社会，用辽河石油人的独特担当弘扬雷锋精神。2023年3月，盘锦 CNG 母站被辽宁省授予“学雷锋活动示范点”。

2022 年 8 月，国家管网公司盘锦压气站生产受到洪水威胁，一旦停产将直接影响居民用气和油田生产。与压气站仅一墙之隔的盘锦 CNG 母站员工放弃公休和轮休，和燃气集团公司防汛队伍一起，组成抗洪抢险突击队，利用两天时间完成了 600 立方米砂石调运、20000 条编织袋运送和 2 台挖掘机等抗洪物资的调配。经过近 46 小时连续昼夜奋战，抗洪队伍在盘锦 CNG 母站和国家管网公司盘锦压气站西侧围栏一侧筑起了一道长 200 米、宽 1.5 米、高 2 米的防洪堤坝，顺利完成了任务，成功消除洪水对盘锦 CNG 母站和国家管网公司盘锦压气站的威胁，筑起了一道坚固的防汛抗洪的“钢铁长城”。

2021 年 8 月的一天，三位泰山小区的居民将一面“无私援助献爱心，品德高尚暖人心”的锦旗送到燃气集团公司盘锦 CNG 母站，以此感谢该站员工刘锦阳助人为乐、无私援助的义举。原来，2021 年 8 月 19 日 16 时 10 分左右，盘锦 CNG 母站正在门卫值班的员工刘锦阳，发现一位老大娘在大门外徘徊，想要走进站里，他立刻上前询问，发现这位大娘说话有些语无伦次，于是他警觉起来，一面向站长汇报，一面安抚老人。当班的副站长韩冰热情的将老人扶进门卫室，端来热水并请她休息。这时候，刘锦阳忽然想起这两天朋友圈里有人发布寻找失联老人的消息，他立刻翻看微信朋友圈，发现网上发布的头像与这位大娘很像，他立刻拨打了联系电话。半个小时后，家属赶到，看到正是自家一天前走失的老人，家属感激之情无以言表。据了解，老人名叫李国华，家住在距离盘锦 CNG 母站 22 千米的兴隆台泰山小区。找到老人后，家属十分感动，特意送来锦旗表示感谢。

撰稿人：陈柴旭　图片提供：徐永平

消防支队综合救援大队

一、背景起因

辽河油田消防支队综合救援大队，现有干部职工 84 人，其中党员 37 人，各类作战车辆 15 台，坐落于盘锦市兴隆台区兴油街，担负着兴隆台油区所辖单位的防火灭火任务，以及整个辽河油区大型火灾和抢险救援的扑救及增援任务。责任区东至冷家油田，西至泰山路，北以沟海铁路为界，南达霍田公路，面积 300 平方千米。

辽河油田消防支队综合救援大队始建于 1972 年 12 月，时称兴隆台中队，隶属于辽河油田保卫处。1978 年 11 月，划归辽河油田公安消防支队，改为公

安消防体制。1985 年 5 月，更名为辽河石油勘探局消防支队兴隆台中队，改为企业专职消防体制。1994 年 11 月，兴隆台中队与特勤中队合并为特勤中队。2006 年 5 月，更名为中国石油辽河油田消防支队特勤大队。2017 年 1 月，在特勤大队基础上成立特勤一中队和特勤二中队。2019 年 6 月，更名为消防支队直属大队。2020 年 5 月，更名为消防支队综合救援大队并延续至今。

自成立以来，综合救援大队经历了企业、现役、企业专职消防队的体制变革。该大队始终坚持准军事化管理不动摇，在支队党委的正确领导下，认真执行“预防为主，防消结合”的工作方针，紧紧围绕辖区生产生活实际，扎实开展队伍正规化建设，贴近实战，科学练兵，努力打造一支特别能吃苦、特别能奉献、特别能战斗的消防铁军。先后荣获“辽宁省企业事业单位专职消防队先进单位”、辽宁省“青年文明号”，中国石油天然气集团有限公司党组“先进基层党组织”，辽河油田公司“安全生产先进单位”“铁人先锋号”“十佳杰出青年团队”“青年文明号”等荣誉。

企业文化建设，是见证综合救援大队发展历程、展示石油精神和大庆精神铁人精神，教育引导员工的鲜活载体，将在价值观引导、精神激励、形象展示等方面发挥重要作用。

二、主要做法及效果

（一）让热血军魂澎湃在消防站队

消防支队综合救援大队始终致力于以文化人、以文育人，在践行和弘扬石油精神、大庆精神铁人精神的同时，把践行“听从指挥、服从命令”的部队文化厚植于几代消防人心中。

1. 哪里有火情，就冲向哪里

油田开发不易，保卫油田生产建设更难。随着油田大会战的打响，20 世纪 70 年代到 80 年代，消防支队转职成为公安部队，大队全体指战员自强不息、为油而战，住“干打垒”冷、走“搓板路”难、喝“鸭子汤”苦。“这困难那困难，为辽河保油灭火最困难”，人员少就全员参战、设备缺就跳进油池灭火，在各类火灾扑救中，指战员奋不顾身地与烈火搏斗，圆满完成了 1973 年 12 月

11日兴84井喷火灾、1986年12月3日双台河双12–36井喷火灾。时至今日，“冰火七英雄”的故事在辽河油田公司早已家喻户晓，但是很少有人了解在那场战斗中与七英雄并肩作战的综合救援大队消防指战员，他们第一时间赶赴现场、第一时间实施救援，不畏艰险、连续作战，是那场冰火战斗的“无名英雄”。

2. 什么地方最危险，就战斗在什么地方

1999年的海南2号平台保卫战中，综合救援大队数百名消防指战员冲进火海，衣服烧着了，头盔烧变形了，依然不下战场，在生与死的考验面前，履行了重于泰山的职责，历时28天15小时成功制服了火魔。1992年6月1日增援扑救盘山百货大楼特大火灾、1992年11月8日增援扑救沥青厂“11·8”大火、1998年10月5日增援扑救高升采油厂34–042井井喷火灾、1999年12月15日增援扑救海洋公司海南2号平台特大火灾、2003年2月12日增援扑救黄金带炼油厂油罐爆炸火灾，2021年5月增援扑救盘锦积葭生态板业有限公司仓库起火火灾、2023年2月11日茨榆坨井喷事故增援任务、2023年2月14日辽河宾馆康乐宫火灾处置等。一场场火灾述说着消防支队综合救援大队几代战士舍生忘我的故事，他们战火魔、除险情、化危机，打赢了一场又一场硬仗，取得了一个又一个胜利。

3. 与火魔鏖战，和时间赛跑

2023 年 1 月 15 日盘锦市盘山县浩业化工有限公司烷基化装置在维修过程中，烷基化装置发生泄漏爆炸着火严重事故，综合救援大队接到出动命令后，火速出动 7 台车、28 名指战员赶赴事故现场。到达现场后，浓烟包裹着火焰，爆炸破坏的厂区一片狼藉，给作战人员带来极大的心理压力。但是，面对这样的火灾，综合救援大队指战员没有畏惧，冷静果敢，科学组织，经过现场勘查后，立即架设两门移动炮分别对受火势威胁严重的 C601 球形罐和 C804 球形罐西侧罐壁进行射水冷却。与此同时，以干部带队，成立搜救小组，立即开展被困人员的搜救工作，面对随时有二次爆炸危险的装置区，搜救小组深入火场，不惧危险，与死神抢时间，全力施救，15 时 40 分搜救失联人员 1 名，16 时 54 分搜救出失联人员 2 名。经过两天一夜的鏖战，火势基本得到控制后，综合救援大队从前方灭火阵地撤出，将现场移交给盘锦市消防支队。历次战斗，充分体现了综合救援大队敢打必胜的英勇作风、不畏艰险的意志品质和不怕牺牲的英雄气概。

（二）让“四诚”精神发扬在消防站队

近年来，综合救援大队在梳理总结多年来文化理念的基础上，以习近平总书记重要训词精神为指引，以“忠诚担当、公诚守纪、炽诚勇敢、竭诚奉献”的文化理念为核心，总结提炼了自身的文化理念，真正用文化指导工作、用文化催生战斗力。

1. 专业化建设一天也不能松

综合救援大队全力打造专业化队伍，毫不动摇继承和发扬“特别能吃苦、特别能战斗、特别能奉献”的精神，主动适应油田生产生活应急救援任务需要，全面提质强能。抓实训练考核，结合岗位特点和年龄结构，科学制定训练科目，突出综合体能和装备“四懂三会”训练。加强针对性训练，不断提升综合救援专业化水平。从实战角度出发，结合管区多家重点单位不同特点，针对性开展各类型场所演练，深入辖区重点单位进行“六熟悉”工作。在消防安全保卫方面，遵循“源头治理、关口前移”的工作思路，不断完善消防工作制度体系，从“查隐患”向“查责任”转变，编织全方位、立体化的消防安全网，助力油区消防治理效能得到新提升。

2. 防汛救灾一刻也不能缓

2022 年 7 月，受强降雨影响，辽宁省盘锦市绕阳河发生有水文记录以来的最大洪水。随着防汛应急响应接连升级，综合救援大队全力以赴、强力应对，科学部署人员，迅速进入抗洪抢险状态，全力应对洪水灾害，火速投入到堤防一线，在大堤上奋战 13 天，参与抗洪人员 260 人次。从白天到黑夜，又从黑夜到白天，参战人员铁锹翻飞，沙袋填土、挖土筑堤、搬运垒高……一身泥一身汗，衣服湿透了、手掌磨破了，大家全然不顾，一心只有抗洪，每名指战员都全力投入到紧张忙碌的筑堤工作中，直到胜利的最后一刻。

3. 复工复产一滴油也不能少

抗击洪水成功后，综合救援大队又马上投入到曙光地区的复产工作中来，此次洪水灾害涉及地区很大，影响多个油田单位运行生产，灾后复产工作责任艰巨，2022 年 9 月 1 日 8 时，综合救援大队三台消防车到达受灾现场开展抗洪复产增援任务。经过连续 16 天的战斗，综合救援大队冲刷地面淤泥 41700 平方米，板房 29 间，泵房 12 间，库房 13 间，办公室 19 间，污水处理站注水配药 3 次。共出动车辆 42 台次，出动人数 102 人次，在 24 个站点进行清淤工作，圆满完成了各项工作任务，为辽河油田公司稳产上产打下了坚实的基础。

（三）尖刀文化引领在消防站队

综合救援大队突出文化的“感知、感觉、感化”作用，用文化的力量塑造员工的思维模式和行为模式，不断增强凝聚力、向心力，实现“内化于心、外化于行、固化于制”的根本转变，形成“素质优良、履职尽责、积极进取、奋

发向上”的高质量健康发展局面。

1. 唱消防歌、吃消防饭、过消防年

“油田的消防兵，责任重于天”，大多数消防战士都是唱着这首歌来到了消防支队，又来到了综合救援大队。消防救援工作有个特点，就是弹性工作制，倒班、加班是常态，作为消防支队抢险救援的主力军、排头兵，综合救援大队承担的任务更加艰巨。干部员工在大队值班往往一值就是一两个月，没有假期，有警必出，尤其是节假日，救援监护任务繁重，吃在队上，住在队上，根本没有过年过节的概念。

2. 垮的是困难，不垮的永远是综合救援人的意志

每一次火场都是一场战斗，大战大考面前，英勇的综合救援人总是精锐尽出、逆行而上。20 世纪 70 年代，他们踏着铁人的脚步走，创造了“1 人 1 车斗火海、激战北蒸馏”的英雄壮举，新时代的综合救援人更是用无坚不摧的意志，喊出了“不甘人后、永争第一”的豪迈誓言，他们用铁人精神铸造消防铁军，让石油精神和大庆精神铁人精神薪火相传，激励综合救援大队的干部员工奋勇向前。

3. 妻儿团圆是亲情，干好消防是天职

综合救援大队的周亮常年与妻儿两地分居。2022 年抗洪复产工作中，面对半年未见一面的妻子和孩子，他“舍小家、顾大家”放弃了休假，毅然加入了抗洪复产大军中。抗洪复产以来，每天高强度的工作使他身心疲惫，但是他从未退缩。曾经答应孩子外出旅行的承诺早已化为泡影，孩子却说他是说话不算数的好爸爸，虽然他把所有的时间都留给了单位，留给了自己战斗的岗位。

“锻尖刀之身，立铁军之魂，创一流业绩，展红门风采”的队训已深深注入综合救援人的灵魂。青春岁月为证，热血忠诚铸魂。综合救援大队全体指战员将一如既往履行好泰山之责，攻坚克难，开拓创新，用忠诚和热血铸就更加璀璨的红门卫士。

撰稿人：李天思　胡庆洋　图片提供：孙祥智　周子博

辽河工程技术分公司曙光作业二大队 208 队

一、背景起因

辽河工程技术分公司曙光作业二大队 208 队（简称 208 队），主要担负着曙光采油厂采油一区、采油五区和采油七区三个采油大区的油水井，以及 SAGD 井的维修作业任务。35 年的风雨历练，让已过而立之年的 208 队发展成为一支具有辽河油田公司甲级作业队资质、稠稀油井中小修技术纯熟、施工经验丰富、能打硬仗的综合型团队。这支队伍充分发扬石油精神、辽河精神、辽河工程技术分公司“手术刀”精神，真抓实干、攻坚啃硬，勇创一流业绩。

208 队先后获得中国石油天然气集团有限公司基层党建“百面红旗”“先进基层党组织”“作业金牌队”“千队示范工程示范单位”，辽宁省先进基层党组织、党支部标准化规范化建设“示范点”“铁人先锋号”，辽河油田公司“先进基层党组织”“红旗党支部”“企业文化建设示范点”等多项荣誉。

208 队高度重视文化引领，结合辽河油田公司、辽河工程技术分公司、曙光作业二大队发展形势，打造符合自身特色的文化理念、建设 208 队特色文化阵地，通过抓思想铸魂、勇担当塑形、强内功创效、筑安全防线，全力扛好红旗，为红旗添光彩。

二、主要做法及效果

（一）抓思想铸魂，培育铁军精神

208 队高度重视企业文化思想引领，在发扬“苦干实干，三老四严”等石油精神、大庆精神铁人精神基础上，对标大庆油田 1205 队，按照“实”“活”“严”要求，抓实思想教育，制定符合自身特色的团队理念，即“修井不言苦，创效不止步”的进取理念、“为产量负责，为效益着想”的责任理念、“作业先做人，人品创精品”的品德理念。

1. 突出“实”的内容，增强凝聚力

抓实组织生活，注重结合实际，开展油味儿十足的教育。紧密联系生产和党员所思所想，不搞“假大空”；注重活动实效，改变单纯“书记讲”，善于让“党员说”，不搞生搬硬套走形式；注重实事求是，开展真刀真枪地批评与自我批评，让党员感受到“火辣辣”。通过讲授“跟着 1205 学铁人做铁人、争当优秀党员”微党课，让党员们受感染之余，也认识到自身差距，纷纷制定改进措施。组织生活有意义有意思，党员主动投入到“熔炉”中，自觉锤炼钢铁意志。

2. 突出“活”的方式，增强时效性

针对作业一线实行 24 小时三班倒的工作模式，党员不便于集中，组织生活难开展的问题，党支部千方百计为党员“补钙”“加油”。结合形势任务教育主题，208 队确定了与其主题对应的小队主题内容，即“努力拼搏、勇挑重担、

高擎红旗、再创佳绩”，进一步彰显一线修井铁军力量。

3. 突出“严”的标准，增强自觉性

注重培养党员学习教育自觉性，从“三会一课”入手，把政治学习定为铁律，每周二为全员提供“标准套餐”，把每月首个周二定为主题党日，对党员提供“特色加餐”，逐个交流心得。

把思想引领转化为实际工作动力，结合队伍管理实际，从一点一滴入手，凝心聚力营造和谐团队，实施“在职工平时，听一听细心思、在职工忧时，说一说贴心话、在职工惑时，撑一撑主心骨、在职工难时，做一做暖心事”的思想“四时”管理法，为职工贴上创可贴、更换喝水杯、看望家里病人。这些不起眼的小事却让职工内心无比温暖，充分感受到了党组织的关怀，形成了“聚情爱家、聚力建家、聚智兴家”三聚“家”文化浓厚氛围。

闫庆学的父亲因身患脑出血，生活不能自理，常年卧床在家，平时全靠他和妻子两个人轮流在家照顾，家里负担重，但他仍坚守自己的工作岗位，没请过一天假。得知这一消息后，208 队立即成立帮扶小分队买来生理盐水、护理垫等常用的护理物品到他家里进行慰问，并询问他还有哪些困难需要帮助解决，他腼腆地说：“我现在倒班的时间和我媳妇上班时间正好冲突，看看能不能……”208 队班子经过研究决定给他调整了班组，解决了时间上的问题，为了能让他更好地安心工作，解决他的后顾之忧，帮扶小分队不定期地到他家里帮助整理家务等事情，为他带去组织的关爱和温暖。

（二）勇担当塑形，锤炼铁军作风

思想上高度统一，带来行动上的肯干实干。修井，是油田最苦最累最脏的野外工作。208 队向“苦中苦”“累中累”亮剑，锤炼“令行禁止、连续作战、不怕困难、堪当重任”的铁军作风。面对作业生产“脏、险、苦、累”四大挑战，党员干部和全体员工发挥敢打敢拼的铁军作用，始终保持战斗意识、战斗姿态，艰难时刻挺起钢铁脊梁。

为进一步加强落实“党员进班组”工作，208 队党支部寻找着力点激发力量，凝聚职工队伍，提出了“领、带、提”的工作新模式。“领”，即将 3 名党员干部的工作进行细化，党支部书记率先垂范在抓好支部各项工作的同时，与其他 2 名党员干部分别承包三个班组，充分发挥党员干部的引领作用，做好“领军人、领路人、知心人”。“带”，即将 5 名普通党员平均划分到三个班组中，实现了党员进班组。用满满的“正能量”来带动和督促职工群众，凝心聚力，站好每一班岗，增强每个班组的凝聚力和战斗力，实现党员“定心丸”的作用。“提”，即激发职工群众的荣誉感，提升小队整体凝聚力、战斗力和执行力，打造一支素质过硬、攻坚克难、和谐稳定的作业队伍。平均月交井 20 口，在曙光作业二大队名列前茅。

关键时刻能“站出来”，敢于“挺身而出”。知己知彼，才能百战不殆。他们根据施工季节、井型井深、措施类别，认真研究划分攻坚重点，把最艰难的时刻当作考验，打出党员立威的铁拳头。开展了“五再，我在”岗位实践，党员带群众，战天斗地、风雨无阻，苦干实干、三老四严，用实际行动做到“再热的酷暑，也挡不住坚定的脚步；再黑的夜晚，也挡不住认真的眼神；再厚的油泥，也挡不住内在的自信；再多的蚊虫，也挡不住用力的臂膀；再冷的寒风，也挡不住敬业的坚守”。针对经常遇到的高难度井，组织党员和生产骨干组成“党员突击队”，不断加强日常训练，坚持“拼反应速度，旗不停挥；拼组织力度，机不停转；拼熟悉程度，技不停练；拼配合精度、手不停闲”，不断提升处置能力。

在 SAGD 杜 84-51-47 井进行换套管短节施工作业时，由于该井位于大河边，常年被河水浸泡，井口大四通早已被淤泥掩埋，挖井口、拆螺丝极为困难。作业当天还下着大雪，给施工带来了更大的挑战。把井口挖出来后，党员闫庆学穿着防油衣，整个身子侧躺在冰冷、泥泞的地面上，顶着寒风拆卸锈蚀的井口螺丝，见状，岗位员工

张月也穿上防油衣和他一同躺下去……这一躺就是 3 个小时，直到拆完全部螺丝，此时冻得瑟瑟发抖的两人僵硬地说："这都不算事儿，总算搞定了。"紧接着又投入到换套管短节施工中，历经 8 个小时，圆满完成了该井所有施工任务。

（三）强内功创效，打造铁军品牌

党支部是基层战斗力的基础，党员干部能力素质是关键。围绕生产经营中心，历练创先争优本领，争创一流业绩，彰显党支部、党员的最大价值。

1. 强化素质能力

通过以老带新、岗位练兵、操作比武等形式加强培训，提升操作熟练程度，使平均单井作业时间缩短 2 小时，创 SAGD 井当天搬上当天完井新纪录。针对高风险施工作业，严格执行"六个到位"，即盯井干部"想到位、讲到位、查到位"、操作人员"情绪到位、培训到位、执行到位"，严格落实标准化操作，杜绝习惯性违章，守好安全底线。

2. 提升管理水平

加强工时管理，抓好过程考核，激发员工的主动性。坚持"设备新度系数下降，管理水平不能降"，以保代修，主动承担了更换滚筒刹车片、维护传动轴等大量工作，减少设备维修费用近 2 万元。同时，深入开展"开源节流，降本增效""双千双亿群众性创新创效"节约挖潜实践活动，将成本分解到班组，将利废落实到人头，坚持能修复的坚决不领新的，人人为增加效益添砖加瓦，修旧利废实现节约成本 3 万余元。

参加工作 33 年的老班长王广春利用业余休息时间，总爱琢磨一些"小东西"，凭借自己的专业知识、任劳任怨的工作态度和大胆创新的想象力，研制的"排油管省力扳手"，既减轻了员工的劳动强度，又降低了安全风险，单井节约时间 30 分钟，间接创效 2 万元，已在全大队范围内进行推广使用，得到了领导和员工的一致好评。

3. 树立品牌效应

有品牌才有市场，208 队引导职工"用铁一般的执行，担千米深的责任"，高标准严要求，不偷奸耍滑，切实"为油井负责，为产量着想"，树立精品修井品牌。2017 年以来，截至 2023 年一季度，共完成动管柱井 1081 口，创产值收入 5254.78 万元，实现利润 1279.67 万元，名列曙光作业二大队前茅。没有出现一口人为转大修井，优质井率达到 99.8%，交井一次合格率 99.9%，资料全准率 100%，措施有效率达到 100%。208 队连续 10 年安全环保无事故，保持了“全国安康杯竞赛优胜班组”的荣誉底色。

4. 筑牢安全防线

“员工对队伍文化从认识到自主践行，要有很长的过程，不仅需要其他员工帮助引导，更需要制度的保障支撑。”208 队党支部书记宗奇伟对如何让文化引领贯穿始终有自己独到的见解。

实施工时考核的激励机制，充分发挥管理优化作用，有效提升施工效率、施工质量和树立攻坚克难意识，推行“明码标价”的工时考核制度，真正体现多劳多得，多贡献多得，鼓励员工优质高效施工。将质量安全环保井控问题作为重要考核项目，发生相应问题时扣减工时，引导员工规范操作规程、提高质量安全环保井控意识。公开、透明、合理的工时考核制度，体现了制度的价值观导向，也让多贡献的人更有收获。“奖金的多少不止是收获，更是一份来自队伍的认同。”208 队员工小任 2023 年第一季度参与完井 15 口，放弃休息主动参与 SAGD 会战，累计献工超 100 小时，质量安全环保井控均无隐患事故，因此，他就拿到了较高的奖金。

提出“从零出发、向零奋斗”的安全管理工作目标，发挥党员模范带头作用，让党员做义务安全监督员，督促职工排除安全隐患。深入开展“党建 +”活动，形成具有特色的“党建 + 安全、井控、稳定”等“*N* 点”文化。深入推行“六坚决六保证”，落实“双检双查”。推进标准化站队建设，杜绝习惯性违章，守好安全底线，全方位解决“习惯性违章”和“低老坏”等问题。吸取身边事故事件经验教训，向“施工设计、设备管理、执行标准、思想工作”四个方面要安全。开展“党建＋亲情助力安全”活动，组织职工家属到施工现场参观，体恤作业辛苦，取得家属谅解，促进家庭和谐。征集亲情寄语，张贴在现场值班房内，时刻提醒每名职工安全生产的重要性。

党支部书记宗奇伟在抓好党建工作的同时，积极推进党建与安全生产深度融合，施工中他十分注重隐患排查工作，在大H205井，宗奇伟与操作手认真参加曙光作业二大队自发组织的每日“双检双查”活动，他们对照检查表，逐条排查，发现天车防碰仪不报警，宗奇伟反复调试好多次后，确认天车防碰仪损坏。他立即停止施工，及时联系大队机动修理人员，待天车防碰仪修好后，他又争分夺秒投入到下泵施工中。“多亏了宗书记严格执行隐患排查制度、细心检查、不落死角。要是没发现，很容易造成顶天车倒架子，后果不堪设想。”班长为宗奇伟竖起了大拇指。

撰稿人：盖文静　宗奇伟　图片提供：盖文静

辽河油田建设有限公司金属结构分公司“铁文化”展厅

一、背景起因

辽河油田建设有限公司金属结构分公司（简称金属结构分公司）成立于1970年，经历近半个世纪的拼搏与发展，成为锅炉、压力容器、钢结构、带压封堵、防腐管线及橇装产品生产制造基地。近年来，金属结构分公司党总支加强文化阵地建设，传承弘扬“石油工人心向党、我为祖国献石油”的石油精神与“忠诚担当、奋斗自强、五湖四海、勇创一流”的新时代油建精神，结合金属结构分公司主营业务和党建工作实际，创建“五铁”党建品牌，打造“多功能党建活动室”，完美展现了党建与生产经营的大融合，形成独具特色的“铁文化”。

“铁文化”展厅，集功能型、实用型为一体，集中展现了基层党组织的生机和活力，2022年，获批辽河油田公司企业文化建设示范点和“辽宁省模范职工小家”称号。

二、主要做法

（一）精髓和内涵

金属结构分公司与铁结缘，因铁而生，正像《铁缘》中所写的：与铁相伴，五十余载，石油一脉缘流长；依油而生，握铁而存，走南闯北辟市场。改革潮涌初心在，薪火相承业未央；铁板铁管复铁钉，焊花飞舞撬重装。抓铁留痕，打铁铸魂，淬炼出我们铁一般的意志，铁一般的忠诚，铁一般的担当。

1. 筑牢铁的营盘，坚定铁一般的信仰

始终将政治建设摆在首位，坚持高标准、严要求，注重规划与实效。每年组织召开党建工作推进会，对全年工作进行整体安排部署，拟定小、中、大三个目标，让党建工作掷地有声，落实有响。弘扬“支部建在连上”光荣传统，各党支部严格按组织程序开展换届选举、组织生活会、民主评议党员等工作，有效解决了基层党建务“虚”不务“实”的根本问题。

2. 弘扬铁人精神，磨炼铁一般的意志

坚持石油精神和大庆精神铁人精神再学习再教育再实践。以社会主义核心价值观引领企业文化建设，建立企业“文化墙”，创建以党员教育为主要功能的党建活动室，展示近年来金属结构分公司党建成果。开展百年党史学习学习，进行形势任务宣讲，打造基层党建活动主阵地。

3. 锤炼铁军队伍，诠释铁一般的忠诚

坚持推进“两学一做”学习教育常态化制度化，结合党员日常管理实际，实施“四小四大”党员教育模式，提升党员队伍整体素质，引导党员以实际行动践行“四个诠释”。

4. 贯彻铁腕执纪，遵守铁一般的纪律

签订党风廉政建设责任书，组织职工参观警示教育基地、观看廉洁教育纪录片、拍摄微电影等，通过多种形式学习教育，督促管理人员依法依规办事、廉洁履职。

5. 营造铁花情怀，彰显铁一般的担当

有针对性地组织开展岗位技能竞赛、群众性文化体育活动，弘扬劳模精神、工匠精神，大力宣传、表彰先进典型，发挥示范引领作用，造就有理想守信念、懂技术会创新、敢担当讲奉献的新时代国有企业职工队伍。

（二）展厅内容

“铁文化”展厅位于辽河油田建设有限公司金属结构分公司渤海基地院内，于 2021 年 5 月建成，分为上下两层，面积为 240 平方米，一楼为公司生产业务展示厅，二楼为“五铁”党建活动室，上下两层完美体现了党建与生产技术

相融合的大方向。一楼以实物陈列加图文并茂的形式直观地展示了近年来金属结构分公司“六化建设”、主营业务及创新成果，打造独具金属特色的吉祥物“小铁”，模拟呈现橇装设备及运行流程。

二楼右侧展台依次摆放金属结构分公司的发展史，从1970年成立直到三家分公司重组整合。北侧墙面以古风体序《铁缘》，总结凝练了“铁文化”的精髓与内涵。整个二楼以铁为根，以铁筑魂，用“筑牢铁的营盘、弘扬铁人精神、锤炼铁军队伍、贯彻铁腕执纪、营造铁花情怀”五个部分展示了近年来金属结构分公司党建工作重点及成果，展厅地面100个脚印对应着建党百年，中间的展板按时间顺序将党史大事记呈现在参观者面前。多功能党建活动室既是党建“五铁品牌”的宣传阵地，同时也是“五色铁”职工之家的活动场所，年接待参观人数400人以上。

（三）阵地建设

为确保基层企业文化落地生根，开花结果，金属结构分公司党总支以“一化”“二划”“三画”为手段，多措并举为员工创造一个具有和谐的人际关系、能够充分发挥各自能力、实现自我价值。丰富多彩的工作环境，提升了员工的使命感和责任感，从而凝结成推动企业发展的巨大动力。

1.“一化”找好路径载体，从点到面，联动提升

基层企业文化蕴藏在员工的习惯和细节中，它的形成并非一蹴而就、一点即通，而是通过长期工作中“潜移默化”的影响不断累积而成。金属结构分公司从统一文化理念入手，设立管理岗位理念墙、制订操作岗位练兵卡，用精练的语言总结各管理岗位特点和工作目标，明确本岗位的任务和标准，提升管理队伍的综合素质。结合个人实际情况制订有实效的岗位练兵卡，督促操作

岗位职工在练兵过程中，完成小目标，积累大成就。每天利用班前会或工休时间，采用队长或其他管理人员提问或员工之间互问互答的方式进行学习，提高职工对岗位操作规程、安全隐患排查的认知率，养成学习的习惯，从而达到队伍整体提升的目的。

建设“功能型”党员责任区，通过“双三三”工作机制，立足机组、项目、公司“三个层面”，突出质量安全、成本分析、技术革新“三个重点”，推进月度、季度、半年“三期考核”，与业绩奖励、评先选优、选拔任用“三挂钩”开展考核评价。“功能型”党员责任区的建立推动了金属结构分公司生产经营工作，体现了对“融入中心抓党建、抓好党建促生产”本质要求的落实，形成了人人肩上有责任、人人创效有目标、人人挖潜有行动的生动局面，完成了管理人员、操作人员和党员队伍的联动提升。

2.“二划”系统规划策划，从虚到实，稳扎稳打

基层企业文化要实现“内化于心、外化于行、固化于制”，完成由过去管“身”到现在管“心”的转变。一是做好系统规划。坚持以人为本，把尊重人、激励人、培养人作为管理的出发点和落脚点，促进职工在思想上和行动中自觉践行文化理念，使企业形成遵章守纪、明礼诚信、团结友爱、敬业奉献、健康向上，充满勃勃生机的工作气氛。推进员工手册的学习与使用，规范文明用语，规范工作着装，规范目视化管理，制订《金属结构分公司企业文化推进规划》，将管理目标分解细化到每个班组、每个岗位，把工作思路、措施转化为班组的习惯和实际行动，做到目标同向、行动同步、责任同担。设立愿景板，总结提炼共同愿景、班组格言和员工岗位承诺，形成共同的思想认识和一致的价值取向。二是做好活动策划。利用公司网络平台推出“走近金属人”“金属党建在行动”等板块，多角度多侧面展示金属结构分公司的人文风貌，同时在职工中开展“我身边的金属人”随手拍活动，用一帧帧照片和一点点文字讲述身边人在生产生活中闪光的故事和动人的瞬间，有些职工根本没想到自己也能成为照片的主角，也没想过自己的无意之举就能感动他人。展览现场，笑声、议论声此起彼伏。通过这种最朴素的表达，提升了职工的使命感和担当意识，也增强了企业的凝聚力和向心力。

3.“三画”创建品牌阵地，从内到外，方兴未艾

坚持选好典型，树立品牌，画好“红色阵地”、画好“文化长廊”、画好“金属故事”。建设从内到外、从视觉到知觉的良好宣传氛围。打造“我是石油娃”“我是电焊工”“我是油建人”“我是娇女子”四部曲，展现女子焊工班的成长历程和为企业无私奉献、敢于争先的优秀品质，引导干部职工向先进学习，调动创先争优的积极性。2023 年金属结构分公司女子焊工班被授予盘锦市“工人先锋号”荣誉，班长王喜莲荣获辽宁五一劳动奖章、骆建宁被评为辽宁省三八红旗手，女子焊工班的事迹被新华社、辽宁日报等 30 多家媒体争先报道。金属照片墙、金属小故事让整个展厅更加生动活泼，充满着浓浓的人情味儿。利用图板、条幅、宣传画等构建的文化长廊，把企业宗旨、HSE 理念、廉洁理念、企业核心价值观等各种理念和精神展现在职工面前，在无声之间让人感受到文化无处不在，从而在潜意识中达到教育和升华的目的。

三、主要效果

金属结构分公司党总支把弘扬铁军精神，锤炼铁军队伍作为工作重心，坚持对标“见红旗就扛、有先进必争”的辽河油建光荣传统，争做生产攻坚模范和基层战斗堡垒。双台子储气库施工中实施工厂化预制模式，将预制基地前移到生产一线，党员带头提效率、保质量，保证了按期投产。为保证施工进度，作为技术组组长和机关党支部书记的吴帅，每天扎在现场盯技术参数，通过设备升级，在双台子储气库项目投入四条自动化埋弧焊接生产线。党支部助力双台子储气库投产的事迹还登上了人民网新闻。在盘锦市健康驿站的建设中，老党员白贺伟冲锋在前，负责现场生产，每天奔波在各个施工点，协调生

产，检查质量，每天行程 3 万多步，脸被海风吹黑爆皮，嘴角干裂起泡，加班加点，连夜抢工，饿了就在项目部随便吃口饭，手机和对讲机几乎不停。施工三队队长张博带领的青年突击队完成多项带压封堵工作，在辽阳抢险中表现优异，受到嘉奖。面对历史罕见的洪涝灾害，面对决堤的大坝和被淹没的油场，面对复杂环境下的管线跨坝工程，金属结构分公司排除万难，急曙光采油厂特油区之所急，倾金属结构分公司之全力战洪斗汛、保产减灾，经过连续 7 天 7 夜的奋战，8 条管线提前 3 天顺利贯通。为受灾区域全面复产争取了时间、创造了条件、赢得了主动，充分展现了勇当先锋、敢打硬仗、能打胜仗的油建铁军精神。

近年来，金属结构分公司党总支总结提炼出政治思想工作“六步法”，即尊重人—谈心、理解人—交流、关心人—讨论、帮助人—说服、教育人—引导、激励人—灌输；利用“四分三评”主题教育模式，结合班前会、生产会开展员工形势任务教育，指引发展方向，凝聚发展合力，在实际应用中收到显著效果。推行“四小四大”党员教育模式提升创效能力，以“小学堂大讲堂”为学习载体，强化党性修养，让每名党员在岗位实践中真担当真忠诚。以“小练兵大比武”为培训平台，提升业务能力，让每名党员在岗位实践中真实干真尽责。以“小选树大评选”为激励手段，营造榜样氛围，让每名党员在岗位实践中真作为真履职。以“小目标大要求”为考核标准，注重廉洁教育，让每名党员在岗位实践中真友善真正气。党员队伍精神面貌、队伍思想素质、道德修养、职业操守不断提升，在双台子储气库等重点项目生产任务紧急时期，党总支组织防腐、容器项目人员按照职能合理调配设备、人力资源，白天生产满足不了现场需求，他们就轮班休息，两班不够就三班轮休，形成了 7×24 小时生产、“人停机不停”的加班生产模式，以不服输、不认输、不怕苦的意志展示了油建铁军姿态。为保证现场管理要求有效落实，会议、交底不脱节、不走形式，党组织负责人到现场专项排查，总结了班前会“九要九不要”，促进基层科学管理更加有效，即：要领导带班盯岗，不要遥控指挥；要全员按时参加，不要散兵游勇；要劳保穿戴整齐，不要应付了事；要风险识别准确，不要避重就轻；要削减措施清楚，不要华而不实；要前后逐条对应，不要缺项漏项；要

责任落实到人，不要流于形式；要现场抽查提问，不要过耳不留；要本人确认签字，不要代签补签。为确保党建“三基本”建设与“三基”工作有机融合落实到位，金属结构分公司党总支将任务要求和推进措施进行目视化、项目化、常态化管理，撰写的《挂牌评价的“三化”管理》入选辽河油田公司《强基固本赋新能》优秀案例集。

撰稿人：刘丽莹　图片提供：刘丽莹

电力分公司城市供电工区兴七变电所

一、背景起因

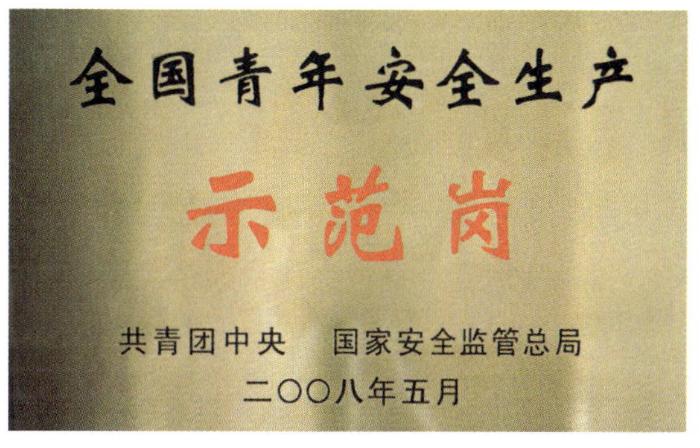

辽河油田电力分公司城市供电工区兴七变电所（简称“兴七”）是辽河油田电力系统唯一一座景观式变电所，矗立在辽宁省盘锦市通往京沈高速的景观路上，是一座全封闭微机保护变电站，是辽河油田企业文化建设示范点，是共青团中央、国家安监总局命名的“全国青年安全生产示范岗”。这里培育出中国石油天然气集团有限公司优秀共产党员邢红忱、变电运行专家李云、辽河油田“十佳优秀班组长”王立新，先后输送出4名变电所长，年供电量5000多万千瓦时，为盘锦市兴隆台西部油区生产、生活和地方经济发展作出了重要贡献。

二、主要做法及效果

（一）历史沿革

为适应兴隆台西部地区油田及居民用电负荷快速增长，2000年12月28日临时变电所投运。2004年3月，在临时变电所基址上，变电所工程开始施工，8月22日6千伏出线转正完毕，兴七变电所正式投运。12月7日，兴七变电所工程被辽河石油勘探局评为“施工作业精品工程单位”。三任所长开启了“和谐家文化”建设，“保生产，让电动机轰鸣唱起来；保生活，让千家万户亮起来”，摸索出以“坚韧不拔、锲而不舍的进取精神，讲求质量、工作高效的实干精神，勤勉自律、谨慎理智的尽责精神，真诚服务、忠于职守的诚信精神”为主要内容的“四种精神”。按照标准化变电所建设要求，建设“和谐之家”。兴七变电所荣获“全国青年安全生产示范岗”“辽河油田精神文明建设示范点”等称号。

2019 年，随着国有企业深化改革，实现“三供一业”主辅分离，居民生活供电转交给盘锦市国网供电公司，实行扁平化管理体制，2022 年 12 月实现无人值守模式。兴七变电所成立倒闸操作班，开启“充电人生、电靓油城”虹文化建设。通过运行实践，形成了兴七人的岗位价值观、“四种精神”和“望、闻、问、切”巡视法。开展生产标准化、安全目视化、行为规范化、所员亲情化管理，建设幸福之家。兴七变电所被评为辽河油田企业文化建设示范点、金牌班组、自主安全班组，为辽河油田电力系统变电运行管理提供了可复制的经验，推动变电安全运行高质量绿色发展再上新台阶。

（二）七彩之光

星光微而弱，但足以塞天地，不啻微芒，造炬成阳，兴七人把黄绿红三色银线，编织成光耀星空的彩虹，精彩瞬间、出彩万千！

1. 红色：初心育人铸魂

在兴七变电所，六任所长有一个共同名字：共产党员。她们在变电运行中挑大梁、担重任，同向发力，让党徽闪耀在兴七变电所的每一个角落：党员示范岗、党员责任区……始于初心的倒闸操作，一心发力于时不我待的油气上产！

（1）根植红色基因：把青年员工培育成党员、把党员培养成骨干，把党员骨干培养成管理人员，是兴七变电所传家之宝！从入所的那一刻起，所长便发挥领头雁作用，言传身教、榜样示范、定向重点培养，淬炼党性，培养出以冯国燕、徐梦薇为代表的优秀党员，成为兴七变电所运行的顶梁柱！

（2）深植岗位训练：兴七变电所是微机保护变电所，第一任所长李云就将微机保护变电所的运维经验汇编成册，第四任所长王立新将电网故障处置变换成“鱼骨图”，将无形的鼠标点击变换成看板模拟演练，13 类电网故障、200 余个岗位练兵答题卡，一名名值班长从兴七变电所走出，一块块“鱼骨图”散播在电力公司各个变电所，成为电力公司变电运行技能提升的独门秘籍、安全运行的撒手锏！

（3）厚植文化底蕴：中国石油变电运行专家李云在事迹报告会上讲过，“老师父们‘搞电的要牢记藐视一千天、重视一伸手，绝对不能有半点马虎！’谆谆教诲始终响在我的耳边！”兴七变电所坚持传承不忘本、创新不守旧、融合不照搬！入所一色、出彩万千！改变在每一个细节中时刻发生着，每一个兴七人都在用自己的行为诠释着虹文化的品牌，诠释着攻坚啃硬见精神、扑在现场见身影、急难险重见身手、扶危帮困见品格的“四见”理念。

2. 橙色：有机融合筑基

基础不牢、地动山摇！兴七变电所强化党建“三基本”与“三基”工作有机融合，所内党员“三带头”带领员工规范日常行为规范。

（1）组织融合：由所长担任党小组长，党员骨干担任值班长，带领群众骨干，与工区领导、机关管理人员“五位一体”，在为油保电中发挥先锋模范作用。

（2）制度融合：兴七变电所建立健全制度文化，涵盖生产运行、倒闸操作、巡回检查等16项制度，并与党员学习教育、主题党日等融合在一起。党员责任区、党员示范岗等活动与载体纳入班组日常运行管理，党员带动群众、发动群众、教育群众落到运行第一线！

（3）行为融合：注重党员承诺践诺，采用公示制，党徽在兴七变电所运行中闪光！将党员责任区设置在6千伏、6万伏设备运维中，将党员示范岗定格在主变检修、消缺操作上。通过党员的“四熟”，为安全运行保驾护航，即熟练基本功、熟知基础资料、熟稔基本技能、熟悉基础工作。在辽河油田公司“四不两直”检查中，兴七变电所值班人员出色的演练得到辽河油田安全主管领导首肯：“变电所实际操作流程规范标准、员工技术基本功扎实、应急处置技能高”。

3. 黄色：打牢本质安全

（1）“安全里程碑”着力：以单主变安全运行为主题开展安全里程碑活动，强化日常负荷变化监视，做到“四密”：严密组织活动开展、密切变配电检查、紧密跟踪负荷变化曲线、加密巡检测温频次。按照电调优化指令实时合环调整单条线路负荷，确保主变负荷变化处于受控状态。

（2）安全管理“三个无不”：兴七人以自己的运行实践做到安全“三个无不”。

安全制度无所不有。通过岗位实践，建立完善了“四查四看”“四不放过”和“四落实一上报”等安全制度。“四查四看”即查思想认识，看安全是否放在第一位；查操作环境，看身边有没有不安全隐患；查薄弱环节，看是否有干部盯岗在现场；查不安全人员，看自我保护意识是否增强。“四不放过”即不按规程操作不放过，检修质量不达标不放过，安全措施不可靠不放过，两票合格率达不到100%不放过。“四落实一上报”即对查出的不安全问题，要落实好整改措施，要落实好整改时间，要落实好整改人员，要落实好监督检查人员，对处理不了的问题及时上报。

安全提示无处不在。兴七变电所巡检共有 8 个设备间、38 个点、150 项，岗位值班人员每隔一小时就要全面巡检一次。在安全文化体系中增加了所长温馨提示。值班人员所到之处，均有一块绿底白字的醒目标牌，上面有所长根据不同设备，提醒巡检人员注意安全的话语，无处不在的叮咛经年累月刻印在员工心里，安全内化于心、外化于行。

安全教育无时不讲。结合变电工岗位实际，坚持开展四种安全教育，即无事当有事的居安思危教育；小事当大事的防微杜渐教育；昨天事当今天事的前车之鉴教育；别人事当自己事的自我警示教育。未雨绸缪做到安全管理“七预”，即预想，遇有恶劣天气预警时预想可能发生的情况；预知，根据以往经验了解知道所内负荷的变化；预判，根据运行参数变化科学判断事故原因；预案，事故处理有应急预案；预演，定期开展应急演练并熟练掌握要点；预练，每天开展岗位练兵每日一练；预储，开展 QHSE 体系建设培训，培养多名 QHSE 咨询师，为日常安全活动提供专业服务支撑。

（3）“三识”强化实际操作技能：在所长带领下，3 名党员带动青工开展“三识”活动，一是树牢安全意识，认真学习“生命重于泰山”、经常性参加“安康杯”答题等，休班期间参加“安全生产月”“6·5”环境日等专项活动，不断增强自主安全意识。二是强化安全常识学习，以应急处置卡为主体，强化心肺复苏法要点、正压呼吸器检查与使用、消防器材使用要点及新冠病毒个人防护的培训，做到心中有数、手头有准。三是提升安全专业知识，突出青工实操演练，针对“119”消防日认真组织了沉浸式消防演练，真实模拟高压室起火的应急处置，不断提升防灾、救灾、自救本领。

4. 绿色：赋能绿色发展

牢记习近平总书记“绿水青山就是金山银山”嘱托，将电力分公司“供电保障与新能源并重，实现风光电储运建维一体化”落到实处，减碳增绿。

（1）应需而供、主变减容增效：2021 年 8 月 10 日上午 9 点，兴七变电所值班人员按照电力分公司调度下达的主变减容指令，1# 主变要进行更换减容，容量由 8000 千伏安降至 5000 千伏安，每月减少电费开支 7.5 万元。

（2）电代油低碳而行：挖掘单条线路供电能力，密切跟踪原油上产新布井位，加强与钻井施工单位联系，拓展电代油项目。2020—2022 年实施电代油 3 项，增加供电量 75.8 万千瓦时，增加配电容量 1.675 万千伏安，创效 87.4 万元，减排二氧化碳 575.96 吨。

（3）增绿减排。全力应对光伏发电早上稳运。紧密与兴隆台采油厂联系，在辽河北线，实现重点管控，以夜间谷时电力加大电能耗用，以白天光伏发电快速满荷消耗，实现能源替代。

5. 蓝色：提技增长才干

兴七变电所自成立之日起便注重员工技能提升。共输送出 4 名变电所长、5 名值班长，成为工区安全运行的骨干力量。

（1）“三结合”营造浓厚提技氛围，将学习与企业发展相结合。在“家”文化创建中，把学习与个人的小发展与公司的大发展结合在一起，形成“终身学习、终身受益”的学习文化。将学习与工作实际相结合，通过“每天一题、每周一课、每月一考、每季一赛”的“四个一培训法”，激发学习积极性，提高岗位业务技能。将学习与个人成长相结合，兴七变电所员工档案里，每人都存放着一份个人成才计划。

（2）运用“三马”机制，扎实推进技能提升。采用“赛马”机制守好基本盘。针对 70 后成熟技术员工退休增多，采用“一图一表一安全”赛马机制，用全新的机制激发提技的干劲。通过一张综合素质评价图、一张岗位评比表、一个安全运行天数，成为技能提升的方向，强化创先争优的激励与约束，不用扬鞭自奋蹄。

采用育马机制强化动态盘。通过师带徒、“四个一”培训法、手把手教“三熟、三能”法。“三熟、三能”即熟悉设备系统和基本原理、熟悉操作和事故处理、熟悉本岗位的规章制度；能分析运行情况、能及时发现故障和排除故障、能掌握一般维修技术。

采用相马机制，推先选优。从管理能力、操作技能和团队精神三个方面综合评价青年技术能手；从优秀青年员工中推选所长、值班长，成为变电运行的中坚力量。

6. 靛色：和谐团队助人

一个所就是一个大家庭，同事之间充满和谐就会团结向上。如何让单位这个大家庭团结向上，充满和谐，正确对待同事是非常关键的。真心相见、真情相待、真言相劝、真行相助，并做到六个互相：思想上互相沟通、感情上互相珍惜、工作上互相支持、生活上互相关心、利益上互相礼让、技术上互相学习。

（1）以文化人。以岗位实践传承石油精神、大庆精神铁人精神，坚持立足岗位、脚踏实地，践行始终如一、锲而不舍的奉献精神；坚持各负其责、密切配合，践行严细认真、一丝不苟的求实精神；坚持科学组织、严细认真，践行勇于担当、勤勉自律的尽责精神；坚持始终如一、传递正能，践行互相激励、群策群力的团结精神，把“四种精神”融入和谐“家”文化创建中，营造积极进取、乐观向上氛围。

（2）以情感人。追求美好生活一个不能少！这是一份坚守15年的接力，帮扶张宝华——兴七变电所值守第一人。从2006年张宝华突发患病到病故，她女儿从咿呀学语到2021年大学毕业考研，从捐款7650元到金秋助学，两任支部书记、三任所长接续，这一帮就是15年！

（3）以矩正人。蓬生麻中不扶而直，兴七变电所注重家庭美德、职业道德、社会公德教育，倡导俭以养德，开展普法教育、引导同事知法懂法守法，做新时代石油人。先后有王立新、冯国燕两位所长被评为电力分公司巾帼女工标兵、模范家庭，成为变电女工的榜样楷模。

7. 紫色：星途征程逐梦

兴七变电所如一块五颜六色调色板，形成高度一致的价值观，在任何时候都能化雨成虹、风来花开。

（1）没有一朵花一开始就是花。在兴七变电所自创的“员工成长档案”里，记载着每名员工的成长历程，包括个人简历、人生风采、所获荣誉和生活小窍门等。闲暇时翻开“员工成长档案”，可增加工作情趣，增进彼此了解和友谊，同携手共进步，兴七人荣获厂处级以上荣誉40余项。

（2）百花齐放满园春。和谐的氛围、宽松的环境，为兴七变电所员工们搭建多才多艺的展示平台，激励员工们发挥特长，积极参与文化活动，在各类活动中崭露头角，2021年李佳宁创作的《新一代石油人》MV荣获视频作品类一等奖和最佳人气奖。浓厚的文化氛围，不仅陶冶职工情操、浸润职工身心健康，也增强集体荣誉感、归属感和幸福感，团队洋溢着万类霜天竞自由的蒸蒸日上。

走进新时代，新征程新起点，时光流过星光、景象瞬息万变！兴七人又迎来了数智化新阶段，他们传承不忘本、创新不守旧、融合不照搬，以创智为原动力，以日拱一卒的韧劲，秉承“无人值守、有人守护”“时时放心不下”的理念，拼搏在高质量赋能绿色发展的路上，书写属于他们的新时代电力新答卷！

撰稿人：马立凯　李佳薇　王加勇　图片提供：赵晨希　王丹

石油化工分公司煅烧焦车间

一、背景起因

石油化工分公司煅烧焦车间（简称煅烧焦车间）建设于2005年3月。近年来，煅烧焦车间大力弘扬石油精神和大庆精神铁人精神，通过推进文化载体、加强品牌建设、积极开展文化实践活动，逐步形成了“清洁生产、煅烧精品、爱岗敬业、争创一流”的文化理念，打造煅烧焦自有品牌，提升企业核心竞争力。煅烧焦车间以做专做优石油化工业务为己任，以满足客户需求为方向，坚持以人为本，狠抓装置平稳高效安全运行，保证了装置17年连续稳产10万吨以上，实现企业与员工和谐发展。

煅烧焦产品外观呈黑色颗粒状，规格有0～1mm、1～3mm、3～20mm等。下游客户想象中的煅烧焦装置现场往往是粉尘四处飞、工作环境差，2021年6

月山东传洋集团领导实地考察后，对宽阔清洁的现场、质量优良的产品、昂扬向上的队伍赞不绝口。这份赞扬和认可源于煅烧焦车间多年来持续加强文化建设，切实将文化建设“软实力”打造成企业的“硬支撑”。

二、主要做法及效果

煅烧焦车间锚定年度生产任务，结合车间历史发展和地域特点，提出并培育“三个三”特色文化理念，探索文化建设与中心工作融合新实践，让“重心”转移到企业发展，让“实心”激励到员工，为打造石油化工一流企业提供强劲的精神活力。

（一）围绕“三个统一”，文化阵地有序建设

1. 统一品牌塑造，将“清洁生产、煅烧精品、爱岗敬业、争创一流”作为车间的文化阵地品牌

煅烧焦车间坚持以人为本，把企业与员工的共同发展作为出发点和落脚点，用美好企业文化鼓励员工，用共同价值追求凝聚员工，真正把文化品牌打响，使员工幸福感、归属感持续增强。煅烧焦车间党支部作为基层党组织先进典型在辽河油田公司“七一”表彰大会上作书面交流。

2. 统一规划建设，根据服务对象数量和区域空间规模，统筹规划功能定位

按照石油化工分公司文化阵地建设的全局，结合煅烧焦车间实际情况，把握车间重点难点，明确文化阵地建设的功能定位，发挥阵地建设传帮带作用，当好公司文化阵地建设的排头兵。全年利用各类阵地开展活动 50 余次，实现员工覆盖“零死角”。

3. 统一实体布局，整合车间党员活动室、创新工作室、健身活动室，配备基本设施

将煅烧焦车间文化阵地建设做到一体化，积极开展学习教育、培训考核，将队伍建设抓在日常、融入日常。组织创新小组讨论会，整治装置疑难杂症。根据车间职工体检综合报告，设立健身小屋，组织健身活动，充分发挥企业文化阵地作用。

（二）聚焦“三个传递”，创效活动广泛开展

1. 高举旗帜传递党味

将文化阵地作为党组织活动的重要阵地，为党员学习教育、先锋作用发挥等提供服务。为了保障煅烧焦车间二期项目顺利投产，针对燃烧器配线空间过于密集，工人操作非常不方便等问题，煅烧焦车间充分发挥联盟“1+1 ＞ 2”的作用，邀请联盟共建单位辽河石化一联合车间锅炉专家和专业技术人员，对煅烧焦车间二期锅炉诊断把脉、寻方问药，共查找问题 12 项，并共同研究解决方案，制定整改措施，确保锅炉一次开汽成功。锅炉专家党员邹尚强还毫不吝啬把锅炉常见问题及处理办法和自己多年来的管理经验倾囊相授，对目前国内余热锅炉的新型材料、新兴技术进行介绍和分享。

通过联盟共建取长补短，充分发挥联盟共建优势，在提质增效、节约挖潜、技术创新、安全环保以及队伍管理等方面共融共建共促。

2. 讲好煅烧焦故事传递情怀

组织专题学习教育，举行劳模座谈会，弘扬煅烧焦精神。操作班组的宋哥，人称闲不住的“大宋”。他中等身材，白净的脸上架着一副金丝边的眼镜，浑身透着一股书生气息，被大家亲切地称为“大宋”，他就是煅烧焦车间操作三班班长宋洪园。有人说他是精打细算的“老抠”大宋，也有人说他是乐于助人的“暖男”大宋。在煅烧焦车间操作三班的同事们心中，宋洪园年纪不大，但他的“劲头”无处不在。随时“盯着”员工，纠正不好的行为习惯，看到水

龙头没关严，赶忙拧紧再拧紧；将只用了一面的纸，捡回来，订装后继续用；车间的桌椅、书架、门、钟表坏了，他都自己修理。同事谁家修个电器、改个电路、换个门甚至通个下水道都找他，他也乐此不疲地帮忙。

一次，装置区一处照明出现故障，电工检查后确认是线路问题，由于查找故障点难度大，建议更换整条线路。宋洪园在心里盘算着更换线路的成本高，于是他就利用下班时间自己对线路进行摸排，终于在2号窑头找到了短路点并及时通知电工进行维修，照明故障最终彻底解决，为车间节约了数万元成本。在他心里一直秉承着我是党员我先行的准则，也正是这样的一名普通党员，让职工群众感受到党员的不平凡。

3. 紧贴职工需求传递温度

定期开展文体沙龙、志愿服务、知识培训、技术攻关等活动，不断提高党员群众的获得感和幸福感。作为连续已经运行18年的老装置，煅烧焦车间挖潜增效空间越来越小，低成本运行面临着瓶颈。对此，车间提出：要眼睛向内，攥紧"挖潜"拳头，向奢侈浪费"宣战"。车间班子逢会讲节约，遇事谈省钱，并就原料挑选、能耗对比和生产操作等20项内容与干部职工进行对比分析：产品收率每增加一个百分点，每月可减少原料成本20万元；少放空1吨蒸汽，增加收入150多元。通过细化的数据，引导员工从岗位做起，勤俭节约，杜绝各种浪费。仅在夏季或单窑运行期间，主动切换引风机一项，每月可节约用电252000千瓦时，节约费用16万元。生产经营最前沿、最需要的地方，恰恰也是最能体现思想文化价值和作为的地方。

（三）紧扣"三个突出"，党员作用有效发挥

1. 突出贴近员工聚人心

将"党员干部基层一线驻班工作法"作为及时了解员工思想动态、随时做

好员工思想工作的创新载体。疫情无情人有情，无偿献血暖人心。2020 年疫情期间，驻班党员方力在与基层员工谈心时了解到，车间员工王文华的父确诊为白血病，病情加重，急需 B 型血 1200 毫升以上，由于疫情影响，盘锦市中心血站存血量不足，需要患者亲朋无偿献血，才能换取等量的输血量。方力第一时间将情况反馈到车间，宣传员刘冬立即在煅烧焦车间微信群发布了紧急献血号召，短短半小时，17 名员工积极响应，在做好个人防护的前提下，分两路到盘锦市中心血站和流动献血屋（兴隆大厦）定向献血，仅 3 个小时，成功献血 6000 毫升，为王文华父亲的生命续航。看到父亲得到及时救助，王文华激动地说："感谢公司领导和参与献血的同事，我是如此幸运，能在一个充满爱和正能量的集体里，你们就是我坚强后盾。"

2. 突出融入中心降成本

组织开展专项行动，积极推动创先争优、支委包班工程，以及党支部"创新项目"，助推车间改革发展。随着企业精细化管理的不断推进，辽河石化公司加强成本控制，决定对供给煅烧焦车间的净化风和非净化风进行收费，全年需要增加成本 100 多万元，而这些原来都是免费提供给煅烧焦车间的。面对成本增加的压力，煅烧焦车间党支部马上行动，牵头组织召开专题研讨会，最终确定了精细锅炉声波吹灰器的运行计划、灵活使用锅炉工业电视冷却风保护系统、合理调配除尘器的反吹时间三条有效措施，年节约风量 200 余万立方米，节约成本 30 余万元。同时，党员方力提出车间可上一套空压站进一步降低成本。煅烧焦车间党支部组织党员共同核算规划，并提出设计方案。2022 年，空压站正在建设，近期即将投产使用，解决了对辽河石化公司压缩风系统的长期依赖，同时将大幅度降低了生产成本。

为保证锅炉平稳运行，降低工人劳动强度，煅烧焦车间党支部发动党员出主意、想办法，大家集思广益，提出将锅炉手动放空改造为自动放空。通过论证方案可行性，申报设计，组织实践，该项目已为企业创造效益几十万元。思想不滑坡，办法总比困难多，煅烧焦车间成立十几年来，党员干部先后提出合理化建议数百项，为装置的平稳、高效和安全运行提供强有力的保障。

3. 突出文化赋能提素养

以清洁文化和安全文化并轨推进文化建设。一是针对装置生产具有高温高压、易燃易爆、易中毒等特点，严格落实安全环保“三同时”制度，做到生产服从安全，安全保障生产。在日常考评中，将装置环保污染重点区域合理划分为六个区块，把清洁维护任务细化，落实到每名职工，定期汇总通报，装置环境得以改善。邀请石油化工公司相关部门到车间进行培训讲课，严格落实“三基”考核标准，基层建设、基础管理和基本素质得到大幅度提升。为保证公司可持续发展，煅烧焦车间提前布局脱硫脱硝单元，在污染物达标排放的前提下领跑煅烧焦行业。二是做好安全目视化建设，在重点装置、重点区域内设立安全警示牌；在煅烧焦车间一楼建立以安全理念、安全管理、安全知识为主题的安全文化墙；各班组配备活动记录本，主要记录班前安全提示、安全知识讲解、典型事故分享等安全相关内容，使车间广大干部员工潜移默化接受安全教育，引导践行“我的区域，安全我负责”的理念，全年记录安全分享百余次。三是开展“安全生产月”和“百日安全”系列安全活动，重点组织安全经验分享、事故案例反思、安全宣讲、安全生产漫画展等活动，建立车间安全事故事件汇编，开展“我要安全”讨论会和以“强化安全意识、筑牢安全底线”为主题的党员服务日活动，严格落实“整改销号”相关要求，做好整改过程管控，查找问题190余项，均已落实整改或落实防范措施。结合车间“三级巡查机制”，进一步落实管理人员安全职责，带头排查各类安全隐患140余项，真正从多方面实现自主安全管理的目标，多次获得辽河油田公司质量健康安全环保先进科级单位。

撰稿人：刘冬　赵鹏飞　图片提供：王传远